Industrial Safety
and Health Act

生きた
労働安全衛生法

● 成り立ちと運用実態

三柴丈典 著　日本産業保健法学会 協力
Mishiba Takenori　The Japan Association of Occupational Health Law

法律文化社

はしがき

　本書は，労働安全衛生法に関する主要な裁判例，行政官による監督指導状況，事業場での実施状況を数多く掲載しており，まさに『生きた労働安全衛生法』を体現している。

　労働安全衛生法について，これほど実際の機能を体系的に描出した著作は過去なかったと思われる。

　姉妹書であり，労働安全衛生法を体系的に解説した『コンメンタール労働安全衛生法』(法律文化社) から上記の情報を抜き出したもので，主に研修での使用を想定しているが，通読によっても，労働安全衛生に関する生きた法知識を鮮明に得られるであろう。

　事務系の読者が事実関係を理解しにくいと思われる箇所には図解も付している。また，主要な事件には，安全衛生の専門家から判決への賛否，未然防止策の2点について伺った情報を掲載し，法律家と技術者の発想の違いの理解や，事件の失敗学の素材としての活用を促している。

　主な読者として，安衛法に関わる行政官，労災防止に関わる各種団体，企業の安全衛生担当者のほか，労働法の専門家 (弁護士，社会保険労務士，法学者等)，安全・衛生コンサルタント等を想定している。

　本書によって，関係者が現場で活用できる法知識を得られ，労災や健康障害の防止から，個人と組織の双方が納得できる働き方までが実現されることを願ってやまない。

　なお，そもそも，本書が取り上げた裁判例を探索したり，監督指導状況につき (元) 行政官らにインタビューするなどして姉妹書に概要を掲載したのは，三柴のほか，以下の分担執筆者の方々である (姉妹書の分担執筆者は更に多いが，ここでは，本書に掲載した情報の原執筆者のみを掲載している)。三柴は，その多くの情報につき原典に徴しつつ，要約・加筆修正するなどして，本書に掲載した。

　これらの方々，さらには姉妹書や，その基盤となる厚生労働科学研究にご助力頂いた方々に深く御礼を申し上げる。

(50音順)

阿部　未央　　東北学院大学法学部　教授

阿部　理香　　九州国際大学法学部　助教

石﨑　由希子　横浜国立大学大学院国際社会科学研究院　教授

井村　真己　　追手門学院大学法学部　教授

鎌田　耕一　　東洋大学名誉教授，前労働政策審議会会長

近藤　龍志　　労働基準監督官

佐々木　達也　名古屋学院大学法学部　准教授

田中　建一　　東洋大学　非常勤講師，社会保険労務士

長谷川　聡　　専修大学法学部　教授

原　俊之　　　青森中央学院大学経営法学部　教授

森山　誠也　　労働基準監督官

吉田　肇　　　天満法律事務所　弁護士，元京都大学法科大学院　客員教授

淀川　亮　　　弁護士法人　英知法律事務所　弁護士

本書は，

　令和4年度−6年度厚生労働行政推進調査事業費補助金（政策科学総合研究事業）「法学的視点からみた社会経済情勢の変化に対応する労働安全衛生法体系に係る調査研究」（研究統括：三柴丈典），

　令和元年−3年度厚生労働科学研究費補助金（労働安全衛生総合研究事業）「労働安全衛生法の改正に向けた法学的視点からの調査研究」（研究代表：三柴丈典），

　平成26-28年度厚生労働科学研究費補助金（労働安全衛生総合研究事業）「リスクアセスメントを核とする諸外国の労働安全衛生制度の背景・特徴・効果とわが国への適応可能性に関する調査研究」（研究代表：三柴丈典）

　の研究成果の一部である。

　本書の姉妹書として，前掲の『コンメンタール労働安全衛生法』（法律文化社）のほか，『生きた産業保健法』（産業医学振興財団）がある。

　［付記］　本書では，文意の伝わりやすさを重視し，個々の文章を途中で行換えしている。これは，プレゼンテーション用のスライドに近づけることを意図したものである。

　　　　　また，本書では，事業者らが監督指導や民事損害賠償請求等を受ける可能性のあるものを中心に，安衛法中，採用条文を選択したことを申し添える。

2025年2月吉日

三柴　丈典

目　次

はしがき

Ⅰ　概　　論——安衛法の来し方行く末——

1　領域の特徴 …………………………………………………………………… 3

2　法を巡る事情 ………………………………………………………………… 3
　　（1）労災・職業病事情　3
　　（2）社会・経済的背景　4

3　来し方 ………………………………………………………………………… 4

4　規制の特徴 …………………………………………………………………… 6
　　（1）本来規定と補助規定　6
　　（2）危害防止基準を生み出す仕組み　8
　　（3）不確定法概念（「危険のおそれ」等）の多用　8
　　（4）管理体制の重視　8
　　（5）手続要件化，ソフト・ロー化　9
　　（6）多角的な化学物質管理政策　9
　　（7）規制目的を踏まえた柔軟な法解釈　10

5　比較法社会学的調査の結果 ………………………………………………… 11

6　履行確保における安全配慮義務法理の活用 ……………………………… 12

7　改正の方向性 ………………………………………………………………… 12
　　（1）性能要件化の範囲，罪刑法定主義との相克　12
　　（2）規制課題の行方　13
　　（3）雇用類似の保護　14

Ⅱ　運　　用

1　監督指導状況（総合） ……………………………………………………… 19

iii

2　関係判例と監督指導状況（個別） ………………………………………………… 23

2.1　第2条（定義）関係 …………………………………………………………… 23

【監督指導状況】……23

【関係判例】……23

①刑事事件　23

ア　東京高判昭和56年8月11日判例タイムズ459号143頁（原審：佐倉簡判昭和56年2月18日）　23

■事件に関する技術専門家の意見　24

イ　福岡高判昭和63年5月12日判例時報1278号161頁（原審：熊本簡判昭和62年11月26日判例集未登載）　25

②民事事件　25

2.2　第3条（事業者等の一般的責務）関係 ……………………………………… 25

【監督指導状況】……25

【関係判例】……25

①刑事事件　25

②民事事件　25

常石造船事件神戸地判昭和48年4月10日判例時報739号103頁（確定）　25

■事件に関する技術専門家の意見　26

2.3　第4条（労働者の協働努力義務）関係 ……………………………………… 27

【監督指導状況】……27

【関係判例】……27

2.4　第5条（ジョイントベンチャー）関係 …………………………………… 27

2.5　第10条（総括安全衛生管理者）関係 ……………………………………… 27

2.6　第11条（安全管理者）関係 ………………………………………………… 28

【監督指導状況】……28

【関係判例】……28

①刑事事件　28

JCO東海村臨界事故事件水戸地判平成15年3月3日判例タイムズ1136号96頁　28

■事件に関する技術専門家の意見　29

②民事事件　30

Ａサプライ［知的障害者死亡災害］事件東京地八王子支判平成15年12月10日判例時報1845号83頁　30

2.7　第12条（衛生管理者）関係 ………………………………………………… 31

【監督指導状況】……31

【関係判例】……31

2.8　第12条の2（安全衛生推進者等）関係 ……………………………………… 31

【監督指導状況】……31

【関係判例】……31

目　次

2.9 第13条（産業医等）関係 ……………………………………………………… 31

【監督指導状況】……31

【関係判例】……34

1）産業医の選任義務違反を安全配慮義務違反の一環とした例　34

2）産業医の言動や働きぶりが，自身や選任者の法的責任に影響したと思われる例　34

ア　大阪市Ｋ協会事件大阪地判平成23年10月25日判例時報2138号81頁［控訴後和解］　34

イ　Ｆ社事件東京地判平成24年8月21日労働経済判例速報2156号22頁（Ｘ請求棄却［帰趨不明］）　35

ウ　建設技術研究所事件大阪地判平成24年2月15日労働判例1048号105頁（Ｘ請求一部認容・一部棄却［控訴後帰趨不明］）　35

エ　日本通運事件東京地判平成23年2月25日労働判例1028号56頁（Ｘ請求棄却［控訴］）　35

オ　第一興商（本訴）事件東京地判平成24年12月25日労働判例1068号5頁（Ｘ請求一部認容・一部棄却［控訴］）　36

2.10 第13条の2（産業医選任義務のない小規模事業場での産業保健支援）関係 ……………………………………………………………………………… 36

2.11 第13条の3（"顔の見える産業医"の支援）関係 …………………………… 37

2.12 第14条（作業主任者）関係 …………………………………………………… 37

【監督指導状況】……37

【関係判例】……38

①刑事事件　38

福岡高判昭和63年5月12日判例時報1278号161頁　38

②民事事件　39

岩瀬プレス工業事件東京地判平成20年11月13日労働判例981号137頁　39

■事件に関する技術専門家の意見　40

2.13 第15条（統括安全衛生責任者），第15条の2（元方安全衛生管理者）関係
……………………………………………………………………………………… 41

【監督指導状況】……41

【関係判例】……41

①刑事事件　41

最3小決平成17年12月21日判例タイムズ1199号197頁　41

②民事事件　41

ア　尼崎港運・黒崎産業事件神戸地尼崎支判昭和54年2月16日判例時報941号84頁　41

イ　常石造船・宮地工作所事件広島地尾道支判昭和53年2月28日判例時報901号93頁　42

■事件に関する技術専門家の意見　43

2.14 第15条の3（店社安全衛生管理者）関係 …………………………………… 43

v

2.15 第16条（安全衛生責任者）関係 ……………………………………………… 43

【監督指導状況】……43

【関係判例】……44

①刑事事件　44

東京地立川支判令和3年12月16日 LEX/DB 25592016　44

〈事実の概要〉　44

〈判旨～起訴された罪状につき各被告人とも有罪～〉　45

〈判決から汲み取り得る示唆〉　45

■事件に関する技術専門家の意見　46

②民事事件　46

日本総合住生活ほか事件東京高判平成30年4月26日労働判例1206号46頁（上告棄却，上告受理申立不受理）　46

2.16 第17条～第19条（安全・衛生委員会）関係 ……………………………… 48

【監督指導状況】……48

【関係判例】……48

安全委員会関係　48

①刑事事件　48

②民事事件　49

Aサプライ［知的障害者死亡災害］事件東京地八王子支判平成15年12月10日判例時報1845号83頁　49

（安全）衛生委員会関係　49

①刑事事件　49

②民事事件　49

ア　石綿管製造会社石綿関連疾患事件さいたま地判平成24年10月10日裁判所WEBサイト　49

■事件に関する技術専門家の意見　50

イ　公立八鹿病院組合ほか事件広島高松江支判平成27年3月18日労働判例1118号25頁（上告が認められず，確定）　51

2.17 第19条の2（安全・衛生管理者等への能力向上教育等）関係 …………… 51

2.18 第19条の3（小規模事業場での産業保健の国による支援）関係 ………… 52

【施行状況】……52

【関係判例】……52

南大阪マイホームサービス（急性心臓死損害賠償）事件大阪地堺支判平成15年4月4日労働判例854号64頁　52

2.19 第20条（事業者の基本的措置義務①：機械等，危険物，電気等），第21条（事業者の基本的措置義務②：掘削，伐木等の作業方法，墜落，土砂崩壊等の作業場所）関係 ……………………………………………… 52

【監督指導状況】……52

【関係判例】……55

①刑事事件　55

②民事事件　56

目　次

2 .20 第22条（事業者の基本的措置義務③：原材料，粉じん，放射線，温度，排気等にかかる健康障害防止措置）関係 …………………………………… 56

【監督指導状況】……56

【関係判例】……58

①刑事事件　58

②民事事件　58

ア　林野庁高知営林局事件最 2 小判平成 2 年 4 月20日労働判例561号 6 頁　58

イ　東北機械製作所事件秋田地判昭和57年10月18日労働判例401号52頁　59

ウ　三菱重工神戸造船所（騒音性難聴）事件最 1 小判平成 3 年 4 月11日労働判例590号14頁　59

エ　三菱重工神戸造船所（振動障害）事件大阪高判平成11年 3 月30日労働判例771号62頁　59

オ　喜楽鉱業（有機溶剤中毒死）事件大阪地判平成16年 3 月22日労働判例883号58頁　59

カ　化学メーカーＣ社（有機溶剤中毒等）事件東京地判平成30年 7 月 2 日労働判例1995号64頁　60

キ　国賠訴訟である大東マンガン事件（植田満俺精錬所・守口労基署長事件）大阪高判昭和60年12月23日判例時報1178号27頁　60

2 .21 第23条（事業者の基本的措置義務④：事務所の物的環境や風紀等）関係 …………………………………………………………………………………… 61

【監督指導状況】……61

【関係判例】……62

①刑事事件　62

Ｍ製作所（安衛法違反被告）事件東京高判平成14年 3 月22日労働判例835号80頁（原審：千葉簡判平成13年 4 月13日労働判例835号86頁）　62

■事件に関する技術専門家の意見　63

②民事事件　63

内外ゴム事件神戸地判平成 2 年12月27日判例タイムズ764号165頁　63

■事件に関する技術専門家の意見　64

2 .22 第24条（作業行動災害の防止）関係 ……………………………………… 64

【監督指導状況】……64

【関係判例】……65

①刑事事件　65

②民事事件　65

ア　信濃運送事件長野地判平成19年12月 4 日労働判例967号79頁　65

■事件に関する技術専門家の意見　65

イ　大成建設他事件東京地判昭和61年12月26日判例タイムズ644号161頁　66

2 .23 第25条（切迫した危険有害状況での退避措置）関係 ……………………… 66

【監督指導状況】……66

【関係判例】……66

①刑事事件　66

②民事事件　66

東京電力ホールディングス（旧東京電力）ほか 2 社事件福島地いわき支判令和

vii

元年 6 月26日裁判所WEBサイト　66

〈事実の概要〉　66

〈判旨～X請求認容～〉　67

■事件に関する技術専門家の意見　67

2.24　第25条の 2（建設業における爆発，火災等に際しての第二次災害防止〔救護〕措置）……………………………………………………………………… 68

【監督指導状況】……68

2.25　第26条（労働者の事業者の危害防止措置への対応義務）……………… 69

【適用の実際】……69

2.26　第27条（危害防止基準の省令による具体化）…………………………… 69

2.27　第28条（危害防止基準の履行支援のための技術上の指針や健康障害防止指針の公表，それらにかかる大臣による事業者〔団体〕への指導）…… 70

【監督指導状況】……70

【関係判例】……70

ア　大隈鉄工所高価機械損傷損害賠償訴訟名古屋地判昭和62年 7 月27日判例時報1250号 8 頁　70

〈事実の概要〉　70

〈判旨～X請求一部認容～〉　70

〈判決から汲み取り得る示唆〉　71

イ　損害賠償請求事件東京地判平成29年 1 月24日判例タイムズ1453号211頁　71

〈事実の概要〉　71

〈判旨～X請求認容～〉　71

〈判決から汲み取り得る示唆〉　72

ウ　三星化学工業事件福井地判令和 3 年 5 月11日判例時報2506・2507号86頁　72

〈事実の概要〉　72

〈判旨～X請求認容～〉　72

〈判決から汲み取り得る示唆〉　72

エ　損害賠償請求事件神戸地判平成31年 4 月16日 LEX/DB 25563012　73

〈事実の概要〉　73

〈判旨〉　73

〈判決から汲み取り得る示唆〉　73

2.28　第28条の 2（リスクアセスメントの努力義務）……………………………… 73

【監督指導状況】……73

【関係判例】……75

ア　日本化学工業事件東京地判昭和56年 9 月28日判例時報1017号34頁　75

〈事実の概要〉　75

〈判旨～X請求認容～〉　75

■事件に関する技術専門家の意見　75

イ　大成建設他事件東京地判昭和61年12月26日判例タイムズ644号161頁　76

〈事実の概要〉　76

目　次

　　　〈判旨～X請求認容～〉　76
　　　　■事件に関する技術専門家の意見　77
　　ウ　東洋精箔事件千葉地判平成11年1月18日労働判例765号77頁　78
　　　〈事実の概要〉　78
　　　〈判旨～X請求認容～〉　78
　　　　■事件に関する技術専門家の意見　79
　　エ　[再掲] 日本総合住生活ほか事件東京高判平成30年4月26日労働判例1206
　　　　号46頁（1審：東京地判平成28年9月12日労働判例1206号65頁）（上告棄
　　　　却，上告受理申立不受理）　80
　　　〈判決から汲み取り得る示唆〉　80

2.29　第29条（元方事業者による関係請負人等のコンプライアンス確保），第29条の2（建設業元方事業者による危険場所等における関係請負人の労働者への技術的指導）関係 …………………………………………………… 81

　【監督指導状況】……81

　【関係判例】……82

　　①刑事事件　82
　　河村産業所事件（鍋田農協倉庫倒壊事件）名古屋高判昭和47年2月28日判例時
　　報666号94頁（上告後，最2小判昭和48年3月9日で棄却）　82
　　②民事事件　83
　　ア　大石塗装・鹿島建設事件最1小判昭和55年12月18日最高裁判所民事判例
　　　　集34巻7号888頁（1審：福岡地小倉支判昭和49年3月14日最高裁判所民
　　　　事判例集34巻7号895頁，原審：福岡高判昭和51年7月14日最高裁判所民
　　　　事判例集34巻7号906頁）（確定）　83
　　　〈事実の概要〉　83
　　　〈判旨～一部破棄自判～〉　84
　　　〈判決から汲み取り得る示唆〉　84
　　イ　尼崎港運・黒崎産業事件神戸地尼崎支判昭和54年2月16日判例時報941号
　　　　84頁　85
　　　〈事実の概要〉　85
　　　〈判旨～X請求認容，一部棄却～〉　85
　　　〈判決から汲み取り得る示唆〉　86
　　ウ　みくに工業事件長野地諏訪支判平成3年3月7日労働判例588号64頁（帰
　　　　趨不明）　86
　　　〈事実の概要〉　86
　　　〈判旨～X請求一部認容～〉　87
　　　〈判決から汲み取り得る示唆〉　88
　　　　■事件に関する技術専門家の意見　88

2.30　第30条（特定元方事業者等による一の場所の統括管理義務）関係 ……… 89

　【監督指導状況】……89

　【関係判例】……90

　　①刑事事件　90
　　幸陽船渠事件広島高判昭和53年4月18日判例時報918号135頁（1審：尾道簡判
　　昭和52年6月23日注解労働安全衛生関係法令解釈例規集9-2巻第7編第2章
　　5114頁，上告審：最1小判昭和55年2月21日注釈労働安全衛生関係法令解釈
　　例規集同上5112頁）　90

ix

〈事実の概要〉　90

〈判旨～Mによる控訴棄却～〉　91

〈判決から汲み取り得る示唆〉　92

　　■事件に関する技術専門家の意見　92

②民事事件　92

ア　エム・テックほか事件高松地判平成20年9月22日労働判例993号41頁（控訴審：高松高判平成21年9月15日でも1審判決が支持され，1審原告と1審被告のうちエム・テックが上告したが，上告棄却，上告不受理となった）　92

〈事実の概要〉　93

〈判旨～X請求一部認容～〉　94

〈判決から汲み取り得る示唆〉　94

イ　山形県水産公社事件最1小判平成5年1月21日判例時報1456号92頁（1審：新潟地判昭和61年10月31日労働判例488号54頁，原審：不明〔判例集未登載と思われる〕）（破棄差戻後帰趨不明）　95

〈事実の概要〉　95

〈判旨～原判決破棄差戻～〉　98

〈判決から汲み取り得る示唆〉　98

　　■事件に関する技術専門家の意見　98

2.31　第31条（建設物等の物の安全にかかる注文者の講ずべき措置）関係 …… 99

【監督指導状況】……99

2.32　第31条の4（注文者から受注者への違法な指示の禁止）関係 …………… 100

【監督指導状況】……100

2.33　第32条（第30条以下における自ら仕事を行う下請業者等及びその労働者の義務）関係 ……………………………………………………… 100

【監督指導状況】……100

2.34　第33条（機械等のリースに関する規制）関係 ……………………………… 101

【監督指導状況】……101

【関係判例】……101

ア　法第33条第2項にいう「機械等の貸与を受けた者」が労災防止措置を講じなかったとされた例（福岡高判昭和52年8月3日判例時報896号110頁〔原審：長崎地判昭和52年1月11日判例集未登載。最2小判昭和53年9月20日裁判所WEBサイトで上告棄却され確定〕）　101

〈事実の概要〉　101

〈判旨～Yらを有罪とした原判決を支持～〉　102

〈判決から汲み取り得る示唆〉　102

　　■事件に関する技術専門家の意見　103

イ　船を一時的に係留するための杭の設置工事のため地質調査を依頼された会社が，そのためのボーリング櫓（やぐら）の据付工事を別の会社に依頼し，オペレーター付きクレーン車のリース契約を締結したところ，同社（櫓の据付工事受託者：リース業者）所有のクレーン車が，土台となる地盤の陥没のため，海中に転落，水没したため，同社から依頼元会社（受リース者）に損害賠償請求されたが，当該受リース者は，所要の措置を尽

目　次

くし，安全管理義務を果たしているとしてその責任が否定された例（高松
地判平成 3 年 5 月23日判例地方自治91号71頁）　104
〈事実の概要〉　104
〈判旨～Ｘ請求棄却～〉　104
〈判決から汲み取り得る示唆〉　105
■事件に関する技術専門家の意見　105

2.35　第35条（荷送人等による貨物の重量表示）関係 ……………………………… 106
【監督指導状況】……106

2.36　第37条（特定機械等〔危険な機械等〕の製造許可）関係 …………………… 106
【監督指導状況】……106
【関係判例】……107
①刑事事件　107
②民事事件　107
富士ブロイラー事件東京高判昭和60年 7 月17日判例時報1170号88頁（原審：静
岡地判昭和58年 4 月 7 日訟務月報29巻11号2031頁）　107
■事件に関する技術専門家の意見　108

2.37　第38条（特定機械等〔危険な機械等〕にかかる検査）関係 ………………… 109
【適用の実際】……109

2.38　第40条（検査証のない特定機械等〔危険な機械等〕の使用禁止，譲渡・
貸与に際しての検査証の随伴） …………………………………………………… 110
【監督指導状況】……110

2.39　第41条（特定機械等〔危険な機械等〕の検査証の有効期間と性能検査）… 110
【監督指導状況】……110

2.40　第42条（特定機械等以外の機械等のうち所定の危険有害作業を伴うも
の等の譲渡・貸与・設置の制限），第43条（所定の動力駆動型機械等の
譲渡・貸与・展示の制限），第43条の 2 （第42条所定の機械等の製造・
輸入者への回収・改善，その他の災防措置の命令），第44条（第42条所
定の機械等のうち所定のものの個別検定），第44条の 2 （第42条所定の
機械等のうち所定のものの型式検定） ………………………………………… 111
【監督指導状況】……111

2.41　第45条（ボイラー等の機械等にかかる定期自主検査とそのうち特に危
険なフォークリフト等にかかる特定自主検査） ……………………………… 113
【監督指導状況】……113
【関係判例】……115
京都地判昭和61年 6 月10日労働判例479号78頁　115
〈事実の概要〉　115
〈判旨～Ｘ請求認容～〉　116
〈判決から汲み取り得る示唆〉　117

2.42 第54条の6（検査業者による安衛法上の検査関係規定違反や後発的な登録条件違反に際しての登録取消しや業務停止命令）関係 …………………… 117

【監督指導状況】……117

2.43 第55条（危険有害物の製造等禁止）関係 …………………………………… 117

【監督指導関係】……117

【関係判例】……118

建設アスベスト訴訟（神奈川第1陣）事件最判（最1小判令和3年5月17日民集75巻5号1359頁）118

■事件に関する技術専門家の意見　119

2.44 第56条（製造許可）関係 ……………………………………………………… 120

【監督指導状況】……120

2.45 第57条（特定の化学物質にかかるラベルの表示）関係 …………………… 120

【監督指導状況】……120

2.46 第57条の2（特定の化学物質にかかるSDSの交付）関係 ………………… 121

【監督指導状況】……121

2.47 第57条の3（表示・通知対象化学物質にかかるリスクアセスメント義務） ……………………………………………………………………………………… 121

【監督指導関係】……121

2.48 第59条（雇入れ時・作業条件変更時教育，特別教育）関係 ……………… 123

【関係判例】……123

山崎工業事件静岡地沼津支判令和2年2月25日労働判例1244号94頁　123

〈事実の概要〉　123

〈判旨〉　123

〈判決から汲み取り得る示唆〉　123

2.49 第60条（職長等教育）関係 …………………………………………………… 124

【関係判例】……124

綿半ソリューションズ（綿半鋼機訴訟承継人）事件長野地松本支判平成30年3月28日LEX/DB 25560025　124

〈事実の概要〉　124

〈判旨～X請求一部認容～〉　124

〈判決から汲み取り得る示唆〉　125

2.50 第60条の2（安全衛生水準改善教育〔努力義務〕） ………………………… 125

【監督指導状況】……125

2.51 第61条（危険有害業務にかかる有資格者以外の就業制限）関係 ………… 126

【監督指導状況】……126

【関係判例】……126

岡部組事件人吉簡判昭和45年2月20日判例時報602号105頁　126

目　次

2.52 第62条（中高年齢者等就業上の配慮を要する者の適正配置等の努力義務）
………………………………………………………………………………… 127

【監督指導状況】……127

【関係判例】……127

綾瀬市シルバー人材センター（Ⅰ工業所）事件横浜地判平成15年５月13日労働
判例850号12頁　127
〈事実の概要〉　127
〈判旨～Ｘ請求一部認容～〉　128
〈判決から汲み取り得る示唆〉　128

2.53 第65条（作業環境測定）関係 ……………………………………………… 128

【監督指導状況】……128

【関係判例】……129

2.54 第65条の２（作業環境測定結果に基づく評価及び適切な措置）関係 …… 129

【実施状況】……129

2.55 第65条の３（作業管理）関係 …………………………………………… 130

【関係判例】……130

①刑事事件　130
②民事事件　130
ア　電通事件最判平成12年３月24日民集54巻３号1155頁　130
イ　佐川急便事件大阪地判平成10年４月30日労働判例741号26頁　130

2.56 第65条の４（「作業時間」の制限）関係 ………………………………… 130

【関係判例】……130

①刑事事件　130
②民事事件　130
NTT事件松山地判昭和60年10月３日判例時報1180号116頁　130
■事件に関する技術専門家の意見　131

2.57 第66条（健診：一般，特殊，特殊歯科，臨時等）関係 …………………… 132

【監督指導状況】……132

【事業場での実施状況】……132

【関係判例】……133

①刑事事件　133
ア　労働安全衛生法違反，労働基準法違反被告事件大阪地判平成12年８月９
日判例時報1732号152頁　133
イ　労働安全衛生法違反，有印私文書偽造，同行使被告事件長崎地判平成18
年10月３日労働判例923号93頁　134
②民事事件　134
１）一般健診関係　134
ア　真備学園事件岡山地判平成６年12月20日労働判例672号42頁　134
イ　東京海上火災保険・海上ビル診療所事件東京高判平成10年２月26日労働
判例732号14頁　135
２）特殊健診関係　135

xiii

> ア　大東マンガン事件（植田満俺精錬所・守口労基署長事件）大阪地判昭和57年9月30日労働判例396号51頁（大阪高判昭和60年12月23日判例時報1178号27頁の原審）　135
>
> イ　東北機械製作所事件秋田地判昭和57年10月18日労働判例401号52頁　136
>
> ウ　ソニー有機溶剤中毒訴訟事件仙台地判昭和52年3月14日判例時報847号3頁　136
>
> エ　内外ゴム事件神戸地判平成2年12月27日労働判例596号69頁　137

2.58　第66条の2（深夜業従事者自発健診）関係　138

【制定を促したと解されるケース】……138

> ア　浦和労基署長事件東京高判昭和54年7月9日労働判例323号26頁　138
>
> イ　大日本印刷・新宿労基署長事件東京高判平成3年5月27日労働判例595号67頁　138

【事業場での実施状況】……138

2.59　第66条の4（健診結果に基づく異常所見者にかかる医師等からの就業上の配慮にかかる意見聴取）関係　139

【制定を促したと解されるケース】……139

【監督指導状況】……139

【関係判例】……139

①刑事事件　139

②民事事件　139

南大阪マイホームサービス事件大阪地判平成15年4月4日労働判例854号64頁　139

2.60　第66条の5（健診結果に基づく医師等の意見を踏まえた就業上の配慮等）関係　140

【事業場での実施状況】……140

【関係判例】……140

> ア　システムコンサルタント事件東京高判平成11年7月28日労働判例770号58頁　140
>
> 〈事実の概要〉　140
>
> 〈判旨～1審原告請求認容～〉　141
>
> 〈判決から汲み取り得る示唆〉　141
>
> イ　榎並工務店（脳梗塞死損害賠償）事件大阪高判平成15年5月29日労働判例858号98頁　141
>
> ウ　高島工作所事件大阪地判平成2年11月28日労働経済判例速報1413号3頁　142

2.61　第66条の6（健診結果の本人への通知）関係　142

【事業場での実施状況】……142

【関係判例】……143

①刑事事件　143

②民事事件　143

京和タクシー事件京都地判昭和57年10月7日判例タイムズ485号159頁　143

2.62 第66条の8（長時間労働面接制度） ······························· 143

【事業場での実施状況】 ……143

【監督指導状況】 ……144

【関係判例】 ……144

　ア　公立八鹿病院組合事件広島高松江支判平成27年3月18日労働判例1118号
　　　25頁　144
　イ　横河電機（SE・うつ病罹患）事件東京高判平成25年11月27日労働判例1091
　　　号42頁　145
　〈事実の概要〉　145
　〈判旨〜X請求一部認容〜〉　145
　〈長時間労働面接指導にかかる判決の示唆〉　146
　ウ　東芝（うつ病・解雇）事件最2小判平成26年3月24日労働判例1094号22
　　　頁　146

**2.63 第66条の8の2（長時間労働を行った研究・開発業務従事者への義務的
な面接指導）** ··· 147

【事業場での実施状況】 ……147

2.64 第66条の8の3（面接指導の実施のための適正な労働時間把握義務） ····· 147

【事業場での実施状況】 ……147

【監督指導状況】 ……148

【関係判例】 ……148

　ア　グルメ杵屋事件大阪地判平成21年12月21日労働判例1003号16頁　148
　イ　九電工事件福岡地判平成21年12月2日労働判例999号14頁　148
　ウ　岐阜県厚生農業協同組合連合会事件岐阜地判平成31年4月19日労働判例
　　　1203号20頁　149
　エ　大庄事件大阪高判平成23年5月25日労働判例1033号24頁　149
　オ　狩野ジャパン事件長崎地大村支判令和元年9月26日労働判例1217号56
　　　頁　150

2.65 第66条の8の4（高プロ適用対象者への面接指導） ························· 150

【事業場での実施状況】 ……150

2.66 第66条の10（ストレスチェック制度） ····································· 151

【事業場での実施状況】 ……151

【監督指導状況】 ……151

【関係判例】 ……152

　ア　NHKサービスセンター事件横浜地判令和3年11月30日労働経済判例速報
　　　2477号18頁　152
　イ　東京福祉バス事件東京地判令和3年6月17日LEX/DB 25590527　152

2.67 第67条（離職後の健康管理のための健康管理手帳制度） ····················· 153

【行政による交付状況と対象者による取得状況】 ……153

【関係判例】 ……153

　ア　損害賠償請求事件山口地判令和4年2月25日LEX/DB 25591966　153

イ　ニチアス（石綿ばく露・文書提出命令）事件大阪高判平成25年6月19日労働判例1077号5頁　153

2.68　第68条（感染症や増悪リスク疾患等に罹患した者の就業禁止）…………154

【監督指導状況】……154

【関係判例】……154

ア　田中鉄工休職事件神戸地判昭和33年8月13日労働関係民事裁判例集9巻5号791頁　154

イ　城東製鋼事件大阪地判昭和46年3月25日判例時報645号96頁　155

2.69　第68条の2（受動喫煙防止措置の努力義務）………………………………155

【事業場での実施状況】……155

【関係判例】……156

ア　名古屋市教員（志賀中学校等）事件名古屋地判平成10年2月23日判例タイムズ982号174頁　156

〈事実の概要〉　156

〈判旨～原告請求棄却～〉　156

イ　江戸川区（受動喫煙損害賠償請求）事件東京地判平成16年7月12日労働判例878号5頁　157

〈事実の概要〉　157

〈判旨～原告請求一部認容～〉　157

ウ　積水ハウス（受動喫煙）事件大阪地判平成27年2月23日労働経済判例速報2248号3頁　158

〈事実の概要〉　158

〈判旨～原告請求棄却～〉　158

〈判決から汲み取り得る示唆〉　159

エ　京都簡易保険事務センター（嫌煙権）事件京都地判平成15年1月21日労働判例852号38頁　159

〈事実の概要〉　159

〈判旨～原告請求棄却～〉　159

オ　JR西日本（受動喫煙）事件大阪地判平成16年12月22日労働判例889号35頁　160

〈事実の概要〉　160

〈判旨～原告請求棄却～〉　160

〈判決から汲み取り得る示唆〉　161

カ　損害賠償等請求事件東京地判平成25年12月17日LEX/DB 25516748　161

〈判決から汲み取り得る示唆〉　162

2.70　第69条～第71条（事業者による健康保持増進措置の努力義務と行政による指針の公表等の支援策）………………………………………………162

【監督指導状況】……162

【行政関係団体による事業者らへの支援策】……163

【事業場での実施状況】……164

【関係判例】……165

1）健康保持増進指針に関する裁判例　165

ア　療養補償給付不支給処分取消請求事件東京地判平成20年11月28日判例集

未登載　165

イ　真備学園事件岡山地判平成 6 年12月20日労働判例672号42頁　166

2 ）後の過労（死）やメンタルヘルス関係判例のリーディングケースとなった
　　判例　166

電通事件最 2 小判平成12年 3 月24日民集54巻 3 号1155頁（ 1 審：東京地判平成
8 年 3 月28日労働判例692号13頁，原審：東京高判平成 9 年 9 月26日労働判例
724号13頁）　166

〈事実の概要〉　166

〈判旨～原判決中 X らの敗訴部分を破棄差戻し～〉　166

〈判決の意義〉　167

3 ）メンタルヘルス指針に言及した裁判例　167

ア　さいたま市（環境局職員）事件東京高判平成29年10月26日労働判例1172号
　　26頁（ 1 審：さいたま地判平成27年11月18日労働判例1138号30頁）　167

〈事実の概要〉　167

〈判旨～原判決一部変更～〉　168

〈判決の意義〉　168

イ　ティー・エム・イーほか事件東京高判平成27年 2 月26日労働判例1117号
　　5 頁（原審：静岡地判平成26年 3 月24日労働判例1117号12頁）　169

4 ）メンタルヘルス指針に言及していないが，その示唆と共通する事項を安
　　全配慮義務等の内容として示した例　170

ア　国・静岡労基署長（日研化学）事件東京地判平成19年10月15日労働判例
　　950号 5 頁　170

〈事実の概要〉　170

〈判旨～ X 請求認容～〉　170

〈判決の意義〉　170

イ　名古屋南労基署長（中部電力）事件名古屋高判平成19年10月31日労働判例
　　954号31頁　170

〈事実の概要〉　170

〈判旨～ X 請求認容～〉　171

〈判決の意義〉　171

ウ　建設技術研究所事件大阪地判平成24年 2 月15日労働判例1048号105頁　171

エ　公立八鹿病院組合ほか事件広島高松江支判平成27年 3 月18日労働判例
　　1118号25頁　172

〈事実の概要〉　172

〈判旨～ X ら請求一部認容～〉　172

〈判決の意義〉　173

5 ）公務員の懲戒免職処分を裁量権濫用とする際にメンタルヘルス指針に言
　　及した例　173

懲戒免職処分取消等請求事件名古屋高判平成30年 3 月14日裁判所 WEB サイ
ト　173

〈事実の概要〉　173

〈判旨～原判決取消し・ X 請求認容～〉　173

〈判決の意義〉　174

6 ）職場復帰手引きに言及しつつ法的意義を否定すると共に，療養休職期間
　　中の労働者への接触方法にかかる使用者の配慮義務違反を認めた例　174

ワコール事件京都地判平成28年 2 月23日 LEX/DB 25542312　174

〈事実の概要〉　174

〈判旨～Ｘ請求一部認容～〉　174
〈判決の意義〉　175

2.71　第71条の2～第71条の4（快適な職場環境の形成関係〔事業者の努力義務と国による支援〕）…………………………………………………175
【監督指導状況】……175
【事業場での実施状況】……175
【関係団体の取り組み】……176
【関係判例】……176

2.72　第78条（特別安全衛生改善計画制度〔勧告に従わない事業者の公表制度を含む〕）…………………………………………………………178
【監督指導状況】……178

2.73　第79条（安全衛生改善計画制度）………………………………………179
【監督指導状況】……179
【関係判例】……179
長野地判昭和61年6月27日判例タイムズ616号34頁　179

2.74　第88条（危険有害な工事，機械の設置，作業等の計画の事前届出制度）…………………………………………………………………………180
【監督指導状況】……180

2.75　第91条～第94条（労働行政官の権限〔第91条：監督官の行政権限（立入，物件検査，収去等），第92条：監督官の司法警察権限，第93条：産業安全・労働衛生専門官の職務，第94条：同専門官の行政権限（立入，物件検査，収去等）〕）関係………………………………………180
【関係判例】……180
川崎民商事件最大判昭和47年11月22日判例時報684号17頁　180

2.76　第96条の2（労働者健康安全機構による立入検査，労災原因調査等）…181
【実施状況】……181

2.77　第97条（本法令違反にかかる労働者の申告権）関係…………………181
【関係判例】……181
東京労働基準局長（青梅労基署）事件東京高判昭和56年3月26日労働経済判例速報1088号17頁（上告後，最3小判昭和57年4月27日判例集未登載で棄却），池袋労基署長事件東京高判昭和53年7月18日判例時報900号68頁　181

2.78　第98条（使用停止命令等）関係………………………………………182
【関係判例】……182
１）国による権限発動の義務に関するもの　182
大東マンガン事件（植田満俺精錬所・守口労基署長事件）大阪高判昭和60年12月23日判例時報1178号27頁　182
２）使用停止等命令の発令要件（法違反の判断基準）に関するもの　183
広島簡判昭和56年4月9日判例集未登載　183

目　次

2.79 第99条（急迫した危険・緊急の必要がある場合の〔必ずしも法違反を前提としない〕使用停止等命令〔緊急措置命令〕）……………………………183

2.80 第100条（労使その他関係者への各種報告命令制度〔労働者死傷病報告制度を含む〕）…………………………………………………………………184
　　【監督指導状況】……184

2.81 第101条（法令要旨・産業医業務・化学物質のリスク等の労働者への周知義務）……………………………………………………………………184
　　【監督指導状況】……184

2.82 第104条・第105条（健康情報等の適正取扱い，法定健診・長時間労働面接・ストレスチェックの実施事務従事者の守秘義務）………………185
　　【関係判例】……185
　　（1）主に情報の収集に関する例　185
　　（1-1）メンタルヘルス情報に関する例　185
　　（1-1-1）情報の収集制限を強調した例　185
　　1）富士電機E＆C事件名古屋地判平成18年1月18日労働判例918号65頁（損害賠償等請求事件，控訴後和解）　185
　　2）ボーダフォン（ジェイフォン）事件名古屋地判平成19年1月24日労働判例939号61頁　186
　　〈判決から汲み取り得る示唆〉　186
　　（1-1-2）精神的不調を疑わせる言動を前提に，積極的な情報収集（精神科受診の促し等）の必要を示唆した例　186
　　日本ヒューレット・パッカード事件最2小判平成24年4月27日裁判所時報1555号8頁他（1審：東京地判平成22年6月11日労働判例1025号14頁，2審：東京高判平成23年1月26日労働判例1025号5頁）　186
　　〈事実の概要〉　186
　　〈判旨～上告棄却・X請求認容～〉　187
　　（1-2）メンタルヘルス情報以外の健康情報等に関する例　187
　　（1-2-1）代表的判例　187
　　（1-2-2）一定条件下で就業規則の根拠規定なくなされた法定外検診の指示を有効とした例　187
　　京セラ事件東京高判昭和61年11月13日労働判例487号66頁（上告審〔最1小判昭和63年9月8日労働判例530号13頁〕も上告を棄却し，同判決を支持した）　187
　　〈事実の概要〉　188
　　〈判旨～原判決破棄，原命令取消し～〉　188
　　（1-2-3）労働者が一定条件下で法定外検診の受診を拒否した場合，使用者の責任が免責ないし減責されるとした例　188
　　空港グランドサービス（AGS）・日航事件東京地判平成3年3月22日労働判例586号19頁　188
　　〈事実の概要〉　188
　　〈判旨～一部認容・一部棄却～〉　188
　　（1-2-4）本人同意のないHIV感染検査を行い，その結果を提供及び取得したことが，提供者側・取得者側双方のプライバシー権侵害となるとした例　189

xix

Ｔ工業（HIV解雇）事件千葉地判平成12年6月12日労働判例785号10頁　189

（2）情報の取扱い全般に関する裁判例　190

（2－1）健康情報等を含む個人情報等の収集，保管，利用行為がプライバシー
　　　　権侵害に当たるとして損害賠償責任が認められた裁判例　190

JAL労働組合ほか（プライバシー侵害）事件東京地判平成22年10月28日労働判
例1017号14頁　190

〈事実の概要〉　190

〈判旨～Ｘら請求一部認容～〉　190

〈判決の分析：個人情報保護法との比較〉　191

（2－2）診療目的で取得した医療情報を労務管理目的で利用することは個情
　　　　法の目的外利用（第16条第1項）に該当し，本人の同意がない限りプ
　　　　ライバシー侵害の不法行為が成立するとした例　192

社会医療法人Ａ会事件福岡高判平成27年1月29日労働判例1112号5頁（原
審：福岡地久留米支判平成26年8月8日労働判例1112号11頁）　192

（2－3）精神疾患に関する健康情報を異動先に引き継がなかったことが安全配
　　　　慮義務違反になる可能性を示した例　193

さいたま市（環境局職員）事件東京高判平成29年10月26日労働判例1172号26頁
（1審：さいたま地判平成27年11月18日労働判例1138号30頁）　193

3　補論：両罰規定 ……………………………………………………………………… 195

I

概　論
──安衛法の来し方行く末──

---

* 「I」は，日本労働法学会の編集委員長及び法律文化社の許諾を得て，著者の先行業績（三柴丈典「安衛法の来し方行く末」労働法学会誌136号〔法律文化社，2023年〕7-22頁）を転載したものである。

1　領域の特徴

　労働安全衛生とは，職域における生命・心身・財産のリスク管理に他ならない。絶対安全はなく，"許されたリスク"はある。他方，過労・ストレスなど，社会認識の変化によっても，対応すべき新たなリスク（？）が生まれる。労働安全衛生法は，そうしたリスクの管理を目的として，労使その他関係者の行動と心理への働きかけを本質とする法である。特に技術者による経営者への働きかけを本質とする規定が多い（個々の事業場レベルから法政策レベルまで）。労働法だが，環境法等に近く，経営法，経済産業法的側面も持つ。労災防止等の量的な成果を求められるため，学際と現場観察が重要な意味を持つ。特定の対象に対する具体的な規制（仕様基準）との関係では，常に規制外のリスクが生じ得る。予防のためには，曖昧で柔軟な基準設定が求められるが，予防だからこそ構成要件を明確化する必要もあるという構造的矛盾を孕んでいる。

　ここで，本書のキーワードについて述べる。

　リスク創出者管理責任負担原則：職域のリスクに関する情報や管理権限を持つ者を含め，リスクを創り出す者こそが，それを管理する責任を負うという原則。淵源はUKの安衛法（HSWA 1974）だが，2011年に制定されたオーストラリアのモデル安衛法（model WHS Act. 連邦がモデルを示し，州が採用することで効力を得る）では，より明らかに示されている。ただし，執行上，デジタルプラットフォーマーらの強力な抵抗を受けている。

　仕様基準・性能基準：仕様基準は，「事業者は，労働者のストレスを，職業性ストレス簡易調査票で測定し，常時〇〇点以内に維持せよ」のように，結果と手段を具体的に規制する基準であり，性能基準は，「事業者は，労働者が業務上うつ病にかからないようにせよ」のように，目標は定めつつ，達成手段は規制相手に委ねる手法である。

2　法を巡る事情

（1）労災・職業病事情

　1972年の安衛法典の制定以後，重大災害，特に死亡災害は大きく減少した（6000人超から1000人弱へ）。日本の労災発生率の低さは，国際的に上位にある。[1]しかし，法定定期健診での有所見率は一貫して上昇している他，介護施設での腰痛，小売店での転倒・転落等の3次産業での災害，フォークリフトによる激突され，挟まれ等の災害が増加している。年齢階層別では，高齢者の災害（転倒，つまづき，墜落等），類型別では，機械・設備そのものより不安全行動（人的要因）による災害（行動災害）が増加している。[2]対象と対応策を個別具体的に定めた特別規則の規制対象とな

（1）　中央労働災害防止協会「安全衛生統計（国別）」記載の諸データ（https://www.jisha.or.jp/international/field/disaster.html　最終閲覧日：2022年3月12日）等。

（2）　厚生労働省公表の各種労災統計（https://anzeninfo.mhlw.go.jp/user/anzen/tok/anst00.htm　最終閲覧日：2022年3月9日）。

I　概　　論

る化学物質は，実際に取り扱われている化学物質のうちごく僅かなので，その規制対象外の化学物質へのばく露による被害（最近では，胆管がん，膀胱がん等）が散発する状況は以前から変わっていない。また，自殺者のうち被雇用者・勤め人（有職者から家族従業者・自営業者を除いたもの）は7000人近く，職場で強い不安，ストレス，悩みを感じる労働者も高止まりしている[3]。

　もっとも，こうしたデータも，規制の目的や対象の変化の影響を受ける。安全衛生規制は，そもそも快適な職場環境形成をも目的とし，公害防止など，広く公衆の利益保護を目的とする規定（第27条第2項など）も擁していたが，その焦点は着実に変化してきた。すなわち，主な目的が，物理的リスクから心身の健康リスクへの対応，最近は働き方・生き方の改善に及び，保護対象も，労働関係から雇用類似，ひいては危険場所に出入りする者一般等に及ぼうとしている結果，捕捉されるデータも，それに応じたものに変化している。

（2）社会・経済的背景

　こうした変化の背景には，いくつかのマクロ的変化があると考えられる。安衛法制定時と現在では，産業構造，雇用・就労形態共に大きく変化しており，近年では，第4次産業革命とも称される，データ価値（の創造）が重要性を持つ時代に至っている。これにより，一定割合では，就労者の組織的従属性，時間・場所・業務遂行方法の拘束性は後退し，相手方に生計を依存することによる上下関係とも言える経済的従属性は，維持ないし増幅し，労使の境界は後退するだろう。ただし，知的，感情的な付加価値の生産・開発能力を持つ者と持たざる者とで二極化が進むだろう。その他，ゼロ成長，世界的にトップスピードで進む少子高齢化，個人を尊重する社会思想，基本的な労働保護規制の整備等も指摘できる。対立構図は，労対使から，AI対人間や，法規制対人間社会・学際に移行していくのではなかろうか。より本質的には，法による関係者の対話・連携の支援が重要になるだろう。他方で，中小企業での伝統的災害，化学物質被害，頻度の高い外国人技能実習生の労災など，適切な最低基準設定が求められる深刻な積み残し課題もある。

3　来し方

　安衛法の来し方を振り返ると，いわば産業技術安全の仕様書のような法から安全衛生管理体制の根拠法，そして長時間労働の抑制などの社会的労働保護も目的とする産業保健体制の根拠法ないし手引きへ，あるいは，ブルーカラー用からホワイトカラー用の法への変遷を辿ったと言える。

　日本の安衛法は，道交法などと同様に，人の生命・身体・財産を主な保護法益としてきた。どちらも，主に3E（Enforcement：規制，Engineering：技術，Education：教育）により安全行動の秩序形成を図ることで，大きな災害防止効果を挙げてきた。安衛法の場合，旧労基法・安衛則時代は，本質的対策として，職場で用いられる機械等の検査制度を設けていたものの，概ね技術者が解明した労災の再発防止策をそのまま義務規定としていた。しかし，十分な災防効果を挙げられ

（3）　厚生労働省・警察庁「令和2年中における自殺の状況」（令和3年3月16日）。

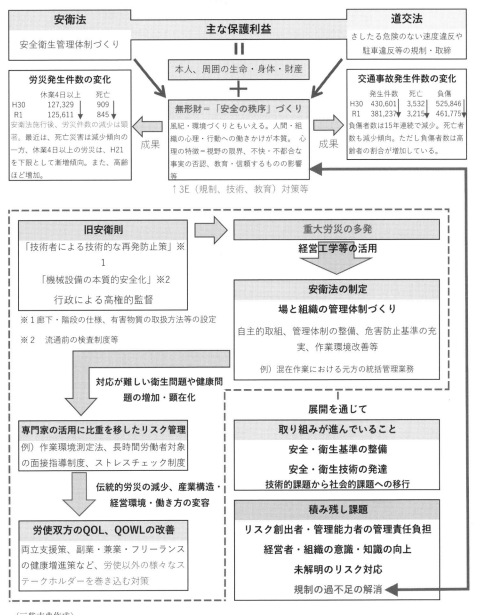

（三柴丈典作成）

なかったため，旧労災防止団体法ないし現行安衛法が，経営工学等を活用した，安全衛生管理の仕組みを採り入れたことで，労災防止効果が現れた。典型例は，重層的な下請構造下で複数の事業者の労働者らが就労する現場において，リスク情報の関係者間での共有や巡視等による統括的な安全管理を元方事業者（複数事業者の労働者が混在して就労する場所で，仕事を丸投げせず，自身も行う発注者等）に担わせる規制（法第30条など），経営利益の帰属主体であって労働者を指揮命令する

Ⅰ　概　　論

（≒経営責任者である）事業者を名宛人として，安全・衛生管理者，作業主任者などの専門知識・技術を持つ者の活用を義務づけた規定（法第3章など）である。安全衛生経営法とも言えよう。

その後，有害性や有効な対策が不明確だったり，個別性が求められる衛生・健康問題に焦点が当たると，作業環境測定法，長時間労働面接制度，ストレスチェック制度のように，専門家の活用を重視する法制度の整備が進んだ。近年は，がん患者らの治療と就労の両立支援，副業・兼業・フリーランスの健康促進策のように，労働者等の職業・日常生活の質の改善を図る，リスク対策とも言い切れない政策が進められるようになっている。これは，技術的法制度が社会的法制度に変質してきたということである。

こうした法制度の展開を通じて，技術的な再発防止策を強制規範化した基準の整備や，安全衛生技術の開発，社会的労働保護への進出は進んだが，建設物の設計者・発注者，運送の荷主，機械や化学物質の製造者等，リスク創出者の管理責任負担原則（訓示規定ながら法第3条を参照されたい）や，経営者の安全衛生に関する意識や知識の向上，未解明のリスク対応などの積み残し課題も多い。そうした課題の集積とも言えるのが，化学物質対策である。

もっとも，法制度の対象とありようが変化しても，①達すべき目的，②構築すべき体制，③方法論の明示，の重要性は変わっていない。特に，不確実性（原因と対策が不明確なこと）が強く，個々人の自己決定との調整が求められる健康対策では，③（及び②）をガイドライン等のソフト・ローにして，事業場の実情に応じた方法論を許容する方策が求められ，現に講じられている。[4]

4　規制の特徴

予防の成果を求められる安衛法は，規制技術の工夫の産物である。後述する日英の比較法社会学的調査の結果等から，事業者のみならず，労働者らの安全衛生に影響を与える者を広く取り込む管理体制の構築が，労災防止効果をもたらした経過が窺われる。

（1）本来規定と補助規定

安衛法は，概ね，特定の目的の実現を直接的に図る本来規定と，その履行を支援する補助規定から構成されている。

例えば，履行確保は，本来的には刑事罰で図られているが，補助的に，災害調査，立入，検査，検収，危険が窺われる場合の措置命令，事業停止命令等の行政措置が定められている。法定の安全衛生研究機関に立ち入り調査権限が付与されていること（第96条の2）に代表されるように，綿密さ，柔軟性，専門性がメリットだが，当該調査権限は殆ど行使されていないなど，硬直的運用になびき易い。

（4）　化学物質管理対策については，特別規則外での被害の多さや，規制整備の恒常的遅れ等を踏まえ，従来の特定的な基準（仕様基準）の一律的強制策から，専門家の支援を得て，事業場ごとに有効な方策の採用を許容する性能基準への制度改変が模索されている（厚生労働省「『職場における化学物質等の管理のあり方に関する検討会』報告書」〔2021（令和3）年7月19日〕）。

定めぶりの本来は，特定の対象にかかる具体的な安全確保措置（物的措置，人的措置等の作為・不作為）の罰則付の義務づけだが，補助として，罰則なしの義務，ガイドラインや予算措置の根拠となる努力義務，体制整備義務（諸種の管理者・専門家の選任，安全・衛生委員会の設置等），手続の履践義務（行政による製造許可の獲得，行政への諸種の情報の届出［化学物質の有害性調査とその結果の行政への届出，死傷病報告，産業医選任届等］，健診・ストレスチェック等の検査やその後の医師による面接指導の実施等）等の規定がある。

　法の現場執行者の本来は監督官だが，補助として，立ち入り，質問，検査，検収等の行政権限を持つ専門官（第93条，第94条），立ち入り調査権限を持つ研究機関に関する定め等を置いている。

　名宛人の多様性は，安衛法の特徴の1つである。本来は事業者だが，補助として，労働者，安全・衛生管理者等の資格者，元方事業者，発注者や注文者，製造・輸入業者，譲渡提供者，リース業者等が名宛人とされている。このうち，発注者以下は，概ね，建築物，化学物質，機械等の危険源の源流での本質的安全を図るため，製造流通業者に安全な製品の提供やリスクに関する情報提供等を図らせようとしたものである。労働者らが取り扱う機械器具の検査，危険作業従事者への教育，資格試験等を担う機関への行政の監理を図るため，彼らを名宛人とした規制も多い。

【主な製造流通規制】

・建築物・設備・原材料に係る注文者責任（第31条）
・化学物質取扱い設備の改造等作業に係る注文者責任（第31条の2）
・特定の機械に係る混在作業における発注者責任（第31条の3）
・違法な指示の禁止に係る注文者責任（第31条の4）
・機械等を貸与する者の責任（第33条）
・建築物を貸与する者の責任（第34条）
・特定の機械を製造，輸入する者の責任（第37条，第44条，第44条の2）
・一定の機械を譲渡・貸与・設置する者の責任（第42条）
・一定の機械を譲渡・貸与・展示する者の責任（第43条）
・特定の化学物質を製造・輸入・使用する者の責任（第55条，第56条）
・一定の化学物質を譲渡・提供する者の責任（第57条，第57条の2）
・新規の化学物質を製造・輸入する者の責任（第57条の4）

　これらは，事業者に自ら使用する労働者を保護させるだけでは，実効的に安全衛生を確保できないことを前提として，リスクに関する情報や支配管理権限を持つ者等に，情報提供や，必要な保護措置等の履行を義務づけたということであり，「労災を防ぎやすいのは誰か」との視点に立っている。名宛人の危険・報償責任や保護責任等でも説明できるだろうが，本質的には，安衛法の立法趣旨による。

　保護対象も労働者に限られない。本来は労働者だが，元より，公害防止等，公益に配慮した規定（法第27条第2項等。工場からの排気・排液中に有害物や病原体を含む場合の排出前の処理等を求める趣

I 概 論

旨の規定）もあるし，建設アスベスト訴訟（神奈川第1陣）事件最判（最1小判令和3年5月17日民集75巻5号1359頁）が述べたように，作業環境整備や物の安全の確保を図る規定は，それに関わる者全ての保護を図っているとも解される。安衛法の前身とも言える鉱山保安法では，一人親方どころか，鉱業現場の保全を義務づけており，保護法益は当該鉱業の持続性とも解し得る。安衛法の兄弟法とも言える船員法では，船員と船舶の一体性が重視されており，沈没すれば雇用契約が自動終了するが，なお人命・船舶等の救助に従事すべきこと，船内作業による危害防止等にかかる定めの遵守等が船員に義務づけられている（同法第39条）。

なお，UKの安全衛生法典（HSWA）は，その土台を築いたローベンス報告の提言を受け，雇用者の事業の影響を受ける者全てを保護対象とし，自営業者や施設管理者も名宛人に含むなど，リスク創出者に遍く管理責任を負わせる方針（リスク創出者管理責任負担原則）を明記している。

（2）危害防止基準を生み出す仕組み

加盟国が，労使と協議しつつ，責任をもって安全衛生政策を立案し，実施していくべきというILOの労働安全衛生条約（第155号）の考え方は，むしろ日本でよく踏襲されており，死傷病報告，行政による災害調査，新規化学物質の有害性調査結果の届出等を通じ，行政に危険有害性情報が集約されるようになっている。また，国が，労働安全衛生総合研究所や日本バイオアッセイ研究センター等の研究機関を管理し，危険源や再発防止策を専門的に解明し，危害防止基準（安全衛生の確保のため概ね罰則付で設定される労使等の行為基準）等の策定に反映されている。むしろ問題は，UK等に比べ，総じて，労使の安全衛生への重要性認識が乏しいことである。

（3）不確定法概念（「危険のおそれ」等）の多用

安衛法は，不測のリスクにもできる限り対応するため，措置義務の前提として，危険の「おそれ」がある場合等の不確定法概念を多用している。法の委任を受けた規則でも同じである。原俊之講師の調査では，「おそれ」という文言の使用箇所は，安衛法では目次を除き計18カ所，安衛則では計310カ所，クレーン等安全規則では22カ所，有機溶剤中毒予防規則では13カ所，特定化学物質障害予防規則では32カ所などとなっている。[5]

（4）管理体制の重視

上述の通り，安衛法は，使用者とは異なる「事業者」概念を設定し，違反行為者との両罰規定を設けると共に，事業の実質的な統括管理者を総括安全衛生管理者として，安全・衛生管理者を指揮して，安全衛生の確保を図らせるなど，経営トップ層に管理責任を課したり，重層的下請関係にある事業者の労働者が混在して働く工事現場の元方事業者にその現場の安全衛生の統括管理責任を課したり，小規模な建設現場を管轄するゼネコンの支店等に関係請負人の安全の統括管理

（5） 厚生労働科学研究費補助金（労働安全衛生総合研究事業）『労働安全衛生法の改正に向けた法学的視点からの調査研究報告書（研究代表・三柴丈典）』（2022年）249頁（原俊之執筆部分）。

責任を課すなど，既存の管理の秩序を法制度に取り込んでいる。

両罰規定が適用される場合，事業者の責任は厳格に問われる。例えば，保護具の着用のように，使用者には着用「させる」こと，労働者には着用「する」ことが義務づけられている場合，使用者の管理範囲外で労働者が着用を怠っても，事業者が自身に直接義務づけられた措置以上の措置を講じていなければ，処罰され得る。[6]

(5) 手続要件化，ソフト・ロー化

危険の要因，有効な対応策が未解明ないし個別性・背景依存性が強い，あるいは安全衛生の枠を超える総合的対応が求められる衛生，健康上の課題への対応では特に，法の手続要件化，ソフト・ロー化の傾向が見られる。事業者には，専門家を選任して一定の検査・調査を行わせ，その結果に基づき，関係者の協議を経て（すなわち，サイエンスとコンセンサスを踏まえて），必要な措置を講じさせる，また，法律では目標と望ましい措置を盛り込む努力義務を定め，その履行を支援するガイドラインに対応の好例を書き連ねるような規制形式である。これは，司法が受動的姿勢を採る民事訴訟での，個別事情等を踏まえた参酌と共に，当事者に事件化ないし訴訟に値するものを選別させることも企図していると解される。

また，旧安衛則時代より，ボイラー室の出入口の数や仕様等，事柄によって，作為・不作為を特定する基準（仕様基準）ではなく，達成目的を定め，方法は各事業場に委ねる性能基準が採用されてきた（ただし，概ね標準を定め，逸脱に際して行政の許可を要件とする形式）。現在，化学物質管理について，従来の特別規則に代わり，これを大幅に採り入れる方向性が模索されているが，筆者の提言も踏まえ，仕様基準からの逸脱に専門家の裏付けを要件とすることで，専門家へのニーズの喚起が図られている。

(6) 多角的な化学物質管理政策

化学物質管理は，有害性が未解明なものが多い等の情報の制約の他，対応技術，現場での実行可能性の制約，産業利益・消費者利益との調整の必要性等があり，安衛法上の課題が集約している。安衛法は，従来から3次元にわたる多角的な対策を図ってきた。縦は，製造流通業者等のサプライチェーンの上流に川下へ向けてリスク情報の共有を図らせる施策（法第5章第2節等）であり，横は，国連のGHS（化学品の分類および表示に関する世界調和システム），IARC（国際がん研究機関）の発がん性分類等の国際的

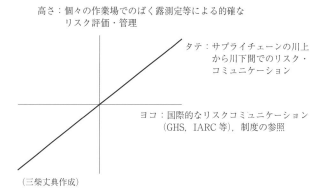

(三柴丈典作成)

（6）同前323頁（森山誠也執筆部分）。

Ⅰ　概　　論

な情報・仕組みを吸収する施策であり，高さは，個々の作業場でのばく露測定等による的確なリスク評価と管理の促進策である。しかし，いずれも未完成である。

（7）規制目的を踏まえた柔軟な法解釈

　法目的を踏まえ，司法も安衛法を柔軟に解釈することがあった。例えば，旧労基法（旧安衛則）時代の河村産業所事件（鍋田農協倉庫倒壊事件）名古屋高判昭和47年2月28日判例時報666号94頁（上告後，最2小判昭和48年3月9日判例集未登載で棄却）は，使用者を名宛人とする当時の危害防止規定を，元請の現場監督者に適用し，その刑事責任を認めた。すなわち，元請の現場監督者が，造成中の建物の支保工の安定性確保を図る旧安衛則の規定に反した状態で，多数の社外工等を指揮してコンクリート打設工事をさせていたところ，支保工が崩れて屋根が落ち，多数が重軽傷を負い，業者から供給されていた社外工1名が落下・窒息して死亡したことを受け，当該現場監督者が，業務上過失致死傷罪と共に，旧安衛則の親法である労基法違反で起訴された事案で，同人が旧労基法第10条が定める「使用者」に当たるかが争われたが，判決は，当該「使用者」の概念は，安全衛生の場面では賃金支払等の場面より広く解釈されるべきで，そうしないと安全を担保する能力のある者（元請等）を免責させることになる等と述べ，被災者との間に実質的な指揮監督関係があれば，それに該当する旨を述べた。(7)

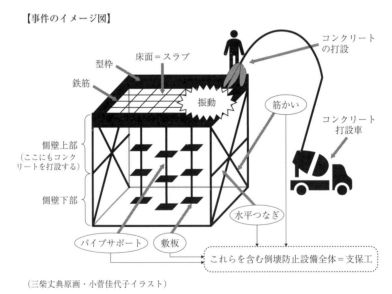

【事件のイメージ図】

（三柴丈典原画・小菅佳代子イラスト）

　もっとも，こうした柔軟な解釈は，現行法が，事業者以外の誰にどのような場面で措置義務を課すかを明らかにしたことで，却って制約されたとも解し得る。(8)

（7）　現行安衛法制定後の目的論的，拡大的解釈の例として，幸陽船渠事件広島高判昭53年4月18日判例時報918号135頁等。

（8）　M製作所（安衛法違反被告）事件千葉簡判平成13年4月13日労働判例835号86頁のほか，前記厚労科研報告書（2022年）登載の議事録の行政官の発言等に顕著。

5　比較法社会学的調査の結果

　筆者は，2019年に日本，2020年に，日本より死亡災害の発生件数・率が低く，日本と同様に統一的な安全衛生法典を持つUKで，同様の質問項目による安全衛生に関する社会調査を行った。[9]その結果，以下の事柄が判明した。

　先ず，UKとの類似点として，安衛法典が労災を減らした要素として，①安全衛生管理体制の整備，②事業者／雇用者責任の強化，③危害防止基準の整備，とする回答が多かったことのほか，安全衛生に関する意識が高い経営者の多くは，「労災による心痛」や従業員の帰属意識の低下を気にしている傾向が挙げられる。他方，UKとの相違点として，安衛法典が労災を減らした要素として，サプライチェーンの上流（設計者，製造者，発注者等）への規制を挙げる回答が多かったこと，日本では，重大な労災体験が安全衛生を重視する主要な理由だったのに対し，UKではそうとも言えなかったこと，そもそも回答者に経営トップ層が多かったこと，担当役員等を選任している事業が多かった等，経営層による安全衛生の重視や，安全衛生の専門家の意見を尊重する傾向が窺われたこと，安全衛生監督の高い専門性と労使による信頼が窺われたこと，産業医制度の必要性が認識されず，むしろGP（実地医家）によるプライマリケアへの信頼，医師免許を持たない衛生・健康専門家への尊重が窺われたことが挙げられる。

Kindai University Osaka
Health & Safety survey
Fieldwork Dates: 9th - 18th December 2020

YouGov

	Total	Gender		Age		
		Male	Female	20s	30s	40s
Q12. Since the current Health and Safety at Work Act (HSWA) was enacted in 1974, the number of fatal-injuries in the UK has decreased by more than 80%. What, if anything, do you see as the main reason(s) for this? Please select all that apply						
Base	1005	620	385	35	177	239
Comprehensive hazard prevention standards (i.e. standards that clearly indicate what should be done and what should not be done)	48%	48%	49%	37%	45%	49%
Implementation of a health and safety management system (e.g. the appointment of a health and safety manager)	51%	51%	50%	43%	45%	50%
Better cooperation and coordination when multiple employers carry out construction at the same location	20%	22%	16%	20%	19%	17%
Stronger voluntary efforts of staff and management towards health and safety within the workplace	31%	33%	26%	31%	22%	28%
Allowing businesses sufficient freedoms to enact their own changes	10%	11%	6%	11%	8%	8%
Easy to understand the relationship between laws, regulations, code of conduct, and guidance	17%	17%	18%	23%	17%	15%

（YouGov社，UK）

（9）　前記厚労科研報告書（2022年）156-158頁（日本），158-159頁（UK）。対象は，事業において安全衛生に関わる者で，経営者から管理職，専門職，一般社員までを含む。

Ⅰ　概　　論

6　履行確保における安全配慮義務法理の活用

　上述の通り，安衛法が健康問題を積極的に扱うようになり，事案の個別性を考慮し易い民事司法による履行確保がより強く期待されるようになっている。もとより，安衛法の直接的な民事的効力を認めることには功罪有り，民事上の過失責任法理（や履行請求法理等）の側で参酌するのが[10]UK等の動向であり，現に妥当性を確保し易い。日本では，契約法上の安全配慮義務（安配義務）が，一般的な予見可能性やなすべき措置の内容の画定に際して安衛法の影響も受けつつ，それが及ばないところもカバーしてきた。「特別な社会的接触関係」があれば負う義務として契約責任から若干展開し，不法行為法上の注意義務に近い機能も持っている。

　筆者の判例分析では，この法理は，安衛法の定めや趣旨も踏まえ，対象者の安全衛生を支配管理できる者に課せられた，職域のリスク調査に基づくリスク管理義務だと整理できる[11]。1次予防（未然防止），2次予防（早期発見早期対応），3次予防（緊急対応・再発防止），3ステップ・アプローチ（本質的対策，工学的対策，人的対策）等の予防理論の反映も見られる。折々の予防理論を踏まえた手続を尽くすことが，この義務の核心といえる。言うまでもなく，専門家の選任を含む管理体制づくりは，リスクアセスメントの重要な要素であり，その趣旨を述べた判例もある。山形県水産公社事件最1小判平成5年1月21日判例時報1456号92頁等は，特定事業の発注者（ただし特定元方事業者以外）が請負人を指名して統括管理を履行させる義務（法第30条第2項）は安全配慮義務の内容でもあるとした。原審は，それを履行すれば，本件加害者による逸脱行為を防げたはずとしていた。真備学園事件岡山地判平成6年12月20日労働判例672号42頁のように，法定産業保健体制が整備されていれば，被災者の高血圧症を発見できたはずとして，その未整備を安配義務違反とした例もあり，同種の例が増えてきている。

　安衛法の履行確保につき，この義務に拠ることで，同法の規制外ないしガイドラインレベルのリスクを捕捉できる一方，同法違反を直ちに過失とせず，個別事情，背景に応じた活用が可能となる。手続的債務だけに，安衛法の手続的規制化にもなじむ。心理社会的リスクのような，過重でなければ毒にも薬にもなり得る課題については，特にそうした対応が求められる。

7　改正の方向性

　以上の整理を踏まえて，若干ながら改正の方向性を展望する。

(1) 性能要件化の範囲，罪刑法定主義との相克
　職域リスクの多様化・複雑化を考えると，性能基準の強化が必要だが，筆者による国内向けの

---

(10)　UKでの議論経過につき，三柴丈典「使用者の健康・安全配慮義務」『講座労働法の再生（3）』（2017年）281頁等。

(11)　三柴前掲（2017年）287-296頁。

社会調査では，現行法上の「危険のおそれ」等の不確定法概念の明確化を求める声が多かったこと（前掲厚労科研報告書 (2022年) 2016頁），性能基準の強化を支持する意見と仕様基準でよいとする意見が拮抗していたこと[12]，特に中小企業者に対しては，罰則付の分かり易い規制でないと遵法を誘い難いこと，司法に係る罪刑法定主義の要請等から，性能基準化の範囲と方法等を検討する必要がある。筆者は，化学物質管理に関する REACH (EU化学品規則) の原則も参考に，一定の手続を設定し，安全衛生の立証責任を事業者らに課す方向性を構想している。すなわち，法は達すべき目的や基本的体制等を定め，必ずしも法の委任を受けない実施省令等で望ましい仕様基準を設定し，それを逸脱する場合，行政の専門官の審査を受けたり，然るべき専門家の裏付け等をもって事業者らが立証する責任を負うような方策である。適用範囲の重点は健康管理や化学物質対策になると思われ，既に，筆者の提言で，前掲の今後の化学物質管理政策に関する厚生労働省の検討会報告書 (令和3年) には盛り込まれている。これは，"全ての化学物質はあぶないかもしれない"という発想の転換を意味する[13]。

(2) 規制課題の行方

　安全衛生政策が産業保健に触手を伸ばした結果，メンタルヘルス不調者の職場復帰支援，難病治療と就労の両立支援等を扱うようになり，労働基準一般のほか，障害者雇用，キャリア形成支援，地域医療のほか，働き方や生き方に関する様々な政策課題と密接することとなった。従来の安全衛生とは異質なため，労基署も十分に対応できていない。例えば，パワハラに関する相談の多くは，労働ADRや産業保健総合支援センターにリファーされている。

　こうした課題には，労働法等の知見に基づき学際的，予防的に対応する必要があり，筆者は，次のような産業保健者による不調者への対応モデルを打ち出している（図1）。すなわち，急速な少子高齢化や個人の尊重意識の高まりを背景に，安全衛生政策は，労災職業病等の業務上のリスク対策から，メンタルヘルス対策等の作業関連疾患対策，遂にはがん等の難治性疾患者の就労継続支援まで展開し，民事司法も，健康配慮義務，解雇回避努力義務，障害者就労支援の法理の展開等を通じ，疾病障害者への救済姿勢を強化している。特に精神障害者への不利益措置に際して，治療の勧奨，経過観察，適正配置の努力等の手続を求めるようになっている。他方，民間であれば就業規則等，公務員ならば公務員法や紐付く勤務規程等に基づく休職，解雇／免職等のケジメも可能かつ求められている（みなし公務員の長期間の能力の低活用が違法なパワハラに当たると共に，国民への背信行為とした例として，兵庫教育大学事件神戸地判平成29年8月9日労経速2328号23頁）。その切り分け（就業判定）の主体の役割を期待されているのが産業保健者であり，職場に不調者が生じれば，主治医と連絡して疾病性（疾病の有無・程度等）と共に事例性（疾病？が招いている現実の問題：就労不能，職場秩序紊乱等）を確認し，本人の職務及び職場の関係者への適応を支援する。産

---

(12)　厚生労働科学研究費補助金（安全衛生総合研究事業）『リスクアセスメントを中心とした諸外国の労働安全衛生制度の背景・特徴・効果とわが国への適応可能性に関する調査研究報告書』（研究代表：三柴丈典）第2分冊（2016年）6頁。

(13)　これまでの化学物質対策は，危険有害性が判明したものばかりを対象にしてきた。

Ⅰ　概　　論

【図1　私傷病者への対応】

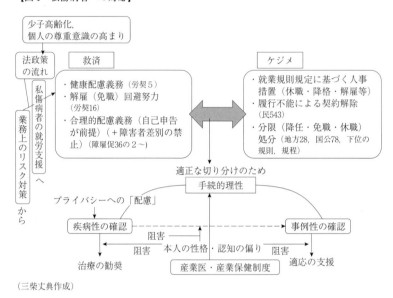

（三柴丈典作成）

業保健者は事業者の履行補助者ないし代行者なので，その働きかけが，事業者の救済努力となり，それを尽くしてなお改善しなければ，ケジメが可能かつ求められる。この「太陽と北風」とも言うべき対処に，対象者の認知の偏りが強い場合ほど落差を付けることが望まれる。[14]

今後の安衛法は，労働者の休復職過程で事業者が尽くすべき手続的要素の労働契約法での法定を含め，労使や医療・リハビリ機関，家族らの関係者を資源とみなして産業保健に役立てる視点を強化する必要がある。

(3) 雇用類似の保護

前掲の建設アスベスト訴訟最判を契機として，フリーランス，一人親方等の雇用類似等への保護のあり方が問われている。既に，法第22条と関係する11の省令改正（建設業事業者に対し，危険業務に従事する請負人，その場にいる者全てを保護対象として，指揮命令関係がなくても講ずべき措置を段階的に規定する等）が行われ，現在，更なる改正が検討されている（厚生労働省「個人事業者等に対する安全衛生対策のあり方に関する検討会」等）。ここでは，取るべき基本的視座と主な論点を列挙する。

取るべき基本的視座としては，リスク創出者管理責任負担原則が挙げられる。リスク創出者には，業務に関するリスク情報を持ち，管理できる者も含まれる。この原則から，労働安全衛生では，それを実施し易い立場にある者が実施すべきという要請が働く。すなわち，人の生命，身体，財産等の重要な法益に関わることを前提として，危険・報償責任，就労条件の支配管理，密接な社会的接触関係，場合によっては，民事・刑事上の保護義務などを根拠として，この原則の実現が求められる。筆者は，労働者概念の一般的な拡張適用には賛成しないが，安衛法は，ある者が

---

(14)　三柴丈典「産業保健法学の狙い」産業医学レビュー33巻2号（2020年）86-89頁。

その事業を通じたリスク創出者である限り，雇用類似を含め，それにより被災する者の保護を，リスクの調査と管理により講じるよう求めていると解する。もっとも，準労働法である家内労働法が，委託者が生み出すリスクを委託者に管理させようとした点や，委託者と受託者の双方に安全衛生上必要な措置を義務づけた点，経済法である中小企業等協同組合法が，組合の取引相手等に組合との誠実交渉義務を課している点等は，区々多様なリスクへの対応上有意義であり，広義の安衛法と解して解釈適用すべきと解する。[15]

　検討すべき安衛法上の論点としては，1）安衛法上の労働者（第2条第2号），事業者（同第3号）の定義,[16] 2）安衛法の目的（第1条：「労働者の安全と健康」），3）労働災害の定義（第2条第1号）を始めとして，事業者を名宛人，労働者を保護対象とする諸規定の修正の要否等が挙げられる。この際，第20-23条のような一般的な危害防止規定やその紐付き省令の名宛人を「場の管理者」等に改めるか，保護対象に労働者以外を含めるか等も問われる。前掲のM製作所（安衛法違反被告）事件のように，適用法条（安衛則第540条，安衛法第23条，第27条）が労働者保護規定であることを理由に，社外工を保護する措置が不十分でも現場監督者や元請が刑事免責される旨を述べた裁判例もあるので，修正となれば，影響は大きい。その他，死傷病報告（第100条，安衛則第97条）の名宛人（現在は事業者），第26条が事業者の講じる措置への協力義務を課す対象（同労働者），第97条が申告権を付与する対象（同労働者）等の修正の要否も問われる。製造流通規制についても，労働者以外の保護を明確化するなら，検査の趣旨等を再検討する必要が生じ得る。例えば，検査で見過ごされた機械の製造上の欠陥から生じた周辺住民の迷惑により廃業に追い込まれたとして，事業者が国を問責した富士ブロイラー事件東京高判昭和60年7月17日判例時報1170号88頁は，請求棄却の主な理由として，安衛法上の検査制度は労働安全衛生行政の実施を目的とし，国による製品安全の保証を目的としない旨を述べていた。

---

(15)　三柴丈典・倉重公太朗・中澤祥子「ギグワーカーの安全衛生に関する法的保護のあり方について～日本の状況と展望～」産業保健法学会誌第1巻第2号（2022年）43-67頁。

(16)　筆者は，①事業を行い，②労働者を使用する者という現在の事業者の定義のうち，②を労働安全衛生リスクを創出する者等に変えるべきと考えている。

Ⅱ
運　用

1　監督指導状況（総合）

違反による送検件数を記した「労働基準監督年報」の集計
（ぽんの日記　https://kynari.hatenablog.com/entry/2020/11/14/235232　最終閲覧日：2022年4月9日より。図の体裁整理：池崎万優氏）

危害防止

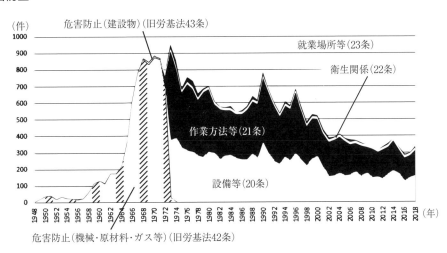

＊　旧労基法・旧安衛則時代は，安全関係の基準違反の取締りや指摘が監督指導の中心だったことが窺われる。ただし，当時の分類の問題で，当時の安全には一定程度衛生関係が含まれていた可能性がある。

II 運用

安全装置

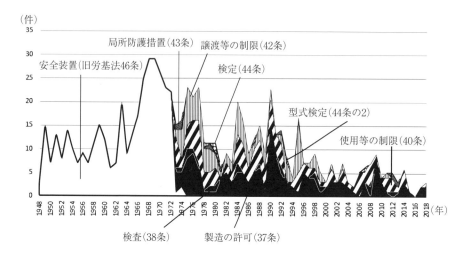

安全衛生管理体制

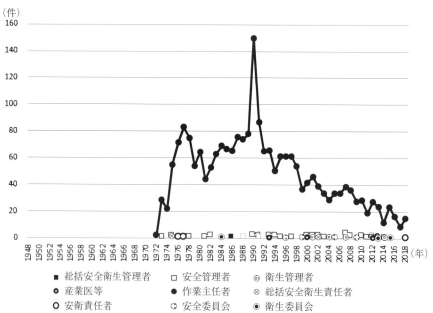

■ 総括安全衛生管理者　□ 安全管理者　◎ 衛生管理者
◍ 産業医等　● 作業主任者　⊗ 総括安全衛生責任者
○ 安衛責任者　◔ 安全委員会　◉ 衛生委員会

*　現行安衛法の大きな特徴の1つは，安全衛生管理体制の整備充実化であり，これがかなりの災防効果を持ったことも，我々の調査から推論されている。

元方・注文者の義務

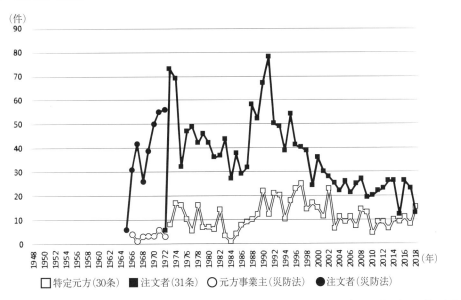

* 第31条は，物の安全に限定しているが，注文者に措置義務を課した稀少な規定である（対する第30条は，場の安全を目的としている）。このデータからも，その価値の大きさが窺われる。

就業制限と安全衛生教育

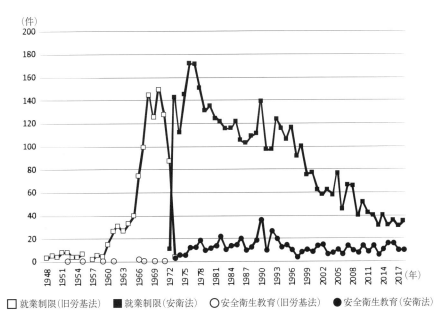

* 有資格者以外に危険有害作業をさせないという就業制限は，以前から監督指導上重視されてきたことが窺われる。近年の数字の落ち込みが，その面での遵守が進んだことの証であり，現に災防に繋がっているのだとすれば喜ばしい。

Ⅱ 運 用

使用停止命令

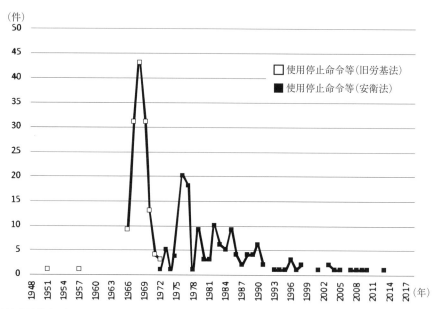

*　現行安衛法制定の直前と直後に発令件数が伸びたのは，特に重点的な監督を行おうとしたためと察せられる。このデータは送検数を示しており，使用停止等処分自体は，現在に至るまでかなりの件数発せられているので，最近の件数の減少は，使用停止等処分に事業者が従うようになったせいとも解される。

労働時間・休日

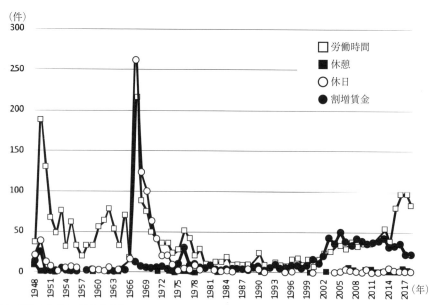

*　近年の急激な伸びは，働き方改革のためと思われる。ただし，その分，ただでさえ採用者数の少ない労働基準監督官B（理工系）が安全衛生業務に専念できない状況は改善される必要がある。
　1960年代後半の伸びは，高度経済成長期，平均年間労働時間数が2200時間を超えていた状況への対応が求められたことの反映と思われる。

2 関係判例と監督指導状況（個別）

2.1 第2条（定義）関係

【監督指導状況】

　第2条の運用現場では，重層的請負構造下での偽装請負が多く，監督行政実務上，労働者派遣法第45条のみなし規定（第3項：労働者派遣の場合，安衛法の一般的な危害防止規定〔第20条〜第27条〕の適用の際，派遣先＝使用者，派遣労働者＝労働者とみなす旨の規定）を活用し，請負関係上位者を派遣先と見立てて立件する方法が採られることがある。

【関係判例】
①刑事事件
ア　東京高判昭和56年8月11日判例タイムズ459号143頁（原審：佐倉簡判昭和56年2月18日）
　偽装請負的な関係にあった一人親方が注文者（1次下請）の現場責任者の危険防止措置の不備（歩み板，防網を使用せず）によりスレート工事中の屋根から落下して死亡した災害の後，
　注文者（1次下請）である被告人会社が，現場責任者の安衛法第21条第2項（安衛則第524条）違反，第119条にかかる両罰規定（第122条）により罰金刑を受けたところ，
　被告人会社より，被災者は安衛法上の労働者ではないと主張されたが，退けられた例。
　この際，判決は，安衛法上の労働者は労基法第9条の労働者と同旨であり，契約や報酬制度の形式にとらわれず，指揮監督関係等の実態に照らして判断されるべき，
　殊に本件では安全措置義務の負担が争点なので，実態に基づく実質的判断が重要であり，報酬の性格を考える際には，安全経費が含まれるか（含まれない場合，労働者性が高まる）の

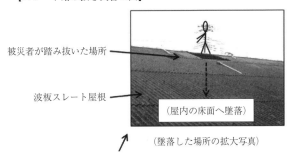

【スレート踏み抜き災害の図】

被災者が踏み抜いた場所
波板スレート屋根
（屋内の床面へ墜落）
（墜落した場所の拡大写真）
（水戸労働基準監督署作成）

Ⅱ　運　用

【スレート工事と望ましい安全対策の例】

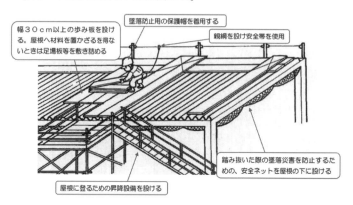

（水戸労働基準監督署作成）

観察が必要と示唆した。

　このケースでは，長期間被告人会社専属で，被告人会社が作成した予算書，手順書に基づき<u>従属的</u>に働かされ，報酬が毎月定期的に支払われる一方，<u>安全経費は支給されていなかった</u>こと等から，指揮従属関係ありと判断された。

■事件に関する技術専門家の意見[17]

> 1) 事実関係について
> 　　おそらく工場の屋根のスレートが1枚しかない状態で，真ん中に乗ってしまうなどして，体重を支えられずに踏み抜き，落下したのではないか。
>
> 2) 判決について
> 　　判決は，被災した一人親方の労働者性を認めている。確かに本件では，実質的に指揮監督関係があり，報酬も賃金と認められるので，判決は妥当と思われる。
>
> 3) 未然防止策について
> 　　法令上，足場板を敷くこと，屋根裏に安全網をかけることになっており，それを遵守していれば落下は防げる。
>
> 宮澤政裕氏（建設労務安全研究会）

---

(17)　令和4年度厚生労働行政推進調査事業費補助金（政策科学総合研究事業〔政策科学推進研究事業〕）「法学的視点からみた社会経済情勢の変化に対応する労働安全衛生法体系に係る調査研究」（研究代表者：三柴丈典）の一貫で行われた技術専門家へのインタビュー結果の要旨。
　　労働安全・衛生コンサルタント会より宮澤政裕氏（建設労務安全研究会，労働安全コンサルタント・労働衛生コンサルタント），安全工学会より福田隆文氏（長岡科学技術大学名誉教授），湯本公庸氏（安全工学会事務局長），日本化学工業協会より北口源啓氏（旭化成株式会社環境安全部労働安全グループ長），尾崎智氏（日本化学工業協会環境安全部・RC推進部管掌常務理事）をご推薦頂き，主に3項目（①事実関係，②判決，③未然防止策）についてインタビューに応じて頂いた。
　　その他，篠原耕一氏（元監督官，京都労務トラスト代表），岩村和典氏（ニッポン高度紙工業株式会社），一部は前村義明氏（My社労士事務所，労働衛生コンサルタント）にも同様にインタビューに応じて頂いた。

イ　福岡高判昭和63年 5 月12日判例時報1278号161頁（原審：熊本簡判昭和62年11月26日判例集未登載）

　　下請である被告人会社が，経験や技術はあるが作業主任者資格を持たない者に現場監督を任せていたところ，その管理下で土止め支保工の組み立て作業を行わせていたアルバイト要員が土砂崩壊で死亡して，被告人会社とその取締役が安衛法第14条違反で起訴されたところ，

　　同人らが同条の義務を負うのは上位の元請だと主張した。

　　判決は，法第14条にいう事業者は，直接労働者を支配下に置いて指揮監督する法律関係を前提としており，本件の場合，被告人会社に事業上の独立性も認められるので，雇用する労働者の安全を確保すべき立場にあり，同社が法第14条の事業者に該当するとした。

　　これは，直接的な雇用関係の存在を基本的前提としつつも，事業上の独立性等，安全に関する情報や管理権限を踏まえて労働者の安全を確保すべき立場を考える趣旨とも解される。

②民事事件

　　見当たらなかった。

2.2　第 3 条（事業者等の一般的責務）関係

【監督指導状況】

　　訓示規定なので，監督指導実務で違反条文として明示的な参照はされ難いが，第 5 章第 1 節の適用対象から漏れる食品加工機械による指の切断等の事案につき指導等の根拠とされ得る。本条第 3 項は，建設職人基本法の趣旨を体現する規定なので，より強い指導の根拠とされ得る。

【関係判例】

①刑事事件

　　見当たらなかった。

②民事事件

常石造船事件神戸地判昭和48年 4 月10日判例時報739号103頁（確定）

　　自身も仕事の一部を行う注文者（一次請負人）が管理する造船所内で作業をしていた下請労働者が，造船中の船舶上（甲板）の開口部から墜落死した事案につき，

　　当該注文者は，現行法第30条（場の管理規定）の前身である旧労災防止団体法第57条の名宛人（旧法上の元方事業主：統括安全衛生管理義務者）に当たるが，統括管理義務の一環として墜落防止措置の義務があったとは言えないし，

　　その紐付き省令が建設業等の注文者の墜落防止措置を定めていた旧労災防止団体法第58条（現行法第31条〔物の管理規定〕の前身）についても，その名宛人には当たるものの，当該下請（労働者）に当該開口部を使用させたと認められないので，適用されないが，

Ⅱ 運　用

【事件関係者の関係】

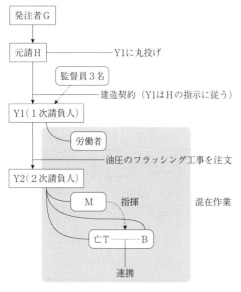

(三柴丈典作成)

当該規定の趣旨に照らし，条理上，墜落防止措置を講じる民事上の注意義務があったとした。

すなわち，法第3条が示唆するリスク創出者（リスクに関する情報や管理責任を持つ者を含む）管理責任負担原則は，民事上の注意義務や安全配慮義務の内容になり得ることが窺われる。

■事件に関する技術専門家の意見

1) 事実関係について

　　2) 3) に同じ。

2) 判決について

　本判決の要点は，1次下請であるY1の責任まで認めた点にある（被災者の雇用主であるY2には災害を生じた場所の管理権はなかったが，雇用主として当然に〔おそらくは安衛則第519条（事業者を名宛人とした，開口部への囲い・覆い等による墜落防止措置義務）違反等を前提に〕過失責任が認められている〔三柴〕）。

　安衛法第31条（物の管理責任）は注文者責任規定なので，本件では，本来，開口部設置者（おそらくG）の責任が問われる。監督指導実務でも，下請の法令（この場合安衛則第519条）違反を前提に，是正勧告程度であれば，元請程度までは行う（＊2次下請の労働者の被災について原発注者に是正勧告できるかは微妙との趣旨だろう〔三柴注記〕）（篠原）。

　統括管理に関する安衛法第30条の定めを考えれば，本件において，Y1は現場巡視をすべきだったし，そうすれば本件災害を防げた可能性もあると思う（前村）。

3) 未然防止策について

　現在の監督指導実務では，設備の管理権/責任者や労働者を就業させている事業者に対して，開口部を塞ぎ，必要な時だけ開けるように指導している。バネ付きで，開けても自然に閉まる仕組みの開口部を設けることで，格段に墜落災害が減った。そうした指導の実績があれば，指導不順守をもって安全配

慮義務違反とすることもできるだろう（篠原）。

少なくとも所属先であれば，同類の現場では，元方事業者も本件のような問題への安全対策は行っている／行わせている（岩村）。

篠原耕一氏（元監督官，京都労務トラスト代表），岩村和典氏（ニッポン高度紙工業株式会社），前村義明氏（My社労士事務所，労働衛生コンサルタント）

2.3 第4条（労働者の協働努力義務）関係

【監督指導状況】

法第4条違反の集計は見当たらないが，違反による送検件数を示した資料では，令和元年6月1日から1年間で，法第26条違反の例が1件あった（森山誠也監督官の整理）。是正勧告を典型とする違反の指摘件数を記した「令和2年労働基準監督年報」の定期監督等実施状況・法違反状況（令和2年）では，労働者の義務を定めた条規違反を示すデータは見当たらなかった。

【関係判例】

本条に直接言及する関係判例は見当たらなかったが，

民事判例において，発生した労災に過失相殺を認めた例について安西愈『そこが知りたい！労災裁判例にみる労働者の過失相殺』（労働調査会，2015年（平成27年））が系統的に整理しており，

これによれば，使用者側に安衛法令違反等の過失があれば，概ねその責任が大きく認められることを原則として，使用者側は軽過失（一定の措置を講じていた等）ながら，被災者の故意や重過失が災害に寄与した事案においてのみ，大きな過失相殺等の損益相殺がなされる傾向が窺われる。

2.4 第5条（ジョイントベンチャー）関係

法第5条は違反指摘が少なく，関係判例も見当たらない。

2.5 第10条（総括安全衛生管理者）関係

法第10条は違反指摘が少なく，関係判例も見当たらない。

Ⅱ 運用

2.6 第11条（安全管理者）関係

【監督指導状況】

本条から第13条に至る法定の管理者等の選任義務規定は，その選任義務が果たされていないことをもって一律的に適用する傾向があり，現に本条（安全管理者），第12条（衛生管理者），第13条（産業医）のいずれも，選任義務違反の指摘（行政指導レベル）は比較的多い（ただし，送検は非常に少ない）が，

中には企業独自に担当者による安全巡視の情報が関係従業員に即座に共有されるシステムを構築するなど，法定水準以上を実施しているところもあるとの声がみられた。

【関係判例】
①刑事事件
JCO東海村臨界事故事件水戸地判平成15年3月3日判例タイムズ1136号96頁

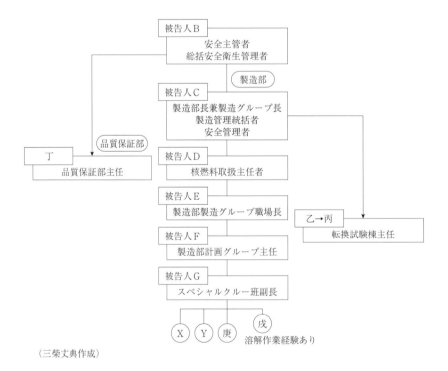

（三柴丈典作成）

もともと厳しい原子力取扱い規制下にあって，ある程度形式的な法令順守はしていた企業（JCO）が，我が国で燃料加工の許可を持つ唯一の事業者であったところ，

旧動燃から，高速増殖炉「常陽」に用いる核燃料溶液の不定期かつ短期限の発注がかさむ一方で，経営合理化・人員削減の必要に迫られ，

生産・安全管理体制の上下に臨界管理に詳しい者が乏しい状態となり，その知識経験に乏しい者が加工工程の効率化・省略を不用意に図った結果，ついにはバケツでウランと他の物質の溶解作業を行い，貯塔に代えて沈殿槽で混合均一化作業を行うに至り，当該沈殿槽で臨界を生ぜしめ，現場管理者を含む３名を被ばくさせ，このうち作業員２名を急性放射線症から極めて悲惨な経過で死亡させた事案につき，

安全管理体制の上下にあった管理者全員に業務上過失致死罪等の刑事責任が認められ，その一部に本条（安衛法第11条）違反による刑事責任も認められた例である。

本件から得られる示唆の第１は，事業組織の安全の要素（安全規程の遵守，安全教育，安全人材，製造業における安全な工程等）は，たとえ核燃料のような特別な危険有害物との関係でも，発注者からの短期日，不定期な注文，生産効率の追求，そして，時間の経過，安全を崩す伝承の連鎖により，いとも簡単に失われてしまうということであり，

第２は，本件について，安衛法上は安全管理者の選任にかかる本条が適用されていることから，組織の上下にわたる安全文化の軽視，知識不足が生じた場合には，安全衛生における管理体制整備義務違反とされる可能性があること，逆に言えば，安全衛生の管理体制が整備されることで，作業関係者（管理者，作業者ら）に安全教育が行きわたると解されていること，

第３は，本件で，安全管理者より事業所長であった総括安全衛生管理者の方が重い刑を科されていることからも，司法の量刑判断では，その権限と知識に注目し，災害について直接的な責任を負う現場管理者より上位の管理者に重い刑が科される傾向が窺われること，

である。

なお，この災害（平成11年９月30日）の後，同年中には，安衛則改正（同年労働省令第46号）により，第36条第28号の２，第28号の３が新設され，特別教育（法第59条第３項）の対象に，核燃料物質等の加工施設や使用施設等や原子炉施設の管理区域内で核燃料物質等を取り扱う業務が加えられた。この災害は，労働者が臨界に関する知識を有していなかったこと，適切な作業方法により作業を行わなかったことが発生原因と指摘されたことによる。[18]

■事件に関する技術専門家の意見

１）事実関係について

災害の物理的な発生機序はすでに判明している。

まさに，少しずつ行うべきウラン核燃料の加工処理を，効率優先で一気に行おうとしたことが問題の本質である（福田）。

最もシビアな管理が求められる放射線関係で，信じられないような工程の中抜きをした事案であり，

---

(18) この災害に関するジャーナリズムからの記録として，久谷與四郎『事故と災害の歴史館』（中災防新書，2008年）24-36頁。

これによれば，JCOは，その後，核燃料物質の加工事業の認可を取り消され，全ての事業を停止した。しかし，核施設は容易に廃棄できず，JCOには年間７億円の管理費用がかかり続け，管理に当たっている社員は周辺住民へのお詫びを続けていると言う。

Ⅱ　運　用

組織論的には，「品質保証部」がこの工程を容認した点が信じられない（岩村）。

2）判決について

概ね妥当な判決だと思う。

裁判所が，現場作業者や現場責任者等よりも，当時の事業所長であり，安衛法上の総括安全衛生管理者でもあったBに最も重い処罰を課したのは，本件が，数年かけて組織的に安全秩序を崩壊させていった過程を考えると，組織の管理責任者こそ重い責任を負うべきと考えたからだと思われる。

許可を受けた工程を変更したのに，国に対して再申請しなかったことも，事業所としての組織的問題だったといえる。

もっとも，判決が，JCOには受注を断わる自由があったとしている点については疑問がある。日本で1社しか核燃料加工の許可を受けていない業者が，実際に旧動燃からの発注を断わるのは困難だったと思われ，受注者側のコストパフォーマンスを無視するような発注がなされていた点については，発注者側の責任も検討されるべきだったように思われる（＊たとえ法解釈論的に難しくても，立法措置が検討されるべきとの趣旨と思われる〔三柴注記〕）（福田，岩村）。

また，国側も臨検ほか適切な監督指導を行わなかった点で責任が問われ得る（福田）。一般に，電離則関係での労働行政も，原子力行政も，厳しい規制や監督を行う傾向にある。コンプライアンスの第一義的責任は当事事業者にあるが，本件では，規制行政側にも弛みがあったのではなかろうか（岩村）。

3）未然防止策について

1）核燃料加工という極めて危険な事業なので，事業者は，許認可を得た工程を勝手に変えないことが第一（福田）。

法律及び社内ルールの徹底と責任の明確化が最も重要。

工程変更に際しての社内の確認・承認体制の強化も必要。

安全衛生委員会での実質的な審議，有効な安全パトロールの実施等により，部外者からも問題の指摘や確認ができる体制を構築することも重要。

社内外にコンプライアンス等の通報・相談窓口を設置することも有効である（岩村）。

2）発注者側も，適正な発注に努めるべき（福田，岩村）。

3）規制行政側も，適正な監督に努めるべき（福田，岩村）。

福田隆文氏（長岡科学技術大学名誉教授），篠原耕一氏（元監督官，京都労務トラスト代表），岩村和典氏（ニッポン高度紙工業株式会社）

②民事事件

Ａサプライ［知的障害者死亡災害］事件東京地八王子支判平成15年12月10日判例時報1845号83頁

→法第16条（安全委員会）に関する解説で触れる。

2　関係判例と監督指導状況（個別）

2.7　第12条（衛生管理者）関係

【監督指導状況】

　安全管理者らと同様に，選任義務違反に対して一律的に違反指摘される傾向があり，違反指摘は比較的多い条規だが，送検事例は少ない。

　衛生管理者資格の取得には基本的に免許試験の合格が必要なため，試験に合格して形式的に選任されたものの，実務活動には従事しておらず／兼務により従事する余裕がなく，SDSの読解も局所排気装置の維持管理もできない者が散見されるとの声がある。また，法定の職務は多岐にわたる一方，職務に必要な権限が殆ど与えられておらず，実質的な役割を果たし難い条件にあるとの指摘もある。

【関係判例】

　見当たらなかった。

2.8　第12条の2（安全衛生推進者等）関係

【監督指導状況】

　安全衛生推進者等制度は，安全・衛生管理者以上に形骸化しがちで，本条については，是正勧告を典型とする違反の指摘件数等を記した「労働基準監督年報」の定期監督等実施状況には，集計自体が掲載されていない。

【関係判例】

　見当たらなかった。

2.9　第13条（産業医等）関係

【監督指導状況】

　法第13条は，送検件数は少ないが，是正勧告等の違反指摘は比較的多い条規である。

　発がん性が明確でなかった化学物質による，大阪の印刷工場での胆管がん発症の事案でも衛生委員会設置義務規定と共に適用され，事業者が送検された。ここからも，未解明のリスク対策の不備を問責する上で，こうした体制整備義務違反が指摘され得ることが示唆される。もっとも，それは選任が求められる専門家の役割の範囲内でなければならないので，産業医に広く専門的な

31

Ⅱ　運　　用

健康管理の役割が託されるほど，こうした法活用の可能性が広がるとも言える。[19]

　もっとも，監督指導実務からみた産業医制度最大の問題はその形骸化であり，その背景には事業者側と産業医側の双方に問題があると解されること，嘱託産業医が予算のかかる労働衛生措置を求めることで解任される例もあり，安衛則第14条第4項（勧告を根拠とする不利益取扱いの禁止）の適用が雇用契約以外に及び得ることを示唆した裁判例もあるが（センクシア（株）産業医契約解除事件東京地判令和4年2月8日LEX/DB 25603655），現実的には，契約形態が雇用でなければ，それを防ぐのは極めて困難である。

　他方，産業という生き物，組織力学を理解する姿勢に乏しく，健康を巡るトラブルの解決に貢献できない医師も少なくない。日本医師会の平成29年の調査でも，専属産業医の選任割合が極めて低く，嘱託産業医の報酬額が低額な傾向が判明された。

---

(19)　某監督官より，本件は安衛則第576条（法第22条）で送検できたのではないか，との指摘があったが，則第576条自体抽象的な規定なので，送検が困難だったのかもしれない。筆者は，法第27条がある以上，省令で一定程度曖昧な規定を設けてガイドラインを整備し，その違法につき，ガイドラインの遵守，専門家の裏付け等の方法により，立証責任を事業者側に転換するのが妥当と考えている。
　　　安衛則第576条（有害原因の除去）
　　　事業者は，有害物を取り扱い，ガス，蒸気又は粉じんを発散し，有害な光線又は超音波にさらされ，騒音又は振動を発し，病原体によつて汚染される等有害な作業場においては，その原因を除去するため，代替物の使用，作業の方法又は機械等の改善等必要な措置を講じなければならない。

2　関係判例と監督指導状況（個別）

・胆管がん事象にかかる大阪の印刷工場への大阪労働局の対処

〔産業医，衛生委員会の設置義務違反等〕

厚生労働省

大阪労働局発表
平成２５年９月２６日

大阪労働局　労働基準部　監督課
監督課長　大屋　勝紀
副統括特別司法監督官　神田　哲郎
電話　０６－６９４９－６４９０（代）
　　　０６－６９４９－６４９３（１７時１５分以降）

労働安全衛生法違反の疑いで書類送検
－衛生管理者，産業医未選任，衛生委員会未設置の疑い－

　大阪労働局（局長　中沖剛）は平成２５年９月２６日，株式会社サンヨー・シーワィビー，同社代表取締役を労働安全衛生法違反の疑いで，大阪地方検察庁に書類送検した。

記

1　被疑者
（1）株式会社サンヨー・シーワィビー
　　　　　　本店所在地　大阪市中央区龍造寺町
　　　　　　事業内容　　印刷業
（2）同会社　代表取締役社長（以下「被疑者Ａ」という）

2　違反条文
（1）労働安全衛生法第１２条第１項（衛生管理者の選任義務）違反
　　　　労働安全衛生規則第７条第１項
　　　　同法第１２０条第１号（罰則）
　　　　同法第１２２条第１項（法人両罰）

（2）労働安全衛生法第１３条第１項（産業医の選任義務）違反
　　　　労働安全衛生規則第１３条第１項
　　　　同法第１２０条第１号（罰則）
　　　　同法第１２２条第１項（法人両罰）

（3）労働安全衛生法第１８条第１項（衛生委員会の設置義務）違反
　　　　同法第１２０条第１号（罰則）
　　　　同法第１２２条第１項（法人両罰）

3　被疑事実の概要
　被疑者株式会社サンヨー・シーワィビーは，本店及び大阪第二工場において，常時５０人以上の労働者を使用し，印刷業を営む事業者，被疑者Ａは同社の代表取締役で，業務全般を統括管理する者であるが，被疑者Ａは同社の業務に関し，
第一　平成２３年４月１日に常時５０人以上の労働者を使用していたのであるから，少なくとも同日から１４日以内に第１種衛生管理者免許若しくは衛生工学衛生管理者免許を有する者ほか法令の定める資格を有する者のうちから衛生管理者を選任しなければならなかったのに，これを怠り，以て，平成２３年４月１６日から平成２４年４月１５日に至るまで衛生管理者を選任しなかった
第二　平成２３年４月１日に常時５０人以上の労働者を使用していたのであるから，少なくとも同日から１４日以内に法令で定める要件を備えた医師のうちから産業医を選任しなければならなかったのに，これを怠り，以て，平成２３年４月１６日から平成２４年４月１５日に至るまで産業医を選任しなかった
第三　平成２３年４月１日に常時５０人以上の労働者を使用していたのであるから，労働者の健康障害を防止するための基本となるべき対策に関すること，その他法令で定める事項を調査審議させ，事業者に対して意見を述べさせるための衛生委員会を設けなければならなかったのに，これを怠り，以て，平成２３年４月１６日から平成２４年４月１５日に至るまで衛生委員会を設けなかった
ものである。

4　参考事項
（1）本件の捜査については，平成２５年４月２日に被疑会社本店および大阪第二工場に対して捜索差押を実施している。
（2）被疑会社において胆管がんを発症した労働者，遺族からの労災保険請求に対し，大阪中央労働基準監督署長は平成２５年３月２７日に１６名，同年５月２１日に１名を業務上疾病として労災認定した。
（3）適用法条項は，別紙のとおり

（厚生労働省のWEBサイト https://jsite.mhlw.go.jp/osaka-roudoukyoku/library/
osaka-roudoukyoku/H25/sinngikai/3-1.pdf　最終閲覧日：2024年3月6日）

Ⅱ　運　用

【関係判例】

1）産業医の選任義務違反を安全配慮義務違反の一環とした例

第66条に関する真備学園事件岡山地判平成 6 年12月20日労働判例672号42頁を参照されたい。

本判決は，法定産業保健体制が整備されていれば，被災者の高血圧症を発見できたはずとして，その未整備を安配義務違反とした。すなわち，

学校法人である被告が，雇用する教員の健診については，民間医療機関に胸部Ｘ線間接撮影と尿中糖と蛋白の検査を委託し，血圧は保健室に血圧計を用意して各教員の任意に委ね，健診個人票の作成も校医による健康管理も行わずにいたところ，被告で就業しており，悪性の高血圧症を基礎疾患にもつ高校教師が脳内出血で死亡したことを受け，

その遺族が被告の健康管理に関する安全配慮義務違反に基づく損害賠償請求をなした事案を前提としており，

判決は，

安衛法上の事業者の健康確保の責務，健診実施及び事後措置実施義務，産業医選任義務，

学校保健法上の健診実施及び事後措置義務，学校医の選任義務

等を定めた規定の趣旨に照らし，

被告には，これらの規定内容を履行する公的責務と共に，雇用契約上の安全配慮義務として，健診実施及び事後措置等によりその健康状態を把握して適切な措置を講じる健康管理の義務があるとした上，

定期健診項目に血圧検査があれば，悪性高血圧症は判明していただろうし，尿検査を促して結果報告を義務づけて健診個人票を作成していれば，その背後にある腎疾患等も把握でき，

それに応じた勤務軽減等の抜本的対策を講じられたはずなのに，

それらを怠ったことは，前記諸法規所定の公的な責務の懈怠であると共に，雇用契約上の安全配慮義務違反であるとした。

合わせて，当該教師が専門医を受診していたとしても，被告が主体的に健康を把握して対応すべきだったとした。

2）産業医の言動や働きぶりが，自身や選任者の法的責任に影響したと思われる例

ア　大阪市Ｋ協会事件大阪地判平成23年10月25日判例時報2138号81頁 [控訴後和解]

臨床上は内科専門のベテラン産業医が，自律神経失調症という以上にあまり事情を知らされず，休職者の復職可能性を探る面談に臨んだところで，「それは病気やない，甘えなんや」等発言し，不調が遷延化して復職時期が遅れたとして産業医個人が賠償請求された事案で，

産業医は，産業医となるための研修・実習で習う程度の一般的な医学的知識をもって業務に当たるべきで，このようなケースでは，病状の概略を把握し，それを悪化させるような言動を差し控えるべき注意義務を負っていたとした。

イ　F社事件東京地判平成24年8月21日労働経済判例速報2156号22頁（X請求棄却［帰趨不明］）

数年間にわたって年間1000時間程度の時間外労働（半年内の5ヶ月に100時間超／月の時間外労働を含む）以後うつ状態となってからも，雇用者の業務請負先で就労し，強迫性障害等の診断を受けて2度休職して期間満了退職措置となった労働者が，

発症が業務上との前提で雇用契約上の地位確認と共に，上司や産業医の発言や対応が不法行為に当たるとして損害賠償請求等をした事案で，

長時間労働の事実は認めつつ，原告には元より精神疾患の既往があり，何より2回目の休職前に客観的な過重負荷が認められない，主張された不法行為も認められない等として請求が棄却された。

ウ　建設技術研究所事件大阪地判平成24年2月15日労働判例1048号105頁（X請求一部認容・一部棄却［控訴後帰趨不明］）

入社後年間3500時間を超える長時間労働，休みを取りにくい職場の雰囲気，上司との人間関係の不和等があって精神疾患（身体表現性障害等）に罹患したが，

過重業務が軽減されず，1回目療養となり，

復職後も過重業務が軽減されず，2回目療養となり，

そこからの復職後は過重負荷は認められないが，会社への不信感を強めて出社しなくなり，

疾病自体は改善して，統括産業医は就労可とするも，欠勤を続けたとして解雇されたことを踏まえ，原告が労働契約上の地位確認や損害賠償請求した事案で，

本人が人格障害だった可能性を認めつつ，その判断をした統括産業医の確認が偏っていたと指摘して，本人の発症前と発症後の過重負荷につき，使用者側の対応上の過失を認める一方，原告は2回目療養からの復職後に完治していたので，無断欠勤による解雇は有効とした。

なお，このケースでは，精神障害など業務上外の判断が困難な事例について，使用者が業務起因性に疑いを持つ場合，労災申請上求められる事業主の証明に協力しないこと，申請しないよう説得することは合法とされたことも特筆される。

エ　日本通運事件東京地判平成23年2月25日労働判例1028号56頁（X請求棄却［控訴］）

特に過重負荷は認められないが，営業係長職にあった原告が転勤の内示に強い拒否反応を示して急性口蓋垂炎による呼吸困難で救急搬送されて以後，

ストレス反応性不安障害の診断名で欠勤を続け，上司らに敵対的・攻撃的態度をとるようになり，

休職命令を受けて後，期間満了退職措置を受けるに至る過程で，主治医が不相当に原告を利する診断を行い，

本人は産業医から主治医への診療情報の提供依頼を拒否する一方，

使用者側は，休職期間中，復職へ向けて励ましつつ必要な状況確認を行い，従前の労働時間管理の不備等自身の落ち度の指摘にも真摯に対応（謝罪と休職命令の延期，未払い残業代の支払い等）し，

Ⅱ　運　用

産業医から本人同意なしに主治医に直接問い合わせた上で復職不可の判断をしていた等の経過を辿った事案で,

使用者側の対応の冷静さや誠実さが認められ, 主治医の診断は疑わしい一方, 産業医の意見には「相当の説得力」ありとされ, 休職命令, 退職措置共に合法と判断された。

オ　第一興商 (本訴) 事件東京地判平成24年12月25日労働判例1068号5頁 (Ｘ請求一部認容・一部棄却 [控訴])

入社から数年後に有能な若手職員の劣等感を持って以後卑屈な態度をとるようになり, 配転されたところ上司に遺恨を持ち,

怠業する, 悪態をつく, 社内外に電子メールで上司らへの不満や批判を送信する, 存在しないパワハラ被害を内部通報する等の挙に出るようになり,

抑うつ状態になった上, 視神経症の視覚障害 (本件視覚障害) を発症し,

休職命令を受け, 期間満了退職となって, 本件視覚障害は上司からの嫌がらせや不当配転等による業務上疾病であるとして, 労基法第19条第1項に基づく雇用契約上の地位確認, 不法行為による損害賠償等を請求した事案において,

本件視覚障害は業務上と認められないので, その前提に基づく地位確認や損害賠償の請求は認められないが,

主治医の復職可能との診断, 企画書作成の実績等にみる職務能力, 雇用者が大企業であること, 復職可否は心身の健康状態から客観的に判断されるべきこと等から,

期間満了退職措置は違法無効とした。

以上を含む関係判例から, 産業医が, 不調者の疾病性と事例性, 個人と組織の事情もよく調べて把握し, 粘り強く, 理性的かつ誠実に対応の手続きを踏んだケースでは, 事業者側は殆ど敗訴しないこと,

不公正に使用者側に寄ったり, 不十分な事情認識に基づいて判断すると却って大きな対立やトラブルを招くリスクが高まること, 健康情報の適正な取得, 取扱いは違法にはならないこと等が示唆される。

また, 近年は, 復職拒否等の場面で産業医を関与させなかったことを使用者の不利に判断する例や, 逆に積極的かつ適正な関与をさせたことを使用者の有利に判断する例が増えている。

産業医と主治医の判断が分かれた場合には, 属性より判断に際しての調査の丁寧さ, 総合性 (判断材料の幅) を重点とする判断の合理性, 妥当性が問われる傾向にある。

2.10　第13条の2 (産業医選任義務のない小規模事業場での産業保健支援) 関係

本条に基づく国の産業保健活動支援状況の詳細は, 労働者健康安全機構『令和2年度産業保健

活動総合支援事業アウトカム調査報告書』に示されており，利用されたサービスの上位は，産保センターでは産業保健研修（約3割）とWEBサイトでの情報提供（約2割）で，センターごとに委嘱されるメンタルヘルス対策／両立支援促進員（カウンセラー，社会保険労務士等の実務専門家）による支援も数％利用されていたこと，地産保では，健診結果に基づく医師への意見聴取（約5割）が圧倒的に多く，産保センター＝研修＝大中規模事業，地産保＝健診後医師意見聴取＝小規模事業，という構図が見える状況である。

利用者の満足度は，有益評価が約9割と高く，特に産保センターでのメンタルヘルス対策促進員による個別支援と地産保での健診後医師意見聴取の有益評価が高かった。

2.11　第13条の3（"顔の見える産業医"の支援）関係

回答者に小中規模の嘱託産業医が多い日本医師会の調査結果からは，よく行われているのは，健診の結果確認，長時間労働面接，保健指導等だが，活動時間は3時間未満／月が殆ど，衛生委員会への出席は1−2ヶ月に1度と1年に1−2度が多く，作業の環境や内容の把握と指導，健康障害の原因調査等も2時間未満／月が殆どであり，顔の見える産業医からはほど遠い現状が窺われる。

2.12　第14条（作業主任者）関係

【監督指導状況】

法第14条は，かなり違反指摘が多い条規であり，令和2年の是正勧告を典型とする違反指摘件数は合計約4000件，令和元年の送検件数も年間10件近くに達していた。

本条は，作業主任者の未選任のほか，安衛則第18条所定の氏名や職務の未周知に適用されることが多く，違反指摘の具体例には以下のようなものがある。

1）ビルの新築工事の1次下請B所属の現場責任者Xの指揮下で，2次下請Cの従業員と移動式クレーンのリース会社DのオペレーターYらが鉄骨建方工事をしていたところ，Yが運転する移動式クレーンのアウトリガ（張り出して地面に足を設置させて安定させる装置）を縮めた状態にしたことを忘れ，そのままジブ（腕）を旋回させたため横転し，ジブの先端が歩行中の婦人に当たって死亡させた事案で，Xが，おそらく法第20条（クレーン等安衛則第3章第2節の適当な条規）か法第30条（一の場所の統括管理義務）違反，2次下請Cが，作業主任者選任義務違反（法第14条，施行令第6条第15号の2，安衛則第517条の4）で送検された例。

2）3階建ての個人住宅建設工事で，おそらく下請Aが雇用したXが，3階から屋上に至る階段の設置作業を行うため，屋上床の梁に跨がって作業していた際，作業上必要な番線を引き上げたクレーンの先端のフックを残されていた玉掛ワイヤロープに引っかけた状態でいたところ，ク

Ⅱ　運　用

レーンオペレーターEが，フックを巻き上げたため，階段が持ち上がって梁が揺れ，Xが地面まで墜落して死亡した事案で，所轄監督署が，Aの社長であるYを法第14条（建設物等の鉄骨の組立等作業主任者〔施行令第6条第15号の2，安衛則第517条の4〕の選任義務）違反，第21条第1項（墜落等危険場所等での危険防止措置〔安衛則第521条（高さ2m以上の高所作業での要求性能墜落制止用器具等の取付設備の設置）〕）違反で送検した例。

　3）管轄署が，主にパンチングメタルを製造するA社（代表Yと家族3人含め9人で，動力プレス機械20台を保有）に臨検に入ったところ，①プレス作業主任者の未選任，②労災保険未加入，③特定自主検査（特に危険な機械を原則として1回／年，事業者が一定資格者に検査させる義務を負うもの）の未実施，④機械のV字形状ベルト（滑り止め等のためV字模様がついたベルト），プーリー等へのカバーの未設置，⑤天井クレーンの玉掛有資格者未配置等の違反が認められ，是正勧告を行ったが，その5ヶ月後にも改善されず，「法律通りに是正していたら仕事にならない」と述べ，再度是正勧告したが，その5ヶ月後にもやはり改善されていなかったため，法人Aと代表Yを，安衛法第14条，第61条（資格者以外の就業制限）違反で送検した例。

　この例では，プレス機械の安全性は高かったが，金型取り付けや取り外し等での災害危険が指摘された。

　このように，本条の適用は，作業主任者の未選任につき機械的に行われる傾向にあるが，特にプレス機械作業主任者等で，資格者でも必要な技能を持たない例が多い，また，作業主任者は現場の作業指揮者なので，局所排気装置の不備等の設備の問題を工場長らに上申しない例も多いとの指摘がある。

【関係判例】
①刑事事件
福岡高判昭和63年5月12日判例時報1278号161頁

　法第14条の名宛人である「事業者」を，労働者を直接支配下に置いて指揮命令する雇用主としつつ，実際の判断では自身の道具や会計で事業を営むことを含め，「安全を確保すべき立場」にあったことを重視した例である。

　このケースでは，下請に当たる被告人会社が経験や技術はあるが作業主任者資格を持たない者に現場監督を任せていたところ，その管理下で土止め支保工の組み立て作業を行わせていたアルバイト要員が土砂崩壊で死亡して，

　被告人会社とその取締役が安衛法第14条違反で起訴されたところ，同人らが同条の義務を負うのは上位の元請だと主張した。

　判決は，法第14条にいう事業者は，直接労働者を支配下に置いて指揮監督する法律関係を前提としており，本件の場合，被告人会社に事業上の独立性も認められるので，雇用する労働者の安全を確保すべき立場にあり，同社が法第14条の事業者に該当するとした。

　これは，直接的な雇用関係の存在を基本的前提としつつ，事業上の独立性等，安全に関する情報や管理権限を踏まえて労働者の安全を確保すべき立場を考える趣旨とも解される。

②民事事件

岩瀬プレス工業事件東京地判平成20年11月13日労働判例981号137頁

プレス作業の経験はあるが所要の特別教育を受けていなかった者が，法定作業主任者のいないタイミングで，安全装置の効かない条件で手を挟まれて重い障害を負った災害につき，

労基署から，彼を雇用していた事業者が作業主任者に所要の業務を行わせなかったとして是正勧告を受けた後，

一定金額（70万円）を本人に支払う旨の示談が成立したものの，安全配慮義務違反に基づき8700万円の賠償を求める訴訟が提起された。

判決は，当該作業者に特別教育を受けさせずに当該作業に就けたこと，使用者の作業主任者選任義務は，作業開始前のみならず個々の作業ごとに発生するのに同人の管理外で当該作業者に作業を行わせたことを理由にその安全配慮義務違反を認めつつ，過失相殺により8割の減額を認めた。

【プレス機】

（岩村和典氏提供）

ただ，このケースでは，被災者が本件災害をもたらしたのと同様の光線式安全装置を備えたプレス機械の使用経験があることを事業者が確認して採用し，

現にヨウカンと呼ばれる金型を乗せる四角材形の台の交換により安全装置が利かない条件が生じ得ることを被災者自身認識していたこと，

作業主任者資格は持たないがプレス作業を知る上司が，災害直前のやりとりで，安全装置が利く条件に設定するよう伝達していた経緯もあるから，

果たして作業主任者に被災者の作業を直接指揮させていたら災害を防げていたか，定かではない。

また，本判決が，作業主任者による安全装置の有効性の管理を事業者の安全配慮義務とした重要な根拠は，安衛則第134条だが，これは，事業者が作業主任者に安全装置の点検や異常への対応等を行わせるよう求めているに過ぎず，そこから個々の作業での安全装置の常時の有効性保持の担保まで導けるかは微妙である。

たしかに，安衛則第28条は，法令上設置した安全装置等の有効性の保持を一般的に事業者に課しているが，これを作業主任者に行わせる義務まで課してはいない。

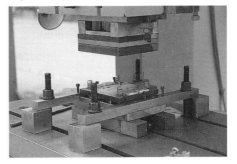

【ヨウカン】

© iStock

Ⅱ　運　用

結局，災害時点で作業主任者を作業に当たらせていなかった（法第14条違反）という外形をもって，事業者に半ば結果責任を負わせたとも解され，それだけ管理体制の整備を重視したとも言える。

■事件に関する技術専門家の意見

１）事実関係について

　　よくあるケースである（岩村）。

２）判決について

　　判決の結論は妥当（岩村，篠原，前村）。ただし，判決を補強する理由付けは他にも考えられる。

　　判決も示唆するように，プレス機を５台以上保有する事業者には，プレス機械作業主任者の選任が義務づけられており，安衛則第134条は，同人に安全装置の有効性の確保まで行わせることを予定していると解される。判決は明示していないが，ここでヨウカンも金型の一部と考えると，本件ではその義務違反に当たると解される（岩村）。

　　作業主任者は，担当作業にかかるリスク管理を幅広くできるように教育を受けているので，本件でも一義的な災害防止の役割は果たせたはず（前村）。

　　ヨウカンを金型と考えれば，ヨウカンの交換は金型の取替えとなり，安衛則上，作業主任者による指揮が求められているところ不履行だったことになるが，そう解し得ない場合にも，安衛則第131条で事業者に課せられたプレス機の安全性ないし安全装置の設置や機能維持の義務違反に該当する（篠原）。

３）未然防止策について

　　プレス機は危険性が高いので，１台でも保有していれば，作業主任者を設置すべきであり，顧問先にもそう伝えている（篠原）。

　　ヨウカンの高さによる安全装置の無効化の問題は，メーカーに伝えて交換させるようにする（篠原）。

　　少なくとも，無効化のポイントについては事業者が作業手順書を作成して，作業者に伝達すべきだった（前村）。

　　安衛則第131条との関係でも，光線式ではなく，危険部位に手を入れられない安全カバー等を採用すべきだった（篠原）。

　　プレス機の作業者にはスキルマップ（従業員のスキルや能力を点数化したもの）を作成して，適任者のみを当たらせるようにしている（岩村）。

　　なお，監督官時代，監督官は，刑事事件でプレス事件を取り扱って初めてプレスを理解できると先輩に言われたことがある（篠原）。

篠原耕一氏（元監督官，京都労務トラスト代表），岩村和典氏（ニッポン高度紙工業株式会社），前村義明氏（My社労士事務所，労働衛生コンサルタント）

2 関係判例と監督指導状況（個別）

2.13　第15条（統括安全衛生責任者），第15条の2（元方安全衛生管理者）関係

【監督指導状況】

　法第15条，15条の2は，そもそも適用対象となる作業場が限られており，監督業務上違反を認めることも少ない。違反による送検件数を示す令和2年の「労働基準関係法令違反に係る公表事案」や，是正勧告を典型とする違反の指摘件数を記した「労働基準監督年報」の定期監督等実施状況・法違反状況では，項目立て自体がなされていない。

　なお，特定元方事業者事業開始報告に統括安全衛生責任者等の記入欄が設けられているため，選任義務のない規模（第15条所定の統括安全衛生責任者の選任義務は，混在作業を行う労働者数が，ずい道，橋梁建設工事の一部等では30人，その他では50人〔本条第1項但書及び安衛法施行令第7条〕未満の時には課されない）でも選任されるケースがあるという。

【関係判例】
①刑事事件
最3小決平成17年12月21日判例タイムズ1199号197頁

　個人事業主Bに工事の大部分を委ねていた元請A社を特定元方事業者と認定するにあたり，施工管理を行っていたか否かの判断は，AB間の契約内容等の形式より実質を重視した。

②民事事件
ア　尼崎港運・黒崎産業事件神戸地尼崎支判昭和54年2月16日判例時報941号84頁

　下請の労働者が，下請所有のトラック荷台で作業中に金属スクラップの破片が眼に刺さって失明する等重い障害を負い，元請下請双方に損害賠償請求した事案で，

　雇用者の責任を当然に認めつつ，

　元請につき，被災者の雇用者ではないが，その（：雇用者の）構内で元請として作業を分担実施していた状況等から，元方事業者として，雇用者の安衛法規違反につき必要な指導，指示を行うべきなのに（安衛法第29条）怠ったこと，

　また，特定元方事業者としても，労災防止のために定期的な協議組織の設置，開催等の措置を講ずべき（安衛法第30条）なのに怠ったことから，

　安全保護義務違反に当たるとした。

　この判決の特徴として，元請に，下請の安衛法令違反による安全保護義務違反について，重畳的に債務不履行責任を負わせるのではなく，法第29条違反と第30条違反を根拠に，安全保護義務違反と判断したこと，すなわち，元方事業者を名宛人とする安衛法違反をそのまま安全保護義務違反と解したことがあげられる。

41

Ⅱ 運　用

イ　常石造船・宮地工作所事件広島地尾道支判昭和53年2月28日判例時報901号93頁

　船舶内での補修工事（取り外したプロペラシャフト〔プロペラを取り付ける軸〕とプロペラの取り付け作業）中に，プロペラシャフトを固定するための重量のあるジャッキ受けの取り付け方法を誤ったために落下させ，それが足場を破壊したため，転落により死亡した災害の要因として，

　事業者の墜落防止措置（開口部の覆い等，安全帯の着用させ等）を定めた安衛則第519条違反を前提に，

　直接の雇用主の安全配慮義務違反による債務不履行責任を認めると共に，

　元請を特定元方事業者と認め，同条所定の措置を自ら講じるか直接の雇用主やその作業員に講じさせるよう指導監督する義務があったが怠ったとして不法行為責任を認めた。

　この判決の特徴として，元方が安衛則所定の墜落防止措置を直接行う義務も安全配慮義務の一内容としたことが挙げられる。

【補修工事中のプロペラシャフト周辺図】

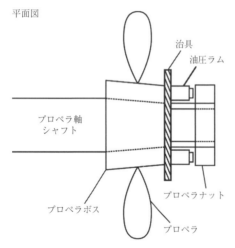

（篠原耕一氏提供のスケッチを踏まえ池崎万優氏が作図）

【治具】

（篠原耕一氏提供）

【補修中のプロペラ及びプロペラシャフト】

（岩村和典氏提供）

■事件に関する技術専門家の意見

1）事実関係について

　3つの図や写真で示した機械器具により生じた災害と推察される。

2）判決について

　元方の責任については，重量物落下による足場の破壊による作業者墜落の責任まで認めるのは，一般的には予見可能性の面で厳しいと感じる。造船の現場は非常に広く，目が行き届きにくい事情もある。本件では，足場の設置者が元方だったという事情もあったのではないだろうか（篠原）。

3）未然防止策について

　このように，非定型で予想が難しい災害対策では，やはりリスクアセスメントの発想が重要であり，本件では，高所で重量物を扱わせていた以上，何らかの事情で人が落ちるリスクは想定し，ヘルメット，墜落防止装置等の基本的対策は必要だったと解される。足場ではなく作業床を重量物の高さに合わせるような物的対策も講じられたのではないか（岩村）。

　作業方法の改善も求められたのではないか（前村）。

篠原耕一氏（元監督官，京都労務トラスト代表），岩村和典氏（ニッポン高度紙工業株式会社），前村義明氏（My社労士事務所，労働衛生コンサルタント）

2.14　第15条の3（店社安全衛生管理者）関係

　本条（店社安全衛生管理者）は，監督指導業務で違反が認められる例はさほど多くないという。名実共に遵法する事業者が多いのか，形式だけは整える事業場が多いのか，監督指導上あまり重視されていないのか，詳細は定かでない。

　関係判例も見当たらなかった。

2.15　第16条（安全衛生責任者）関係

【監督指導状況】

　そもそも，第15条及び第16条の適用対象となる作業場は限られているため，監督業務上，本条違反が認められる建設現場もさほど多くないという。

Ⅱ 運　用

【関係判例】
①刑事事件
東京地立川支判令和3年12月16日 LEX/DB 25592016

　ある会社（発注者）から土木建設工事を請け負った業者の安全衛生責任者兼職長と、同じ会社から土工工事業を請け負った会社の代表取締役で、当該安全衛生責任者の指揮を受けていた者が、

　必要な防火措置を怠って、建設中の建物の地下階で、ガス切断器による溶断作業を行ったため、その炎等が吹き付けられたウレタンフォームに引火して火災を生じ、

　死者5名、重軽傷者37名の災害を引き起こしたとして、

　自然人である前後者と共に、後者が代表取締役を務める会社（法人）が業務上過失致死傷、安衛法違反等で起訴され（ただし、安衛法違反は後者とその法人のみ）、自然人につき執行猶予付き禁錮刑、法人につき罰金刑が科された。

〈事実の概要〉

　被告人Y1は、b社（発注者）からビル新築工事そのものを請け負ったa社に勤務し、構台解体等の安全衛生責任者兼職長として、社内外の作業員らの指揮、安全管理等に従事していた。被告人Y3は、b社から当該ビル新築工事に伴う構台解体等のみを請け負った被告人会社Y2の代表取締役であり、Y1の指揮下で就業していた。

　新築工事中のビル（本件建物）は、おそらく地下4階構造で、最下階には建物を地震の揺れから守る免震装置が設置されていた（図参照）。

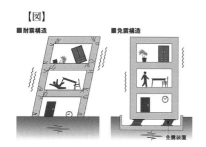

【図】

（三井住友建設株式会社のWEBサイト https://www.smcon.co.jp/service/base-isolation-construction/　最終閲覧日：2024年7月30日）

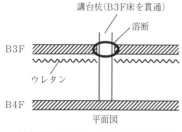

（宮澤政裕氏のスケッチを踏まえ池崎万優氏が作図）

　Y1は、本件建物地下3階で、おそらく本件建物に残されていた構台杭（構台を支える杭）のガス切断器による溶断を、免震階にいるY3に指示したが、

　免震階天井等に引火し易いウレタンフォームが吹き付けられているのを認識しながら、防火のための養生も火番もせずに作業に当たらせ、

　また、自ら免震階に降りた後も、養生や火番をせずに他作業に従事していた。

　Y3も、当該引火の危険を認識しながら（ウレタンフォームの除去も養生もされていないことを認識しつつ）、Y1への遠慮と考えの安易さから、養生等の防火措置をY1に求めることも自ら実施することもせず、溶断を行った。

　その結果、溶断作業によるガス切断機の炎が本件建物免震階天井に吹き付けられたウレタンフォームに引火し、本件建物の免震階、地下3階、同2階を焼損し、5名の死亡者と37名の重軽傷者を生ぜしめた。

〈判旨〜起訴された罪状につき各被告人とも有罪〜〉

ア　Ｙ１（メイン工事請負業者の安全衛生責任者）について

　Ｙ１の上記注意義務違反は，業務上失火（刑法第117条の２前段），業務上過失致死傷（各被害者ごとに刑法第211条前段）の双方に該当し，科刑上一罪の処理（刑法第54条第１項前段（１個の行為が複数の罪に当たる／ある罪の手段か結果が他の罪に当たる場合，最も重い罪で処断する），第10条（刑の軽重：懲役＝禁固×２））により，２罪を１罪として，刑及び犯情が最も重い業務上過失致死傷の刑で処断し，刑種は禁固刑（３年）を選択する。

イ　Ｙ２（Ｙ１の指揮下で仕事をしていたサブ工事請負業者）について

　安衛法第20条（機械器具，危険物，電気等のエネルギー等にかかる事業者の危険防止措置義務），安衛則第279条第１項（危険物等がある場所における火気等の使用禁止）等の違反につき，被告人会社自身の罪（第119条）及びＹ３の罪にかかる両罰規定を適用し（第122条），罰金刑を適用する。

ウ　Ｙ３（Ｙ２の代表取締役）について

　①Ｙ３の注意義務違反は，業務上失火（刑法第117条の２前段），業務上過失致死傷（各被害者ごとに刑法第211条前段）の双方に該当する。科刑上一罪の処理（刑法第54条第１項前段，第10条）により，２罪を１罪として，刑及び犯情が最も重い業務上過失致死傷の刑で処断し，刑種は禁固刑（おそらく２年）を選択する。

　②また，Ｙ２の業務の一環としての注意義務違反は，別途，Ｙ２と同じ安衛法及び安衛則の規定違反に当たる。刑種は懲役刑（不明だがおそらく１年未満）を選択する。

　①②を併合罪として，より重い①の刑に法定の加重をする（刑法第45条前段（２個以上の罪を併合罪とする），第47条本文（最も重い罪×1.5を科刑），第10条）。

〈判決から汲み取り得る示唆〉

　先ず以て，本判決の言う安全衛生責任者が本条（安衛法第16条）に言うそれを指しているか定かではないが，仮にそうだとして，元請レベルの請負系列（特にメイン工事の）上位請負業者の安全衛生責任者には，現場職長クラスが就任することがあり，同じ発注者から工事を請け負った別系列（特にサブ工事）の業者（の代表取締役等，安全衛生管理責任者）に対して指示する関係に立つことがある。そのような場合，両者（メイン工事請負業者の安全衛生責任者と別系統のサブ工事請負業者やその安全衛生管理責任者）に重大な注意義務違反があれば，両者ともに同様の刑事責任を科され得る。

　なお，本件で，別系統のサブ工事請負業者であるＹ２はその代表取締役兼安全衛生管理責任者Ｙ３の過失につき自身ないし両罰規定による処罰を受けたのに，メイン工事請負業者であるａ社が，Ｙ１の過失につき処罰を受けなかったのは，Ｙ３の過失が安衛法違反と評価されたのに対し，後者のＹ１の過失が安衛法違反と評価されなかったことによると思われる（Ｙ２の罪は安衛法違反のみである）。

　評価を違えた理由は定かではないが，担当検事が，安衛法が，第16条の安全衛生責任者につき，安衛法上の刑事罰の適用までは想定していない（安衛法上，安全衛生責任者に安衛法上の刑事罰を簡単に科すべきでない）と解釈した可能性はある。

Ⅱ 運　用

■事件に関する技術専門家の意見

1）事実関係について

　　建設業界では有名な災害である。

　　ウレタンは断熱材として，人が使用する建物にもよく用いられているので，一般に防火には気遣われているはず。

　　このケースでは，地下4Fが免震階で，地面と共に動き，それより上の階は安定した状態を保つようになっており，構台杭は概ね仮設で後に撤去される。本件では，図のように，地下3Fを貫通していた構台杭を撤去する際にガスで溶断したところ，近くにあったウレタンに引火したものと思われる。

2）判決について

　　サブ工事（一部工事）の請負業者のみに安衛法（安衛則）が適用されたのは，同法にある燃える物のある場所で火気を用いてはならないとの規定の直接の違反者が当該業者だったからではないか。他方，本体（メイン）工事の請負業者にも予見可能性があったので，業務上過失致死傷罪の適用を受けたものと思われる。自身の経験上も，この罪は比較的容易に適用される感じがある。

3）未然防止策について

　　ウレタンに養生シートをかけるか，工程として，構台杭の溶断による撤去作業の後にウレタンを用いる方法もあったかもしれないが，工程全体に関わるため，元請でなければ判断が難しい。

　　なお，理論上，建築設計者の法的責任も問われ得るが，現実にはそれが問われたり，認められるケースは殆どない。

宮澤政裕氏（建設労務安全研究会）

②民事事件

日本総合住生活ほか事件東京高判平成30年4月26日労働判例1206号46頁（上告棄却，上告受理申立不受理）

　団地の植物管理工事の第2次下請業者の労働者が樹木の上で剪定作業中に落下して重傷を負った災害につき，

　1審は現に本人が作業上使用していた（が，フックを木の幹にかける等の適正使用を怠っていた）一丁掛け（一本掛け）安全帯（フックが1つで1カ所にしかかけられない安全帯。フックが2つあって2カ所にかけられる安全帯を二丁掛け〔二本掛け〕という。二丁掛けを用いれば，常に一本を掛けた状態で場所の移動ができるので，安全性が高い）につき適正に使用させる義務違反があったとして，

　直接の雇用主とその代表者個人（現場代理人兼安全衛生責任者兼雇用管理責任者）の過失責任のみを認めた。

　2審はより安全性が高いが準備も「使用させ」も法令上義務づけられていなかった二丁掛け（二

【一丁掛け安全帯】　　　【二丁掛け安全帯】

（藤井電工株式会社のWEBサイト　https://www.fujii-denko.co.jp/product/harness/type2/
最終閲覧日：2024年7月11日）

本掛け）安全帯の「使用させ」が安全配慮義務の内容だったとした上，

　その義務違反にかかる責任を，直接の雇用主とその代表者個人のほか，元請，1次下請け業者にも負わせたが，

　その際，1次下請が選任し，現場の巡視等の安全管理をしていた安全衛生責任者兼現場監督者は，一丁掛け（一本掛け）安全帯の使用を容認する元請の方針を踏襲して孫請らに遵守させる役割を果たし，1次下請の過失の一翼を担ったと解される一方，

　被災者に対して個人的に民事過失責任を負わず，よって同人の過失による1次下請の使用者責任は生じず，まして元請との関係では，使用者責任が生じる関係性自体がないとされた。

　本判決から汲み取り得る示唆は，以下の通り。

・労災民事訴訟では，安全衛生責任者は，その選任者である雇用主の履行補助者／代行者とみなされ，その者の過失が選任者の過失とみなされる可能性が高い。事業者の代表等であって，業務管理や安全衛生管理の全権を委任されているような場合には，特にそう言える。

・実態の如何によるが，安全衛生責任者が，重層的請負構造下で，より後次の請負業者やその労働者に対して指揮命令関係を認められ，個人的に民事過失責任を負う可能性は低い。

・元請が下請の被用者に使用者責任を負う要件については，最高裁のリーディングケースにより，比較的高いハードルが課されるため，下請業者の安全衛生責任者の不法行為をもって，元請等，より先次の事業者の使用者責任が肯定される可能性は高くないだろう。

・しかし，元請等が下請等の労働者との間に特別な社会的接触関係を認められ，安全配慮義務を負うと判断される可能性は比較的高い。

Ⅱ　運　用

2.16　第17条〜第19条（安全・衛生委員会）関係

【監督指導状況】

　行政官等向けの法運用に関する調査[20]では，第17条から第19条にかけて，安衛令で定める業種と規模の事業場において，本条で定める安全委員会等を設けていない場合，一律的に適用するとの回答や，

　安全委員会と衛生委員会の双方ないし両者を合同した安全衛生委員会の設置義務がある事業場で安全委員会も衛生委員会も設置されていなかったため，安衛法第17条第1項と安衛法第18条第1項双方の法違反を指摘したとの回答があった。

　法第17条から第19条は，安定して一定数の違反指摘があり，是正勧告を典型とする違反の指摘件数を記した「労働基準監督年報」の法違反状況の集計（平成11年〜令和2年。森山誠也監督官による）では，概ね2000〜3000件／年だった。これに対して，同じ資料での送検件数（≠送検人員数）は合計3件にすぎない（同前）。

　法第14条（作業主任者選任関係）違反では，毎年20件程度送検されているのに比べ，刑事処分までは求められ難い規定であることが窺われる。

　安全衛生委員会の活動実態（特に衛生関係）に関する統計と事例を簡潔にまとめ，活性化提言を行った近年の好著として，加藤憲忠『実践・安全衛生委員会の実務（増補版）』（産業医学振興財団，2022年）がある。

　同書では，労災問題の減少や間接部門における課題の少なさ等を背景に委員会の議論がマンネリ化した際の活性化方策として，

　・産業保健専門職による課題（要対応リスク）の明示，

　・事業場ごとの安全衛生課題を踏まえた講話，

　・巡視による職場事情，職場の人物マップの把握を前提とした委員への情報提供や感情への働きかけ

　等が示唆されている。

【関係判例】
安全委員会関係
①刑事事件

　・見当たらなかった。

---

(20)　厚生労働省安全衛生部のご助力を頂き，筆者が全国の都道府県労働局の健康・安全関係課，監督課，主要労基署の現役行政官，安全衛生行政関係団体等の行政官OBに向けて，安衛法の条文ごとの監督指導実例，法改正提案等につき，アンケート調査を行ったもの。
　　監督官49，技官15，元監督官12，元技官2の回答があった。

2　関係判例と監督指導状況（個別）

②民事事件

Ａサプライ［知的障害者死亡災害］事件東京地八王子支判平成15年12月10日判例時報1845号83頁

　おむつやシーツのクリーニング業を営む会社で働いていた知的障害者が，クリーニング工場の大型自動洗濯・乾燥機に挟まった洗濯物をとるため一部のスイッチを切って機械内に入ったところ，機械が再稼働して頭蓋内損傷等を負って死亡した事案で，

　同社の代表取締役２名（社長と副社長）が，

　業務や安全の管理権限を持ち，被災者の知的障害も認識しながら，

　同人に作業上・安全上の注意を十分に行わず，現場作業を任せきりにし，

　安衛法に違反して，安全管理者等を選任せず，安全委員会等を設置しないなど，所要の安全管理体制を整備しなかった結果，

　被災者が必要なスイッチを切らずに機械内に入って負傷・死亡したものとして，彼らの不法行為責任を認めた上，民商法上の法条に基づき会社の責任も認めた。

　安全委員会の設置義務違反が安全配慮義務違反などの民事上の過失と評価される場合，安全・衛生管理者の選任義務違反など，他の安全衛生管理体制整備の不備と共に過失の要素とされることが多いが，実際にそうした体制整備がされていれば災害を防げたかについての具体的な論証はされないことが多い。

　これは，体制整備自体の重要性を示唆する趣旨と解され，特に未解明なリスクや，発生機序が不明確な災害（本件も，実際には，被災者が取った措置［傾斜コンベアの停止］後になぜシェーカーが再稼働したかの理由は分かっていない）の過失認定で重要な役割を担っている。

　逆に言えば，不確実性の高いリスクに対応する上では，この委員会での調査審議の実績をつくることで，結果がうまくいかなくても，過失認定を免れる可能性が高まるということである。

（安全）衛生委員会関係
①刑事事件

　見当たらなかった。

②民事事件

　以下の２例は，雇用者に安全衛生委員会が設置されていたため，判決もそれに言及した例だが，実質的には衛生委員会の機能が問われたので，衛生委員会の分類で取り扱う。

ア　石綿管製造会社石綿関連疾患事件さいたま地判平成24年10月10日裁判所WEBサイト

　本件は，アスベストに長期間ばく露したうち１人は悪性中皮腫で死亡し，もう１人は石綿肺等に罹患した事案である。すなわち，亡Ａは昭和29年から約19年（退職は昭和57年末），Ｘ２は，昭和39年から約17年（退職は昭和57年末），石綿セメント管製造業を営むＹ（被告会社）の石綿粉じんが発生する職場で就業していた。その工程は，①石綿を粉砕して解綿し，セメント等と混ぜて管の形に固めた上で，②寸法合わせのために切断，切削するものだった。また，③石綿管同士を接合

49

Ⅱ　運　用

する継ぎ手製品の製作も切削作業を伴った。両名共に，昭和53年の健診結果で，翌年にじん肺管理区分２と決定された。亡Ａは，退職から約28年後の平成22年に悪性胸膜中皮腫で死亡し（診断は死亡の１ヶ月前），Ｘ２は，平成11年に胸部肥厚斑が認められ，平成22年には続発性気管支炎を合併した。

　判決は，被告会社には，従業員への安全配慮義務として，昭和35年当時の法令等（労基法と関係規則や通達，じん肺法等）に照らし，①作業環境測定義務，②発生飛散抑制義務，③マスク配布及び着用指導義務，④教育義務，⑤健診実施義務があったとした。このうち，<u>教育義務違反に安全衛生委員会でアスベストの危険性やマスク使用等の予防策が十分に協議されなかったことが含まれる</u>とした（ただし，被告会社から同委員会で協議していたから教育義務が尽くされていた旨の主張に応じたもの）。<u>安全衛生委員会に教育効果が期待されている</u>ことを窺わせる一例である。

■事件に関する技術専門家の意見

１）事実関係について

　　２）に同じ。

２）判決について

　判決が本件への適用法規選択の基準点とした昭和35年当時，アスベストの発がん性等の認識は不十分だったから，当時の法規の適用条件下での真剣な対策は考えにくかったと思われる（湯本，尾崎）。しかし，その後昭和56年頃までアスベストを取り扱っていたことは問題といえる（湯本）。判決は，安全衛生委員会を活用すべきだったというが，そこでの議論も結局経営者次第であり，当時の経営者は法律の定め以上の対策を講じるつもりはなかっただろうから，余計に法的対応が不十分な前提で事業者の責任を問うのは酷なように思う（湯本）。

　経営者には一般に規制値に傾倒する傾向がある。

　また，ハザードもリスクも不明なことが多い化学物質では特に，予防はどうしても再発防止にならざるを得ない面がある。特にアスベストは，安価で丈夫で耐熱性があり，撥水性もある等，当時は「夢の素材」と言われていたから，産業が取扱いをあきらめなかったのはやむを得ない面もある。

　だから，明確な規制がなければ対策は講じない傾向が生じる。

　規制は災害の後追いでできることが多いので，どうしても対策は再発防止となる。これは，アスベストのような便利な物質すべてに言えることである（尾崎）。

　アスベストのハザード認識が一般化し，対策が厳しく求められるようになったのは，平成後半になってからのことである（北口）。

３）未然防止策について

　　２）に同じ。

湯本公庸氏（安全工学会事務局長），北口源啓氏（旭化成株式会社環境安全部労働安全グループ長），尾崎

智氏（日本化学工業協会環境安全部・RC推進部管掌常務理事）

イ　公立八鹿病院組合ほか事件広島高松江支判平成27年3月18日労働判例1118号25頁（上告が認められ
ず，確定）

　若手医師が複数の上司に当たる医師からのハラスメントや長時間労働の後に自殺して遺族が病
院や上司に損害賠償を求めた事案につき，

　同様の立場にあった若手医師が退職した経緯やその証言等からハラスメントの事実を認定した
上で，

　長時間労働等による過重負荷との相乗的効果として被害が発生したものであり，

　公務員である上司は本件で個人責任を負わないが，病院は，院長や上司が上記の負荷要因を認
識し得た以上，有効な防止策を講じるべきだったし，

　少なくとも彼の自殺後に当該病院で開催された安全衛生委員会で提案されたような対応策（懇
親会開催による親睦，産業保健スタッフによる面接指導等）を講じるべきだったのに行わなかった等の
過失につき債権債務法，国賠法上の責任を競合的に負い，医療機関としての特殊事情があっても
免責されないとした。

　本判決からは，（安全）衛生委員会は，自殺対策も議題とし得ることが窺われる。安衛則第22条
が，同委員会への付議事項として，メンタルヘルス対策（第10号），長時間労働による健康障害対
策（第9号）等を定めているので，確認的示唆とも言えるが，実際に過失の判断材料とされている
ことは興味深い。

　また，そこで提案された対策に，懇親会の開催や産業保健職による面接指導，メンタルヘルス
対策専門会議の開催など，本人の「内なる声」の聞き取りを含むコミュニケーションの促進，関
係者の意識や知識の共有を図る事柄が含まれていることも示唆的である。

2.17　第19条の2（安全・衛生管理者等への能力向上教育等）関係

　努力義務規定なので，監督指導状況の統計は見当たらない。

　能力向上教育等は，労働災害防止団体等が実施してもなかなか受講者が集まらない一方，実際
の必要性が高いため，その義務化は，資格更新制度の拡大と共に，専門家からつとに指摘されて
きた。

　しかし，経営者側からの抵抗が強く，なかなか実現しないと聞く。

　関係判例は見当たらない。

Ⅱ　運　用

2.18　第19条の３（小規模事業場での産業保健の国による支援）関係

【施行状況】

　平成19年の総務省の行政評価では，小規模事業場の安全衛生対策の適切化にかかる勧告として，
地域産業保健センターの産業保健活動が低調であること，
　事業委託費の配分で業績が反映されていないこと，
　産業医を複数の小規模事業場が共同選任することを支援すること自体にはメリットが認められ
るが，実績が低調であり，廃止すべきとされていた。
　また，最近，小規模事業での産業保健活動に対する助成金（小規模事業場産業医活動助成金）を，
その実態がないのに不正に受給したとして，支給決定の取消しを受けた18の事業者名が厚生労働
省から公表されている。氷山の一角と思われ，産業保健なら活動をしてもしなくてもさしたる
相違は生じないだろう（したがって，実績をごまかせるだろう）と考える事業者が多いことが窺われる。
　皮肉な形で予防政策の難しさを語っているようにも思われる。

【関係判例】

**南大阪マイホームサービス（急性心臓死損害賠償）事件大阪地堺支判平成15年４月４日労働判例854号64
頁**

　被告側が，「労働安全衛生法上努力義務にすぎない地域産業保健センターの活用も積極的に行
うなど，従業員の健康に……十分に配慮していた」などと主張したが，結局，基礎疾患のある原
告に対し，適切な健康管理を行わず，過重負荷を軽減しなかったこと等から急性心臓死に至らし
めたものとして，地産保利用にかかる主張は一顧だにされず，被告の損害賠償責任が認められた。

2.19　第20条（事業者の基本的措置義務①：機械等，危険物，電気等），第21条（事業者の基本的措置義務②：掘削，伐木等の作業方法，墜落，土砂崩壊等の作業場所）関係

【監督指導状況】

　厚労省労働基準局監督課・安衛法関係送検公表事案（平成29年〔2017年〕５月）によれば，送検さ
れた198件のうち，一定以上の高さの作業床の端に囲い等を設ける義務を定めた安衛則第519条違
反を代表例として，法第20条及び第21条違反が最多だった。
　ただし，いわゆる事後送検が殆どだった。
　また，「平成31年（2019年）・令和元年（2020年）の労働基準監督年報」によると，安衛法違反によ

---

(21)　厚生労働省のWEBサイト（https://www.mhlw.go.jp/stf/newpage_27768.html　最終閲覧日：2023年３月１
　　日）。

52

「る送検事件469件のうち，第20条違反が149件，第21条違反が130件と，上位1，2位を占めていた。対象条文の適用範囲の広さと視覚的な摘発のし易さがその要因の一つとなっていると思われる。

令和2年の労働基準監督年報が示す是正勧告等の違反指摘件数は，法第20～25条の合計ではあるが，2万2千件を超えていた（例年同様である）。

元監督官の玉泉孝次氏及び藤森和幸氏によれば，対象条文にかかるチェックの視点は，以下の通りだった。

1）第20条関係

①安衛則第101条（伝導装置，歯車，回転軸等のカバー等）：モーター等のVベルト，機械の歯車，回転軸等にカバーがあるか，回転軸などの留め具が埋頭型になっているか等。

②安衛則第107条，第108条（機械の停止等）：作業者による誤軌道で，機械の修理・清掃中の労働者が被災しないよう，そうした作業中の機械停止，起動禁止表示を行っているか等。

　なお，シェイカー（洗濯物を乾燥後にほぐす機械）での目詰まりの解消を単独で図った作業者が機械内で巻き込まれたケースで，現認者不在のため，安衛則第107条（機械の給油，検査または調整の作業等に際して機械の停止を義務づけた規定）の「機械の給油，検査または調整の作業」を裏付けられなかったが，実態として機械の停止により災害を防止できたので，適用すべきとの意見があった。

③安衛則第109条（ロールを有する機械の安全）：印刷機，巻取ロール機にガード，光線式安全装置が設置されているか等。

④安衛則第111条（ボール盤作業と手袋使用の禁止）：巻き込まれ防止のため，ボール盤での作業者に手袋の使用を禁止しているか等。

⑤安衛則第120条，第27条，研削盤等構造規格（グラインダーと砥石の安全）：破壊危険防止のため，周面砥石を側面で使用していないか，砥石のカバーが工作部位以外に設置されているか等。

⑥安衛則第131条，第27条，動力プレス構造規格，プレス又はシャーの安全装置構造規格（動力プレスの安全）：手などがガードで入らない／安全装置により停止する構造になっているか等。

⑦安衛則第123条，第27条，木材加工用丸のこ盤並びにその反ぱつ予防装置及び歯の接触予防装置の構造規格（木材加工用丸のこ盤の安全）：歯のカバーや安全装置が設置され，正常に機能するか等。

⑧安衛則第147条（射出成形機等の安全）：戸を閉じないと作動しない構造，光線式安全装置，両手押しボタン式安全装置が採用されているか等。

　元監督官から，安衛法施行時の通達におよそ動力による加圧，打ち抜き等でプレスに該当しないもの全てが該当する旨の定めがあったことを根拠に，本条をコンクリートブロック成形機に適用して送検した例があるとの情報があった。

⑨安衛則第155条，第158条，第164条（車両系建設機械の安全）：バックホウ，ユンボ等の車両系建設機械の使用時に，作業計画を作成しているか，作業者以外の立入禁止区域を設定しているか等。

Ⅱ 運用

【はしご道】

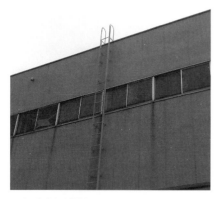

(玉泉孝次氏提供)

⑩安衛則第263条(ガス溶接用溶解アセチレンボンベの安全)：溶解アセチレンボンベの転倒防止措置が講じられているか，空・充の表示があるか等。

⑪安衛則第556条(はしご道)：はしご道の上端を60cm以上出しているか等。

⑫安衛則第552条，第563条(架設通路の勾配・手すり等) 足場の作業床の幅や手すりの高さ等が安衛則の基準を満たしているか等。

【架設通路】

(日本仮設株式会社のWEBサイト https://www.nihonkasetsu.co.jp/product/category_4/ 最終閲覧日：2024年7月2日)

2）第21条関係

①安衛則第356条，534条，第365条，第366条，第382条，第384条(掘削作業の安全)：手掘り掘削作業の際の法面が規則通りの勾配になっているか，明かり掘削の際の崩壊危険防止措置(安全勾配，土止め支保工等)が講じられているか，運搬車と作業車の接触防止措置等が講じられているか等。

②安衛則第432条，第452条(荷役作業の安全)：はいが傾いている場合の崩壊防止措置，港湾での揚貨装置での荷のつり上げ作業での労働者の甲板上の通行禁止措置が講じられているか等。

③安衛則第477条，第478条，第479条(伐木作業の安全)：退避場所の選定，かかり木がある時の処理，合図決めをしているか等。

④安衛則第517条の16(建設物の組立等の作業の安全)：コンクリート構造物の解体作業の際に，作業計画を作成しているか，作業者以外の立入禁止区域を設定しているか，引き倒しの際に合図を定めているか等。

⑤安衛則第518条，第519条，第521条，第533条，第524条，第526条，第527条，第528条（墜落危険場所の安全）：高さ２ｍ以上で作業する箇所に作業床を設置しているか，手すりを設置しているか，設置できない場合，親綱を貼ってハーネスを使用させているか等。

⑥安衛則第539条，第536条，第537条，第538条，第564条（飛来・落下危険場所の安全）：建築現場で保護帽をかぶっているか，物の投下時に投下設備を利用しているか監視人を置いているか等。

⑦安衛則第534条（土砂崩壊危険場所の安全）：地山の掘削作業ですかし掘りをしていないか，安全な勾配か，落下危険のある土砂を除去しているか等。

⑧安衛則第575条の14（土石流危険場所の安全）：土石流発生の警報装置が設置されているか等。

【関係判例】
①刑事事件

　ア　工事現場での作業中，従業員がむき出しの高圧電線に接触して感電死した事故で，同じ被告人会社に勤務していた当該工事現場の現場主任が，使用者に感電危害防止策を義務づけた旧安衛則第127条の８（及びその親法に当たる労基法第42条）違反で起訴された事件で，

　当該現場主任は，電気会社やその下請に再三感電対策を依頼していたため，同条を履行した旨主張したが，

　かような危害防止基準は現に実施されねばならず，たとえ安全管理の専権を有する者にその実施を依頼するなど実施の努力をしたとしても，それのみで遵守したことにはならない旨判示された（大泉〔伊藤ビル新築工事現場〕事件仙台高判昭和40年６月28日下刑集７巻６号1206頁）。

　イ　請け負った工場の建設（増築）工事に作業員を従事させたところ，当該工場に設置されていた織機の動力用シャフトに覆い等が設置されていなかったために生じた接触危険につき，当該請負会社の経営者が，床から1.8m以内の動力伝導装置に覆い等を設けるべき旨定めた旧安衛則第63条第１項（及びその親法である労基法第42条）（現行安衛則第25条）違反に問われた事件で，

　当該経営者は，要約，自身が所有も管理もしない装置について同条の適用はない旨主張したが，

　動力伝導装置等にかかる危害防止措置の対象は，使用者の所有物や管理物でないもの，その作業場に設置されていない物にも及び得る旨判示された（加藤〔家屋建築請負業〕事件最３小決昭和47年６月６日刑集26巻５号333頁）。

　ウ　自動車用部品の加工等を行う工場で，労働者らにアルミダイカスト製品の成形加工等を行わせる際に，全自動運転の際には安全装置が作動せず，労働者らの身体の一部が挟まれるおそれがあった点につき，当該会社に，安衛法第20条及び，射出成形機等に労働者が身体の一部を挟まれるおそれがあるときに，自動で装置が停止する等の安全装置の設置を義務づけた安衛則第147条違反が問われた事件で，

　当該会社は，全自動運転中は危険作業を行わないよう指導していたこと等から，具体的危険が

---

(22)　被災者が単独作業をしていた場合，墜落場所の高さを特定できず，安衛則第518条や第519条の適用が難しくなることがあるという。

Ⅱ 運 用

なかった旨主張したが,

規則第147条は,フェイルセーフの考え方を採用している（労働者に過失があって機械に接触しても安全が保たれるよう図った規定である）ため,安全装置を設けなかった以上,違反が成立する旨判示された（X社事件東京高判平成28年11月8日高等裁判所刑事裁判速報集（平28）号151頁）。

②民事事件

元請らにより,さしたる安全教育が行われず,重機の運転にかかる合図者の指名や指揮系統の特定,合図の統一などが行われない前提で,ある孫請が傭車した重機が同じ会社の別の労働者に激突して腰椎挫傷の傷害を負わせたという事案で,

安衛則第2編第1章の2第1節,第2章第1節等の規定に照らすと,重機の運転者に信号者を予め定め,合図を統一し,作業内容や指揮系統を通知し,合図を確認して運転させること等が安全配慮義務の具体的内容になる旨判示された。

ここでは,安衛則の関係規定の文言より,それらの規定に通底する趣旨を汲んだ解釈がなされている（北土建設・前田道路事件札幌地判昭和59年2月28日労働判例433号64頁）。

危害防止基準は,危険を定型化し,定型的措置を事業者を中心とする名宛人に課すことにより危害の防止を図るものなので,一見危害が窺われなくても,定型的な遵守が求められる。

特に民事過失責任との関係では,定型的遵守のみならず,その趣旨を汲み,現場事情に即したより高度で柔軟な解釈に基づく危害防止措置が求められる。

2.20 第22条（事業者の基本的措置義務③：原材料,粉じん,放射線,温度, 排気等にかかる健康障害防止措置）関係

【監督指導状況】

是正勧告等の行政指導を示した令和2年の「労働基準監督年報」をみると,第20〜25条の違反において,有機則違反が最多で約1800件,次に特化則違反が約2000件,粉じん則違反が約1400件,安衛則違反が約380件,石綿則約300件,酸欠則約100件で,鉛則,高圧則の違反は1桁台で少なく,四アルキル鉛則違反はゼロだった。ここ最近同様の傾向である。

違反による送検件数を示した「令和3年労働基準関係法令違反に係る公表事案」では,安衛法第22条違反が10件で,うち安衛則第578条（換気しない条件での内燃機関の使用禁止）違反4件,粉じん則第27条（保護具）違反3件,石綿則第3条（解体等に際しての事前調査や分析調査）違反1件,有機則第5条（第一種・第二種有機溶剤業務に際しての密閉,局排設置等）違反1件,高圧則第33条（潜水の際のさがり網の使用）違反1件だった。

令和2年度厚労科研行政官・元行政官向け法令運用実態調査（三柴担当）[23]から,以下のような興

---

(23) 厚生労働省安全衛生部のご助力を頂き,筆者が全国の都道府県労働局の健康・安全関係課,監督課,主要

56

味深い適用例が判明した。

①有機溶剤のリスクを示す掲示が汚損され，なおかつ機械設備の陰に隠れていたため，有機則第24条に基づき，掲示物の整備と掲示場所の位置変更について行政指導された例。

②石綿除去作業中，隔離養生（＊石綿繊維の飛散等を防ぐため，シート等で囲うこと〔三柴注記〕）した屋内作業場で内燃機関（発電機）を稼働させたことにより労働者が一酸化炭素中毒になったとして，安衛則第578条が適用された。

関係規則ごとの監督指導の実際については，以下のような情報が得られた。

1）安衛則

第576条（有害原因の除去），第577条（ガス等発散の抑制），第579条（排気処理）は，特別則規定外の有害物に適用できるが，違反の基準がないため，全く適用しない。

第578条（内燃機関の使用禁止）は，地下建設現場での発電用エンジンの使用による一酸化中毒発生事例等が多く，よく是正勧告している。

第581条（病原体の処理）は，医療機関の廃棄物処理に関する法律の適用により，第582条（粉じん飛散防止）は，粉じん則の適用によるため，殆ど活用しない。

第583条（騒音発生場所の明示等）は，関係ガイドライン（平成4年基発第546号）を示しつつ，よく適用する。第584条（騒音伝播防止）は，何らかの措置が講じられていることが多く，概ね囲い設備の改善等の指導レベルで終わる。第585条（騒音障害防止用保護具）は，騒音職場での耳栓使用の強い指導に用いる。

第592条の2〜6（ダイオキシン）は，主に廃棄物の焼却施設に適用するが，地方自治体が（民間委託して）運営しているので，環境測定，保護具使用等は概ね適正に行われている。

第593条（呼吸用保護具等）は，特別則規定場面以外で適用する。例えば，有機則は，ゴム手袋や長靴などの皮膚障害防止は規定していないので，本条を適用する。

2）有機則

塗装での使用する例などが多いので，計画的臨検を行っている。局排，全体換気装置，防毒マスク着用等（第5条，第6条，第10条，第15条，第18条，第33条）を確認する。人体リスクの表示も必ず確認する（第24条）。家内労働では，ヘップサンダル事件のような実例の紹介も重要な意味を持つ（が，実施例は多くない）。

3）特化則

特化物（特に第2類・第3類）はよく取り扱われているため，計画的な臨検を行ない，特に第2類取扱い事業場につき局排等の設置（第5条）を確認している。また，汚染されたぼろ等を不浸透容器等に入れているか（第12条の2），特別管理物質の人体リスクを掲示しているか（第38条），作業記録の作成保存（第38条の4）等を確認している。

労基署の現役行政官，安全衛生行政関係団体等の行政官OBに向けて，安衛法の条文ごとの監督指導実例，法改正提案等につき，アンケート調査を行ったもの。
　監督官49，技官15，元監督官12，元技官2の回答があった。

Ⅱ　運　用

4）鉛　則

鉛使用は減少しているが，鉛蓄電池製造事業場では，第3管理区分のところもあるので，適宜，臨検監督を行っている。中心的確認事項は，局排関係，除じん装置関係，防じんマスクの使用等である。

5）酸欠則

酒造・醤油等製造会社，建設中の工事現場（圧気工法，ビル工事等），NTTや送電会社のマンホール等が主な臨検対象となる。

第5条所定の換気（酸素21%以上，硫化水素10ppm以下の確保）が酸欠災害防止の基本なので，必ず確認する。

その他，人員点検（第8条）の際の指名札の使用，立入禁止（第9条）のための酸欠場所の表示等の指導を行っている。

6）粉じん則

対象が多岐にわたるため，陶磁器や鋳物，非鉄金属製品の製造現場では，粉じん主眼の臨検を行うが，その他では，工場や建設現場の監督の際に合わせて行うことが多い。注水，湿潤（第4条）を中心的な確認事項とし，建設現場等では防じんマスクも確認している（第27条）。

7）電離則

病院でのX線使用現場，X線機械の製造現場，造船所などX線を使用する非破壊検査現場，イリジウム192を使用するコンビナート等を主な対象としているが，数は少ない。

8）四アルキル鉛則

加鉛ガソリン製造コンビナートのみが対象で，実際の混入作業では，概ね3面開放で，漏れれば分かるよう白色ペンキ塗り，作業者も白色作業着を着用しているので，臨検のポイントは，防毒マスクや防護服の着用，シャワー，防毒剤の準備等となる。

【関係判例】

①刑事事件

（略）

②民事事件

ア　林野庁高知営林局事件最2小判平成2年4月20日労働判例561号6頁

林野庁が，昭和32年頃にチェンソー，同36年にブッシュクリーナーを本格導入して任用した職員に使用させていたところ，振動障害に罹患したため，損害賠償請求された事案につき，

1審は，鋲打機や削岩機等による振動障害から，これらの機械の導入によるリスクは予見できたのに，当該リスクに関する調査研究をせずに使用させたこと等は過失だとしたのに対し，

2審及び上告審は，予見可能性を全否定はできないが，公務員災害補償制度の適用以上に民事過失責任を負わせるほどの違法性はなかったなどとして，林野庁の責任を否定した（＊もっとも，これは安全配慮義務のリスク管理義務としての本質を否定したのではなく，公務にかかる事案のため，容易

に国等の責任を認めるべきではなく，公的補償に委ねるべきとの考えが基礎にあり，民間企業の場合には異なる結論となった可能性がある〔三柴注記〕）。

イ　東北機械製作所事件秋田地判昭和57年10月18日労働判例401号52頁

木型・金型修理・塗装工が，10年以上，換気扇がなく防毒マスクも使用しないまま，溶剤としてシンナーを使用していたところ，有機溶剤中毒症に罹患したとして，雇用主であった会社に損害賠償を求めた事案につき，

会社は，先ずは換気装置等を設置して作業環境を改善し，次に保護具を使用させるべきだった（＊ほぼ有機則の定め通り〔三柴注記〕）のに怠った点で過失責任があるとした。

ウ　三菱重工神戸造船所（騒音性難聴）事件最1小判平成3年4月11日労働判例590号14頁

全審級において，本件の元請は，下請の労働者と指揮命令関係にあり，元請が管理する労働手段を使用し，作業内容も元請の従業員とほぼ同じだった以上，

当該下請労働者に対して安全配慮義務を負い，

その内容は，労働省が作成した安全衛生のしおりに記されている措置（①環境改善，②騒音測定，③防音保護具の装着，④作業者教育，⑤聴力検査）と同一であるところ，これらの一部を怠った以上，同義務違反があるが，

下請労働者側も，従前の経験から騒音の存在を知りながら，下請に採用されて元請の管理下で就業し続け，耳栓を完全に装着していなかった等の点で過失相殺されるとされた。

エ　三菱重工神戸造船所（振動障害）事件大阪高判平成11年3月30日労働判例771号62頁

1，2審共に，チェンソーとそれ以外の振動工具による振動障害防止のため，それぞれに関する通達を踏まえ，

会社側には，①工具の選定と保持，②作業時間管理，③作業標準の設定，④操作・作業方法の指導その他の教育，⑤保護具の支給と使用の徹底等を行う安全配慮義務があったが怠ったとして過失責任を認めつつ，

被災労働者の血管収縮作用がある喫煙のほか，過度のアルコール節酒，単車運転による寒冷ばく露につき，賠償額の減額事由になると判断された。

オ　喜楽鉱業（有機溶剤中毒死）事件大阪地判平成16年3月22日労働判例883号58頁

労働者が，おそらく，工場の廃溶剤タンクの底部に溜まったスラッジの清掃を，送気マスクや安全帯を装着せずに行っていたところ，有機溶剤中毒で死亡したために遺族から雇用主に損害賠償請求された事案で，

法第22条が，事業者に，原材料，ガス，蒸気，酸素欠乏空気等による健康障害防止措置を課し，有機溶剤の易体内吸収性や毒性の強さから，有機則が定められた経緯などから，

本件の雇用主には，有機溶剤を取り扱う労働者への有毒性，取扱い上の注意等の教育の徹底，

Ⅱ 運　用

安全管理体制や本件タンク内に入るには，送気マスク等の保護具を装着すべきこと等を記した作業手順の整備等を行い（＊教育を除き，有機則に定め有り〔三柴注記〕），労働者の知識不足や慣れから生じる不注意等による災害を防止する（＊フェイルセーフの〔三柴注記〕）注意義務があったが怠ったとして，過失責任が認められた。

カ　化学メーカーC社（有機溶剤中毒等）事件東京地判平成30年7月2日労働判例1995号64頁

　有機溶剤を取り扱う検査分析業務に従事していた従業員が，化学物質過敏症や中枢神経機能障害との診断を受けたことから，会社の安全配慮義務違反又は不法行為による損害賠償を請求したという事案で，

　安衛法やそれに紐付く規則は，その趣旨からも，具体的な状況下で安全配慮義務の内容となり得る旨を述べた上で，

　本件検査分析業務は，第一種有機溶剤等であるクロロホルムと第二種有機溶剤等であるノルマルヘキサンを使用し，有機則の適用を受けるため，

　会社は，同業務を行う部屋に局所排気装置等を設置する義務を負っており，それは安全配慮義務の内容でもあったが，

　同装置を設置していない部屋があった点につき，同義務違反となる。

　業務時間が短い等の場合，保護具を使用させることを前提に同義務が免除されることがあるが，本件はその条件に該当しない。

　有機溶剤の毒性等から，保護具を使用させることも，使用者の安全配慮義務の内容となるが，会社は，保護具の機能を満たさないマスクを設置したのみだったので，同義務に違反していた。

　有機溶剤業務については，法令上，作業環境測定が義務づけられ，それが作業環境管理の基礎的要素であるため，やはり安全配慮義務となるが，会社は，それを果たさなかったこと等から賠償責任を負う旨の判断が示された。

キ　国賠訴訟である大東マンガン事件（植田満俺精錬所・守口労基署長事件）大阪高判昭和60年12月23日
**　　判例時報1178号27頁**

　マンガン精錬所でマンガン鉱の製錬作業に従事してマンガン中毒に罹患した労働者らが，当該被害は，安衛法第22条及びそれに紐付く特化則違反の状態を労基署が放置したことによるとして，国賠請求を行った事案につき（ただし，本件で労働者は，法第97条に基づく申告を行った形跡はない），1審は，国の賠償責任を認めたが，

　2審は，行政官庁の権限行使は，その合理的裁量によるものであり，少なくとも当該事業場につき労働者に切迫した「重大な危険」が予見され，監督機関の監督権限行使以外の方法では危険の発生を防止できず，なおかつ行使すれば防止し得た場合に初めて国賠責任が生じ得る旨を述べた。

　なお，労働者が積極的に労基法違反を申告した場合にも，監督機関は権限行使する作為義務を負わないとする判例もある（池袋労基署長事件東京高判昭和53年7月18日判例時報900号68頁）。

2.21 第23条（事業者の基本的措置義務④：事務所の物的環境や風紀等）関係

【監督指導状況】

違反による送検件数を記した「労働基準関係法令違反に係る公表事案」（令和2年12月から同3年11月）のうち本条についてみると，通路等に関する安衛則第540条違反の2件に限られていた。

是正勧告を典型とする違反指摘件数を記した令和2年の「労働基準監督年報」では，第20条〜第25条違反における安衛則違反は約382件，事務所則違反は9件だった。

元監督官へのインタビューによれば，本条を主眼とする臨検監督はなく，通常の臨検監督の際に実施されるが，通路，床面，階段等の保全には留意するが，換気，採光，証明，保湿等の衛生基準関係はあまり重視しない傾向にある。

令和2年度厚労科研行政官・元行政官向け法令運用実態調査（三柴担当）[24]から，以下のような興味深い適用例が判明した。

①常時使用労働者数50人超の製造業事業場で，休養室が男女別に設置されていなかったため，他の部屋の一部を転用するなどの緊急措置を指導した後，改めて区画レイアウト，鍵の取り付け等を行政指導した（事務所則第21条関係）。

②工場内の安全通路（安衛則第540条）が形骸化し，労働者が積み上げ資材を跨いでショートカットしている状況につき違反指摘したが，その後の臨検で，資材を跨いでいても，通路でない場所だったことから，違反指摘できなかったことがあった（移動箇所の「通路」認定の困難の指摘）。

関係規則ごとの監督指導の実際については，以下のような情報が得られた。

1）安衛則

通路の確保は全ての事業場の臨検時に確認する。建設業では特に重視している（第540条関係）。チェックポイントは，突起物がないか，滑りやすくないか，踏み抜きはないか，1.8m以内に障害物はないか，通路の幅は80cm以上あるか等である（第542条，第543条，第544条等）。

危険物取扱い作業場に2箇所以上の出入口があるか（第566条）は，従来危険物を取り扱っていなかった室を変更した場合に違反となり易い。

照度（第604条）については，建設現場で元請が照明器具を設置せず，全体的に暗い場合があり，下請自ら設置を余儀なくされる場合もあるので，臨検時に必ず指導する。その際，規則上の明るさ（150，300lx）に関わりなく，照度の確保を指導する。

休養室等（第618条）は，特に第三次産業での違反が多いが，労働者にとって重要なので，必ず確認するが，清掃に関する第619条は死文化している。

---

[24] 厚生労働省安全衛生部のご助力を頂き，筆者が全国の都道府県労働局の健康・安全関係課，監督課，主要労基署の現役行政官，安全衛生行政関係団体等の行政官OBに向けて，安衛法の条文ごとの監督指導実例，法改正提案等につき，アンケート調査を行ったもの。

監督官49，技官15，元監督官12，元技官2の回答があった。

Ⅱ　運　用

2）事務所則

　労働者が多数いる部屋については，気積（第2条）を計算する。VDT作業について，ガイドライン（令和元年7月12日基発0712号第3号）に基づきチェックするが，照度（第10条）が問題となることは少ない。

【関係判例】

①刑事事件

M製作所（安衛法違反被告）事件東京高判平成14年3月22日労働判例835号80頁（原審：千葉簡判平成13年4月13日労働判例835号86頁）

　元請F製作所が農協連から受注した増設工事のうち設備工事を下請したY1社の取締役であり，その工事及び安全管理を統括していたY2が，

　別の建設工事会社から派遣されたAらを使用して，

　網状鋼板に付け替えるため，先ずは機械室内の足場板を取り外して開口部（本件開口部）を生じたところで，別の場所でし残した作業を思い出し，ロープに白布を付けて目印として，その場を離れたところ，

　電気系統の点検に来た関係者のCが，そのロープを跨ぎ，その開口部から落下して死亡したことを受け，

　通路の安全確保を定めた安衛則第540条と安衛法第23条，第27条違反に当たるとして，両罰規定（法第122条）により，Y1と共に起訴された事案について，

　1審が，本件開口部は，作業の工程と時系列を全体としてみると，本件工事のため，通路として用いられており，安衛則第540条が定める「通路」に当たるとしたのに対し，

　2審は，同条にいう「通路とは労働者が通行する場所をいう」と述べた上で，

　本件開口部は，その発生時点から塞ぐ（予定の）時点まで，Y2とその指示の下で就労していた派遣労働者らのほかに通行することがあり得ない場所だから，同条にいう通路には当たらないし，

　CはY1の労働者ではなかったので，Y1の労働者にとっての通路とも言えない，

　と判断した（つまり，保護対象を，Y1〔とY1を代理するY2〕が使用する者のみとする旨示したこと）。

　　【図】

　　（双方とも宮澤政裕氏のスケッチを踏まえ池崎万優氏が作図）

2　関係判例と監督指導状況（個別）

■事件に関する技術専門家の意見

1）事実関係について

　　現場は工場のプラントのようだ。図示したように，機械施設がいくつか並んでいて，空中の通路が設置されていたものと思われる。

2）判決について

　　やはり，死亡災害ということで，監督署が弔い送検（同程度の過失でも，軽度の災害なら行わない送検を，死亡という結果を重視して行う送検手続きのこと）をしたもののように察せられる（なお，三柴も同意見）。

　　ただし，転落したＣの雇用主の法的責任が問われていないことは疑問。

　　私見も高裁と同様に，Ｃが転落した場所を安衛則上の「通路」というには無理があると考える。

3）未然防止策について

　　Ｃの雇用主と就業させるプラント管理者とのリスクコミュニケーションが重要だったと思われる。

宮澤政裕氏（建設労務安全研究会）

②民事事件

内外ゴム事件神戸地判平成2年12月27日判例タイムズ764号165頁

　数年間，換気が悪い作業場で，保護具を着用せず，トルエン，ヘキサン等の有機溶剤を含有するゴム糊を使用する業務を行っていた作業員が，慢性有機溶剤中毒に罹患し，使用者の安全配慮義務違反が問われた事案につき，

　安衛法及びそれに紐付く安衛則や有機則の規定は，行政取締規定だが，その目的の一致から，使用者の労働者に対する私法上の安全配慮義務の内容となるとした上で，

　本件では，局所排気装置の設置（安衛法第22条，第23条。有機則第5条，第14条乃至第18条），呼吸用保護具（防毒マスク），保護手袋等適切な保護具の具備（安衛則第593条，第594条，有機則第32条乃至第33条），有機溶剤の特性・毒性・有機溶剤中毒の予防にかかる安全衛生教育（安衛法第59条，安衛則第35条），適切な特殊健康診断（有機則第29条，第30条），必要な作業環境測定と結果の記録（安衛法第65条，施行令第21条，有機則第28条），有機溶剤のリスクと取扱上の注意事項，中毒発生時の応急処置等の掲示（有機則第24条，第25条）

　が同義務の内容となるとした上で，いずれも（適切に）実施されなかった（局所排気装置は一切設けられず，保護具は十分に用意されず，全く着用されず，教育指導はされず，特殊健診は適正になされなかった）とされた。なお，法定の測定は一応行われ，個々の有機溶剤は許容濃度内だったことを認めつつ，個人サンプラーを活用した正確なばく露濃度測定，複数の有機溶剤の相加作用の評価等も同義務の内容だったが果たされなかったとされた。

Ⅱ　運　用

　すなわち，たとえ作業環境測定の結果が目安となる基準範囲内でも，"結果よければ全てよし"ではなく，本来講じられるべき対策を怠っていた場合，その目安となる基準自体が疑われ，違法扱いされ得るということである。

■事件に関する技術専門家の意見

> 1）事実関係について
> 　　2）に同じ。
>
>
> 2）判決について
> 　　判決が事業者が行っていた一応の測定の精度を疑ったのは理解できる。
> 　　トルエン等は芳香剤であり，許容濃度は当時も50ppm程度だっただろうが，測定の仕方で誤差も生じる。トルエン等は比重が重く，下方に滞留しがちなので，検査器具によっては正確な測定は難しい。今も使用されているが，引火点が低いので，現場では濃度よりむしろ静電気による引火を気にする傾向にある（北口，尾崎）。
> 　　しかし，当時に個人サンプラーの使用など，とても要求できない。現在でも，実際の測定は，机上の推計→検知管によるラフな測定→作業環境測定士による測定の順で試み，それでも的確な検査ができない場合に限り，個人サンプラーによるのが現実。そもそも，個人サンプラーは，日本に1000人ほどしか適切に活用（を指導）できる者がいない（北口，尾崎）。また，労基署自体が活用を否定していた経緯もある（湯本）。
> 　　まして相加作用の測定など，よほど高度の専門家でなければ実施できない（尾崎）。動物実験，場合によっては人体実験まで求められるレベルの要求であり，現実的でない（湯本）。
> 　　とはいえ，経皮吸収が生じ易い物質なので，もし実施していなかったなら，検知管での測定や，特殊検診くらいは実施すべきだったように思う（湯本，尾崎）。
>
> 3）未然防止策について
> 　　2）に同じ。
>
>
> 湯本公庸氏（安全工学会事務局長），北口源啓氏（旭化成株式会社環境安全部労働安全グループ長），尾崎智氏（日本化学工業協会環境安全部・RC推進部管掌常務理事）

2.22　第24条（作業行動災害の防止）関係

【監督指導状況】

　元監督官へのインタビューにおいて，本条（法第24条）については，法第27条に基づき省令で具体化されるべきところ，その例が全くないため，違反指摘をしにくいとの声があった。

2 関係判例と監督指導状況（個別）

本条違反は，労働者のエラー／ミスに起因する性格上，事業者側の構成要件の設定が困難という事情が窺われる。

しかし，法第26条等で労働者に課せられた義務規定違反も，両罰規定（法第122条）により事業者責任とすることはできるので，労働者の義務規定の充実化によって，行動災害防止を図ることは可能なようにも思われる（三柴私見）。

【関係判例】
①刑事事件
見当たらなかった。

②民事事件
ア　信濃運送事件長野地判平成19年12月4日労働判例967号79頁

Yの従業員としてトラック運転業務に従事していたXが，20kg〜30kgの箱や袋の積み込みを補助者も付けず単独で行っていて，椎間板ヘルニア，腰部脊柱管狭窄症の後遺障害を負って，労災認定を受けたため，Yの安全配慮義務違反による損害賠償請求を行った事案。

判決は，XがYで従事していた業務は腰に負担がかかり，本件後遺障害をもたらすリスクがあったので，Yはそれを防止する安全配慮義務を負っていたとした上で，

平成6年9月6日付け旧労働省通達「職場における腰痛予防対策の推進について」等の通達，大臣告示は，一種の目安にすぎず，多岐にわたり一般的抽象的だったり，コストや手間を擁するものもあり，その違反が直ちに安全配慮義務違反にはならないが，

違反の程度が著しかったり，多項目にわたっているような場合，同義務違反になる。

平成6年旧労働省通達やその解説では，昇降作業台，足踏みジャッキ，サスペンション，搬送モノレール等の補助具の導入が例示され，そのうちXが主張する台車の導入は容易だったのに，なされなかった点で，Yの安全配慮義務違反は否定できないとした。

行政が発出するガイドラインが安全配慮義務違反の有力な判断基準となることが窺われる。他に，昭和45年通達（「重量物取扱い作業における腰痛の予防について」昭和45年7月10日基発第503号）に言及したものとして，佐川急便（損害賠償請求）事件大阪地判平成10年4月30日労働判例741号26頁，ヤンマーディーゼル事件神戸地尼崎支判昭和60年2月8日労働判例448号31頁等がある。

平成6年の旧労働省指針に言及したものとして，おきぎんビジネスサービス事件那覇地沖縄支判平成18年4月20日労働判例921号75頁がある。同判決は，この通達は行政取締規定に関連するものだが，労働者の安全や健康を確保するためのものなので，使用者の安全配慮義務の内容を考える際の基準となると明言した。

■事件に関する技術専門家の意見

1）事実関係について
特になし。

65

II 運　用

2）判決について

　原告も裁判所も，台車の使用によって本件災害を防げたと述べており，確かに中にはジャッキアップできるものもあるが，一般に台車では荷を上にあげられないので，荷積みできない（岩村，篠原）。

3）未然防止策について

　安全教育で，重量物取扱いの「恐ろしさ」を伝えることが重要。例えば，重量物の持ち上げでは，腰に３倍の力がかかり，椎間板がボロボロなることもある。実は，上掲のような行政のガイドラインも，その点に関する記載が不十分なので，よりリスクの内容を具体的に示すべき（篠原）。

　労働者は一般に重量物取扱業務を命じられても断れないが，腰痛を感じた時点で早めに事業者に伝達することも必要（福田）。

福田隆文氏（長岡科学技術大学名誉教授），篠原耕一氏（元監督官，京都労務トラスト代表），岩村和典氏（ニッポン高度紙工業株式会社）

イ　大成建設他事件東京地判昭和61年12月26日判例タイムズ644号161頁

　→第28条の２の関係判例を参照されたい。

2.23　第25条（切迫した危険有害状況での退避措置）関係

【監督指導状況】

　元監督官へのインタビューからは，本条履行の場面に監督官が居合わせることは殆どないため，臨検監督での監督指導は殆ど行われないが，本条が履行されずに労災が発生した場合，立件の理由とされ得るとのことだった。

【関係判例】
①刑事事件

　見当たらなかった。

②民事事件

東京電力ホールディングス（旧東京電力）ほか２社事件福島地いわき支判令和元年６月26日裁判所WEBサイト

〈事実の概要〉

　Ｘは，訴外会社に雇用され，Ｙ１（東京電力）が運営する複数の原子力発電所の定期点検作業に従事していた。Ｙ２，Ｙ３は，Ｙ１から保守管理等を下請していた。

　Ｙ１は，福島第一原発事故にかかる緊急作業として，３号機タービン建屋（本件建屋）の地下１

Fで電源盤 (本件電源盤) にケーブルを接続する作業 (本件作業) を行うこととし，Xは，Y2の従業員から，Y2のチームの一員として，本件作業を行うよう指示を受けた。当該作業にあたり，Y2チームのメンバー全員が，APD (警報付きポケット線量計) を渡され，20mSvにアラームを設定して着用するよう指示された (なお，訴外会社規則では，放射線業務従事者の線量限度は，通常時，40mSv/年間等とされていた)。

本件作業中に，Y2従業員3名が着用していたAPDが連続して鳴ったため，Xが訴外会社の上位者に作業中止を申し出たが，聞き届けられなかった。ただし，XのAPDは，積算4mSv超を示したが，積算20mSvを示すことはなかった。

Xは，その後も本件原発での緊急作業に従事し，少量の外部被曝をした。

そこで，被爆による精神的苦痛を被ったとして，Y1らに安全配慮義務違反及び使用者責任に基づく損害賠償請求等を行った。

〈判旨〜X請求認容〜〉

Y1の放射線管理仕様書で，作業員の線量計の警報が連続して鳴ったら速やかに退避するよう求められていることからも，Y2チームは，APDが上記反応を示し，積算放射線量が20mSvを超えたおそれがある場合，過度の被爆を避けるためにも本件作業を中止して本件建屋から退避すべきだった。

そうした状況下で，本件作業を継続し，本件建屋にとどまることを余儀なくされたXの不安や恐怖は，健康被害を生じるかもしれないという危惧，恐怖を覚える程度のものといえ，相当程度の精神的苦痛を受けたものといえる。

他方，20mSv超の被爆が認められないこと，Xが自ら本件作業後も就業を継続したこと等は賠償額減額の事由となる。

控訴審 (仙台高判令和2年12月16日 LEX/DB 25568687) も本判決を支持した。

電離則第42条第1項第3号が労働者を退避させるべき基準としているのが，事故による実効線量が15mSvであることからも，本件ではXの被曝量が20mSvに達していない中，判決がY1の放射線管理仕様書の記載等を頼りに警報が連続して鳴った場合の退避措置を事業者に求めたのは，放射線被曝のようなケースでは，抽象的危険 (労働災害発生の急迫した危険の可能性が存するに過ぎない場合) でも退避義務が生じると判断したとも解し得る。

■事件に関する技術専門家の意見

1) 事実関係について

実質的には，機能の悪い線量計を用いたことが問題と思う (福田)。

2) 判決について

妥当な判決。

訴訟で賠償を求めたのが方法として良かったかはともかく，原告が相当不安に感じたのは理解できる。

また，安全秩序の維持のためにも，線量計が鳴っている以上，一旦作業者を退避させるべきだったと

Ⅱ　運　用

思う（福田）。

3）未然防止策について

　　やはり，線量計が鳴っている以上，一旦は作業者を退避させ，正確な線量等を確認してから再度就労させるべきだった（福田）。

　　従業員から退避の要望も出ていた以上，事業者側は尊重すべきである（岩村）。

福田隆文氏（長岡科学技術大学名誉教授），篠原耕一氏（元監督官，京都労務トラスト代表），岩村和典氏（ニッポン高度紙工業株式会社）

2.24　第25条の2（建設業における爆発，火災等に際しての第二次災害防止〔救護〕措置）

【監督指導状況】

　本条（法第25条の2）の適用対象が，建設業で，第二次災害防止が求められる場面と，非常に狭いため，殆ど適用されることはなく，研修を受講した技術的管理者が選任されているかの確認がなされる程度との情報があった。

　法第22条から第25条の2を通じた監督指導の実際については，元監督官らへのインタビューから次のような情報が得られた。

　　衛生監督は，年間計画に従って定期的に行い，対象は，3年以上行っていない，過去に違反があった，健診結果報告に問題がある等を基準に選定する。

　　衛生監督の際に安全監督も行うことが多い。

　　特別則については，X線装置を用いる病院なら電離則，有機溶剤業務作業場なら有機則など，チェックする規則を絞って臨むことが多く，そうした場合，安衛則（第3編）のチェックはサブとなる。

　　事業者への指導は，労働衛生の3管理を意識して行う。

　　①安全衛生計画，災害状況の聞き取りなどデータと人からの情報収集，②実地検分による履行状況の確認，の2本立てで構成することが多いが，

　　取り扱われている有害物質の成分がわからないことがある，

　　有害物質の使用量・時間が少ない場合の局排設置等の適用除外を適正に判断しにくい場合がある，特に「常時」等に統一基準がないので，状況に応じ，常識に照らして判断することになる，

　　等の難しさがある。

　　違反条文を明示し，是正勧告書を発布することは多いが，衛生面で使用停止命令を下すことは少ない。

　　法第22条第3号所定の精密機械等によるストレス等については，該当規則条項が見つからないので，ガイドライン等を根拠に指導票を公表したりする。

指導票に違反がもたらすリスク等を示すこともある。

有機則や特化則等の特別規則を，目的に応じて若干拡大解釈して違反指摘することもある。そうした際には，危険性の説明で理解を得るようにしている。

本来，改善法の指導が重要だが，実際には不十分な実態がある。

2.25　第26条（労働者の事業者の危害防止措置への対応義務）

【適用の実際】

令和2年に，建設資材レンタル業の労働者がフォークリフトを離れる際にフォークを最低降下位置に置かず，エンジンも切らなかったため，他社の労働者が当該フォークとトラックの荷台の間に挟まれて死亡した事案につき，両罰規定が適用され，労働者が雇い主のレンタル業者と共に送検されて罰金刑に処された例がある。

すなわち，労働者義務規定違反につき両罰規定で事業者が処罰された例がある。

安衛則第151条の11は，

第1項で，事業者に，フォークリフト等の車両系荷役運搬機械等の運転者に安全措置を講じさせる（運転位置から離れる場合の荷役装置の最降下位置設置，確実なブレーキ等）義務を課し，

第2項で，運転者側に，当該措置を講じる義務を課している。

すると，本件での加害労働者は，雇用主の取引先等で単独でフォークリフトを操作し，ブレーキを確実にかけずに離れていて，事業者には故意がないので，事業者義務規定である同条第1項違反は生じ得ない。しかし，運転者たる労働者に第2項違反が生じ得，なおかつ，両罰規定により，事業者の犯罪が成立し得ることが窺われる。

2.26　第27条（危害防止基準の省令による具体化）

本法に紐付く省令には，本法中の根拠条文が示されておらず，旧労基法に関する労働省の解説書には，当時の第42条，第43条は，規制事項を安全と衛生で区分していなかったが，命令（ここでは省令のこと。主に安衛則を意味する）では，両者を区分していたこと，したがって，安衛則の個々の規定の根拠条文は，個別的検討に付される旨の記載があった。

よって，現行法制度上も，規則規定の根拠条文は，個別的，後付け的に検討されざるを得ない。もっとも，本法制定に携わった畠中信夫氏によれば，現行法第20条から第25条の2は，いずれも規制事項を「等」で締めているので，全ての関係省令の規定は，いずれかの規定に紐付けられ得る。また，法条競合等は，実際上さほど問題となり得ない。

Ⅱ　運　用

2.27　第28条（危害防止基準の履行支援のための技術上の指針や健康障害防止指針の公表，それらにかかる大臣による事業者〔団体〕への指導）

　労働基準法研究会報告（1971年〔昭和46年〕）において，法定最低条件違反による労災は全体の2割以下と指摘され，法令上の最低基準整備とは異なる状況に応じた柔軟かつ綿密な行政努力が求められたことが，本条策定の背景となった。

【監督指導状況】

　労働基準監督官である大久保克己氏によれば，本条（法第28条）に基づく指針につき，特別に監督が行われることはなく，例えば健康障害防止指針（いわゆるがん原性指針）については，化学物質を重点とした監督指導を実施する中で，対象物質があった場合に，当該指針について監督指導を実施することになる。しかし，監督指導対象事業場で用いられる化学物質が，指針対象物質に当たるかの見極めは，監督官の資質によるところが大きいという。

　指針にCAS番号登録番号が明記されるようになったことで，インターネットでの照合が可能となったが，実際には困難なので，アメリカのNIOSH（国立労働安全衛生研究所）が刊行する「NIOSH POCKETGUIDE to CHEMICAL HAZARD（NIOSHの化学物質の危険性に対するポケットガイド）」のように，化学物質別の詳細な資料を監督官に配布することが有益とされる。

【関係判例】

ア　大隈鉄工所高価機械損傷損害賠償訴訟名古屋地判昭和62年7月27日判例時報1250号8頁

〈事実の概要〉

　鋳鉄等で製造され，加工物の平面等を強力重切削する汎用プレナーで切削加工作業に従事していた労働者Ｙが，作業中の居眠りでプレナーと加工品に損傷等を与えたため，事業者Ｘが損害賠償請求した。Ｙは，Ｘには，「工作機械の構造の安全基準に関する技術上の指針」（昭和50年10月18日技術上の指針公示第4号）等を遵守し，自動停止装置を設置する，そもそも機械を自動制御化するなどして事故を防止する義務を怠った過失があるため，賠償責任を負わないと主張した。

〈判旨～Ｘ請求一部認容～〉

　確かに，20-30万円の費用で汎用プレナーを技術的に自動制御化すること（＊例えば，切削完了の手前である程度の余裕をもたせた位置で一時停止させ，その後のわずかの部分は，手動によって切削を完了させる方法〔三柴注記〕）はできたし，場合によっては望ましいが，本件事故当時，そうした機械は存在しなかったし，仮に自動制御化させても，一般に監視業務と相まって良好な切削作業が可能となると認識されていた。

　安衛法等の法令上本件プレナーに基準違反はなく，むしろ，各種保安装置が設置されていたし，仮に事故防止のための自動停止装置を設置した場合，刃物合わせごとに装置の調整を要する等，作業能率低下を招く上，その準備作業によって労働者の生命身体の危険を増大させる可能性

もある。

　他方，本件居眠りは重大な義務違反にあたり，Xによる損害賠償請求自体に問題はないが，雇用関係における信義則及び公平の見地から，Xの保険無加入等の事情を考慮して，賠償額は一定程度減額される。

〈判決から汲み取り得る示唆〉

　安衛法上の技術上の指針の記載内容を全て実施していないことが，ただちに（加害者との関係での）使用者の過失責任等を導くわけではなく，それは，その時点での業界の認識，記載事項を行うことによるメリット・デメリット等を考慮して判断される。

イ　損害賠償請求事件東京地判平成29年1月24日判例タイムズ1453号211頁

〈事実の概要〉

　平成16年ころ，全自動式丸鋸切断器（本件機械）で作業していたXが，端材を取り出そうとした際の丸鋸回転中の接触により右手中指切断等の傷害を負ったため，製造者Yを相手方として，製造物責任法第3条又は不法行為に基づく損害賠償を求めた。

　Xは，「機械の包括的な安全基準に関する指針（以下，「本件指針」）」（平成13年6月1日基発第501号）（法第28条に基づく指針ではないが，「機能安全による機械等に係る安全確保に関する技術上の指針」〔平成28年9月26日厚生労働省告示第353号〕と相まって機械安全の確保を図るものであり，両者は姉妹関係にある）には，機械の危険部位に接触しないようにする装置の設置を求めており，Yは，丸鋸刃の回転が停止するまで扉が開かない等の機構を標準装備すべきところ怠ったのは，製造物責任法第3条にいう「瑕疵」に当たると主張したが，Yは，取扱説明書等に，端材を取り出す際には主電源を切るよう警告が記載され，機械の前面扉の窓から丸鋸刃の回転状況も確認できたはずだし，X主張のような自動停止装置は同業他社の製品にも装備されていなかったので，「瑕疵」はなかったと反論した。

〈判旨〜X請求認容〜〉

　「製造物責任法3条にいう『欠陥』とは，当該製造物の特性，その通常予見される使用形態，その製造業者等が当該製造物を引き渡した時期その他の当該製造物に係る事情を考慮して，当該製造物が通常有すべき安全性を欠いていることをいう（同法2条2項）」。

　本件機械は，

　・最後の端材は，前面扉を開けて手で取り出す必要があること，

　・丸鋸刃の回転停止ボタンを押してもしばらくは惰性で回転を続けること，

　・丸鋸刃の回転が停止するまで扉が開かない等の機構は設置されていなかったこと，

　・本件指針は，すべての機械に適用できる包括的な安全方策等に関する基準を定めたものであり，危険源となる運動部分が完全に動作停止した後でなければカードを開けられないようにすること等（あるいは，ガードを開け次第動作停止すること等）を定めていること，その内容は，M工業会を通じて知らされていたこと，平成19年に改正され，更に内容が深化したこと，

　・欧州でも，既に電磁ロック式インターロック（刃が回転を停止するまで扉が開かない仕組み）を

Ⅱ　運　用

標準装備することが求められていて，Ｙもこれに対応する機械を輸出していたこと，

・同様の安全防護装置の設置は技術的に可能であり，同業他社でも，同様の対応をとっているところがあったこと，

等からすると，オプション装置の価格を考慮しても，機械操作による労災の危険の大きさに鑑みて，安全防護装置を備えないことは，通常有すべき安全性を欠いていると評価できる。

〈判決から汲み取り得る示唆〉

本判決は，「機械の包括的な安全基準に関する指針」の内容や平成19年改正，Ｙの認識可能性，海外の状況，標準装備の値段等を踏まえ，機械の危険源の作動時に人が触れないようにする安全防護装置を備えないことを，製造物責任法上の「瑕疵」と判断した。

本指針は，法第28条に基づく指針ではないが，「機能安全による機械等に係る安全確保に関する技術上の指針」（平成28年９月26日厚生労働省告示第353号）と相まって機械安全の確保を図るものであり，両者は姉妹関係にあるため，本条に基づく指針についても，同様の判断が下される可能性がある。

ただし，装備にかかる費用を含め，具体的状況下での期待可能性が考慮されることとなろう。

ウ　三星化学工業事件福井地判令和３年５月11日判例時報2506・2507号86頁

〈事実の概要〉

染料・顔料の中間体を製造するＹ福井工場に勤務し，乾燥工程での洗浄作業等に従事していたＸらが相次いで膀胱がんを発症したため，Ｙに安全配慮義務違反に基づく損害賠償を請求した。

これは，製品原料に用いられていたオルトートルイジンによるものと考えられたが，本災害当時，化学物質による健康障害防止指針の対象物質に指定されず，労災認定における職業病リスト（労基法施行規則別表第１の２）にも掲げられていなかった。

ただし，Ｙの福井工場副工場長は，SDS（安全データシート）に目を通し，本件薬品の発がん性も認識していた。

〈判旨～Ｘ請求認容～〉

化学物質を用いる使用者の予見可能性としては，抽象的な危惧で足り，生じ得る障害の性質，程度や発症頻度まで具体的に認識する必要はない。

その上で，本件では，SDSに経皮的ばく露による発がん可能性の記載があって，副工場長が本件薬品の発がん性を認識していたこと，以前から従業員の尿中代謝物に本件薬品が高濃度で検出されていたことをＹも認識していたから，Ｙは，本件薬品の経皮的ばく露による健康障害の可能性を認識し得た。

また，Ｙには，安全配慮義務として，不浸透性作業服等の着用や，身体に本件薬品が付着した場合の措置の周知を徹底し，従業員に遵守させる義務があったが，徹底されておらず，結果回避義務違反は免れない。

〈判決から汲み取り得る示唆〉

本判決は，特別規則はもとより，健康障害防止指針（いわゆる「がん原性指針」）の対象となって

いなかったオルトートルイジンによる膀胱がんの発症について、SDSの記載等を根拠に使用者の予見可能性を認め、過失責任を認めた点に特徴がある。

がん原性指針は、発がん性のおそれのある物質の早期把握早期対応を図る目的も持っているが、民事責任との関係では、その対象物質でないことは、被害の予見可能性を否定しない。

エ 損害賠償請求事件神戸地判平成31年4月16日LEX/DB 25563012

〈事実の概要〉

Y2が発注した建物の解体工事につき、受注したY1が石綿の事前調査を講じず、それに基づく飛散対策を講じずに工事を実施したため、一定量の石綿が飛散した。

そこで、周辺住民であるXらが、Y1・Y2の注意義務違反により、平穏生活権又は健康を損なわない利益を侵害されたとして、両名を相手方として、損害賠償を請求した。

Xらは、おそらくはY1・Y2の注意義務違反を主張する趣旨で、石綿則第3条第1項が建築物解体に際しての石綿等の使用にかかる事前調査を規定し、「建築物等の解体等の作業での労働者の石綿ばく露防止に関する技術上の指針」（平成24年5月9日）が、当該事前調査につき、①適任者による実施、②建材の使用箇所や種類等の網羅的な把握を定め、その他行政の通知も目視できない部分まで網羅的に調査するよう示唆していたことを示す証拠を提出した。

〈判旨〉

本件解体工事を受注したY1は、石綿則第3条や上記指針、通知を参照し、設計図書等の資料の確認と現地の網羅的な目視、判断がつかない場合は専門家による分析を行う必要があったのに、怠ったとは認めがたい。

こうした調査を怠って本件建物の石綿含有建材を見落とし、大気汚染防止法上義務づけられる作業基準を遵守せずに本件解体工事を施行した結果、周辺に一定量の石綿を飛散させたことにつき、注意義務違反を認める。

ただし、周辺地域まで到達した量は、人体に有害な影響を与えるほどではなかったので、平穏生活権や健康を損なわない利益の侵害は認められない。

Y2は発注者にすぎず、Y1が石綿に係る調査能力を欠いていると認識することは著しく困難だったので、注意義務違反はない。

〈判決から汲み取り得る示唆〉

本判決は労働事件ではないが、本条（法第28条）に基づく技術上の指針の内容が、その上位の規則や下位の通知と共に、事業者の注意義務違反の認定に際して参酌されているようにも解し得る。

2.28 第28条の2（リスクアセスメントの努力義務）

【監督指導状況】

適用の実際をみると、2017年（平成29年）労働安全衛生調査では、RAを実施している事業所の

Ⅱ　運　用

割合は約46％（前年もほぼ同じ）で，実施率が高かったのは，機械，交通事故，熱中症等のリスクで，化学物質では37％に過ぎなかった（もっとも，RA義務が課せられたSDS交付対象物質の実施割合は高く〔令和3年には全部実施が7割強程度〕，非対象物質の実施割合でも若干低い程度〔令和3年には全部実施が7割弱〕だった。また，該当物質を使用しているか不明な取扱い事業所も分母とした調査では，対象物質で全部実施が3割程度，非対象物質で全部実施が2割程度だった〔平成30年労働安全衛生調査〕）。また，中小企業では実施率が低く，特に化学物質について，企業規模による格差が大きい。実施していない理由は，危険な機械や有害な化学物質等を使用していないためが最も多く（約6割），知識を持った人がいない（約3割弱）等が続いた。もっとも，法令遵守で十分なためは，約1割に過ぎなかったので，RAの重要性自体は理解されていると思われる。

　監督官経験者からの監督指導状況に関する情報によれば，作業前に作業者自身が行い，管理的対策を中心とするKY活動で済ませている事業場が多数みられる。RAは，事業者がリードし，（必要に応じて専門家を活用し，）本質的，工学的対策を重視する点で異なる。

　また，RA実施対象物質に当たるか否かの判断が事業者にとって困難な場合があり，そうした事業場での指導に際しては，NIOSH POCKETGUIDE to CHEMICAL HAZARDのような化学物質別の詳細な資料を監督官に配布すべきとのことだった。

　また，法第16条の関係判例で示した日本総合住生活ほか事件東京高判平成30年4月26日労働判例1206号46頁（1審：東京地判平成28年9月12日労働判例1206号65頁）（上告棄却，上告受理申立不受理）でも，所轄労基署から，所要の指導がなされた。本件は，団地の植物管理工事の第2次下請業者の労働者が樹木の上で剪定作業中に落下して重傷を負った災害で，本人が一丁掛け（フックが1つで1カ所にしかかけられない安全帯）を用いていて，落下時はフックが外れた状態にあり，1次下請が選任した現場監督者も，一丁掛けの使用を容認していたという経緯で生じた。

　所轄労基署は，高所作業車の導入等，安全帯の取り付けの確保，作業標準の作成や労働者への安全教育，工事開始前のRA等を指導した。これらはいずれもRA等の一環である。

　RAについては，支援ツールがWEBで公開されている。厚生労働省の職場のあんぜんサイトでは，小規模事業場を対象に，業種・作業別にRAツールを提供しており，全業種につきマトリクス・モデル，鋳物製造業等一部では数値化モデルが提供されている。化学物質については，ILOが開発したコントロール・バンディングやECETOC TRAのほか，クリエイト・シンプルも提供されている。

　なお，元厚生労働省技官であった柳川行雄氏は，簡易なRAツールのメリットとして，専門家なしで使用でき，中小企業でも実施可能なこと，信頼性の限界が明確なこと，GHS分類の活用により，ばく露限界や許容濃度が未設定の化学物質にも活用できること等を挙げ，デメリットとして，安全率を高くとるため，過大な対策が求められる傾向にあり，結果的に対策されない等の問題を生じ得ること，見積もりがブラックボックスのため，実施者の知識経験が向上しにくいこと，一定の知識経験がないと，入力方法がわからない場合があること等を挙げている。

2　関係判例と監督指導状況（個別）

【関係判例】

ア　日本化学工業事件東京地判昭和56年９月28日判例時報1017号34頁

〈事実の概要〉

　クロム化合物製造を行う事業の労働者（X）が作業中のクロム（本件物質）粉じんへの大量ばく露により，鼻中隔穿孔，肺がん等の疾病に罹患したことを理由に，雇用主（Y）に対して不法行為に基づく損害賠償請求を行った。

〈判旨～X請求認容～〉

　およそ，化学企業が労働者を使用して有害な化学物質の製造，取扱い等を行う場合，内外の文献によって調査研究を行い，その毒性に応じて衛生を図る義務を負う。また，予見すべき毒性は，重篤な健康被害の指摘があれば十分であり，具体的症状や発生機序などの確認は必要ない。本件物質については，昭和13年頃には，ドイツで肺がん発症との因果関係が明らかとなり，労災補償対象となったことが日本にも伝えられていたから，本件物質による重篤な疾病の発症リスクの予見は容易だった。また，当時のY社社長は応用化学者で本件物質やそれによる障害関係に深い学識があり，Yの労働者が以前に鼻のがんで死亡したこと等から，調査研究は可能だった。

　こうした調査義務を尽くしていれば，当時ドイツでとられていた予防措置（工場の完全密閉化と吸塵装置の設置，３年おきの配転，胸部X線撮影）による肺がん発生予防は可能だったし，十分な措置の完了までは，労働時間短縮，早期配転，健康管理，肺がんリスクのある者の退職措置などを講じる義務があった。

　なお，Y社が労基法等の取締法規に反して労働者に有害業務を行わせても，直ちに民事上の故意責任を構成しないが，Y社が労働省の規則，通達所定の作業環境基準（クロム濃度）その他法令上の規制（労働時間等）を遵守していたからといって，民事上違法がないとは言えない。

■事件に関する技術専門家の意見

> １）事実関係について
>
> 　２）に同じ。
>
>
> ２）判決について
>
> 　①判決に消極的な見解
>
> 　判決は厳しすぎるように感じる。
>
> 　クロムという物質は，既存化学物質であって当時のハザード認識は不十分で，法令上求められる対策も限られていた。会社も法令上の最低基準は守っていたと思うが，それでも防げなかった災害なのではないか。取扱業者だから取扱い物質すべてのハザードやリスクに詳しいとは限らない。法令以上を求める考え方は，その後に生まれた（＊安衛法第28条の２の新設や民事裁判例の蓄積，国際的な規格による安全推進の動向等による企業の動きを示唆しているものと思われる〔三柴注記〕）のであって，本件災害当時は，法令で対象物質や規制値を明確化するのが先決だったように思う（湯本）。
>
> 　確かに，当時にもじん肺法はあったが，最低限の内容しか定めておらず，本件災害を防止できるよう

75

Ⅱ 運 用

なものではなかった。本判決が示した，ドイツの知見，専門家である事業者の認識，事業場の先例など
による論法は，少々こじつけの感がある。対策面でも，吸塵装置の設置程度はできたかもしれないが，
密閉となると，技術面，費用面で今でも難しい。たとえ住民を守れても，従業員にリスクをもたらす可
能性もある（尾崎）。

　②判決に共感的な見解

　確かに厳しい判例ではあるが，先例として，鼻中隔穿孔のほか死亡例まであったのだから，もう少し
経営者として対策を考えるべきだったのではないか（北口）。

3）未然防止策について

　経営者は一般に化学物質のリスクに関する認識が不足しており，規制値を重視する傾向もあるので，
むしろこのケース等を契機に法規制の強化を図るべきだったのではないか。

　裁判の結果，比較的高額で和解し，新規物質のハザード研究の資金に充てさせるような例もあるので，
訴訟が起きて被告企業が一定の和解金や賠償金を支払うような収め方が一概に悪いとは限らない。

　新規化学物質の製造業者を絞り込み，厳格，適正な製造・検証プロセスを課すような方策もあり得る
が，産業の発展の制約にもなり，そうした規制は現実的に難しいかもしれない（湯本）。

湯本公庸氏（安全工学会事務局長），北口源啓氏（旭化成株式会社環境安全部労働安全グループ長），尾崎
智氏（日本化学工業協会環境安全部・RC推進部管掌常務理事）

イ　大成建設他事件東京地判昭和61年12月26日判例タイムズ644号161頁

〈事実の概要〉

　訴外Bから増設工事を請け負ったY1（元請）から基礎工事等を下請したY2（下請）の建設現場
作業員（日雇い派遣労働者）として働いていた訴外Aが，Y2の従業員の指示を受けて，転圧機（鉄
製底部を上下に振動させて地盤を固める装置）の誘導のためロープで引っ張る補助作業をしていたと
ころ，足を滑らせて転倒し，コンクリート製パイプ状パイルから突出した鉄筋に顔面を打ち付
け，頸髄損傷で死亡した（顔面頬部を鉄筋で突き刺したショックもあって，体を支えられず，全体重が頸
部にかかったことによる）ため，訴外Aの遺族（X）がY1・Y2の安全配慮義務違反等を根拠に損害
賠償請求した。

〈判旨～X請求認容～〉

　安全配慮義務の内容は，実定法上使用者の配慮すべき義務として規定されているか否かには左
右されない。Yらは，諸状況に応じて訴外Aの生命，身体，健康に対する危険の発生が客観的
に予想される以上，それを防止ないし除去するための人的，物的措置を講じる義務を負っていた。

　鉄筋がむき出しのパイルの狭い空間を頻繁に移動しながら重量のある転圧機を誘導するという
作業態様や現場状況には，転倒して本件のような災害が生じる危険が客観的に存在し，かつ，本
件転圧作業を命じる者には容易に予見できた。

　Y1らは，本件事故現場の状況をつぶさに把握していたが，定期安全集会で作業手順等にかか

る一般的な安全注意をするのみで，本件補助作業に特化した具体的な安全指導を行っていなかった。

Ｙ１らは，自身の支配監督下にある建設工事現場で，Ａに本件補助作業を命じてその労務提供を受けていたから，雇用関係に類似ないし近接する使用従属的法律関係にあり，その作業現場の状況，作業内容等に照らしてＡの生命，身体，健康に対する危険の発生が客観的に予見される以上，それを防止ないし除去するための人的，物的措置（パイルからむき出しになった鉄筋へのキャップの装着，本件災害を想定した具体的な危険回避策の打ち合わせや指導を含む）を講ずべき安全配慮義務を負っていた。しかし，前記の具体的な安全配慮義務を懈怠したため，本件災害の発生を防止し得なかったので，その損害の賠償責任を負う。

(実質的な)使用者に日常的なリスクアセスメントを求める趣旨とも解される。

その後にも，労働者の作業中の転落死亡災害につき，作業マニュアルの労働者への交付やその内容の周知徹底を怠ったとして使用者の安全配慮義務違反を認めた例（東京地判平成25年2月18日判例秘書L06830232）があるが，

20kg弱のブリキ缶運搬中の階段での転倒災害につき，缶の重量，階段の滑りやすさ，照明等の物的措置に問題なかったことを踏まえ，安全配慮義務違反を認めなかった（≒教育，人選等の人的措置義務違反までは認めなかった）例（本田技研工業事件東京地判平成6年12月20日労働判例671号62頁）もあり，

違反の判断基準は必ずしも明らかではない。

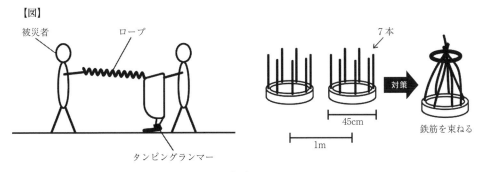

【図】

（双方とも宮澤政裕氏のスケッチを踏まえ池崎万優氏が作図）

■事件に関する技術専門家の意見

１）事実関係について

　おそらく，図示したタンピングランマーを牽引していたのではないか。

　現在のものは40kg程度だが，本件が生じた昭和当時は重量が80kgほどあり，牽引する者がいないと操作できなかった。

Ⅱ　運　用

2）判決について

　確かに，数多くのコンクリートパイルがあって，その間隔が狭い場所で，重いランマーを牽引する作業には危険を伴うので，場所の管理者が対策すべきではあった。

　被告側は，法定されていないから対策不要と述べたが，不見識であり，やはり個々の条件に応じたリスクアセスメントの発想は必要である。

3）未然防止策について

　判決が示唆したコンクリートパイルにキャップをする予防策は，今は既に常識化している。

　重いランマーを用いる作業に牽引者（補助者）を設けること自体は避けられなかったとしても，この類いの災害は多いことからも，最低限，現場リスクを想定した安全教育はすべきだったのではないか。

宮澤政裕氏（建設労務安全研究会）

ウ　東洋精箔事件千葉地判平成11年1月18日労働判例765号77頁

〈事実の概要〉

　金属箔を製造する工場で，焼鈍炉（焼き鈍しのための炉）での焼き鈍し作業に従事していた作業員が，（おそらく炉の設置場所を包む形になっていた）ピット内で酸欠死したため，遺族（X）が勤務先（Y）の安全配慮義務違反を根拠に損害賠償請求した。

　焼鈍炉ではアルゴンガスが用いられ，油槽のオイルが少なくなるほどガス漏れリスクが高まる状況ながら，当該ピットに換気装置はなく，漏洩ガスが溜まり易い状態だった。工場責任者も次長や現場責任者も，酸欠の可能性について認識が不十分か，具体的認識が不十分で，その危険性が作業員に周知されていなかった。ガス漏れ対策として，圧力計等によるガス圧の調整，油槽のオイル量の管理，ピットの酸素濃度の測定等が講じられていたが，作業員のピット入場前にガス圧の調整はされておらず，酸素測定も週1，2回しかなされず，酸欠状態に至った場合の対処法（救出，連絡，酸素吸入器の使用等）も教育されておらず，定められていた2人1組体制も実際には講じられていなかった。

　なお，Yでは，過去に別の工場で同様の災害が生じ，同工場ではオイル量の測定，ピット内の排気，酸素濃度測定等が講じられていたが，本工場では実施されていなかった。

〈判旨～X請求認容～〉

　Yには，アルゴンガスによる酸欠事故を防止し，従業員の生命・身体を守るべき注意義務があり，当該工場で使用されるガスの性質，危険性，酸欠事故の発生の可能性や発生メカニズム等を従業員に周知徹底し，ピット滞在中の炉内ガス圧や油槽のオイル量の管理，酸素測定，2名作業体制等の安全管理体制や酸欠事故発生時の救助システムの確立のほか，酸素濃度低下時，油槽のオイル量の減少時の警報装置，強制排気装置の設置等により，酸欠事故を防ぐ雇用契約上の注意義務（安全配慮義務）があった。

　Yが，従業員を酸欠事故発生リスクのある場所で作業させていることや，別工場で同様の事故

が発生していることを考慮して，上記の措置を講じていれば，本件事故は発生しなかったと考えられる。

　Ｙは，本件ピットが安衛法や関係政省令上の酸素欠乏危険場所とされていない等と主張するが，酸欠則第22条の2には，当該指定の有無にかかわらず，不活性気体が溜まり易い場所では，その滞留を防止すべき旨定められており，本件では，アルゴンガスの漏洩による滞留可能性は容易に予測できたので，その責任は回避されない。

■事件に関する技術専門家の意見

1）事実関係について

　本件では，ピットの中に焼鈍炉があったのか，焼鈍炉の横にいたことで，ガスが滞留して酸欠になったのか不明だが，いずれにせよ，炉の側にピットがあって酸欠状態になったということだろう（福田，篠原，岩村）。

　アルゴンガス自体に毒性はないが，空気よりも重いため，下に沈む特性がある。アルゴンガス発生場所では，人が呼吸する範囲がアルゴンガスでいっぱいになり，人の呼吸域が酸欠状態となり易い。

　本件では，同じ企業の他の工場で同類の災害が生じていたのに再発防止できなかった点が大きな問題である。よく生じるのは，換気をすれば大丈夫な物質だから，別の現場では起きないだろうと誤解してしまうことである（有害なガスの対策等を担当している某企業の匿名社員）。

2）判決について

　妥当な判決。

　本件では，同じ企業で同類の災害を再発させているので，会社側として反論のしようがない（福田）。

　判決が示唆するように，たとえ本件で酸欠が生じた場所が，酸欠則所定の酸欠危険場所に該当しなくても，アルゴンガスの換気や排出等の滞留防止措置は求められた。

　すなわち，酸欠則では，適用対象となる指定場所が号数にして13個（酸欠危険のみを想定した場所：11個，酸欠と硫化水素の危険を想定した場所：2個）掲げられており，これに該当すれば，作業主任者及び監視人の選任と測定が求められる。本件で酸欠が生じた場所がタンク内なら，これに該当する。

　しかし，たとえこれらに該当せずとも，第22条の2（不活性気体が滞留しやすい場所での当該気体の外部への放出等の滞留防止措置）は適用されるので，本件では，ピット内であれば，同条所定の滞留防止措置は求められる（篠原）。

3）未然防止策について

　酸欠は死亡に直結するので，所属先企業であれば，厳重に対策している。すなわち，ピットに酸素濃度計を設置し，一定濃度を下回ればアラームが鳴るようにするし，そうした場所の作業者本人にも計器を装着させるし，空気呼吸器も配備する（岩村）。

　アルゴンガスは有毒ではないので，外部への放出が可能だし，それが最も現実的で有効な対策である。何らかの事情で換気が困難な場合，作業者にマスクを装着させる（有害なガスの対策等を担当して

Ⅱ 運　用

いる某企業の匿名社員）。

　ピット等の酸欠場所でレスキューを担当できるのは，消防士と生ごみプラント（清掃組合等）の担当者らに限られ，緊急対応による3次予防は難しいことからも，命綱の装着が重要な意味を持つ（篠原）。

　もっとも，2分ほど呼吸をとめられれば，一般人でも救出は可能（有害なガスの対策等を担当している某企業の匿名社員）。

福田隆文氏（長岡科学技術大学名誉教授），篠原耕一氏（元監督官，京都労務トラスト代表），岩村和典氏（ニッポン高度紙工業株式会社）
有害なガスの対策等を担当している某企業の匿名社員

エ　[再掲] 日本総合住生活ほか事件東京高判平成30年4月26日労働判例1206号46頁（1審：東京地判平成28年9月12日労働判例1206号65頁）（上告棄却，上告受理申立不受理）

　団地の植物管理工事の第2次下請業者の労働者が樹木の上で剪定作業中に落下して重傷を負った災害につき，

　1審は現に本人が作業上使用していた（が，フックを木の幹にかける等の適正使用を怠っていた）一丁掛け（一本掛け）安全帯（フックが1つで1カ所にしかかけられない安全帯。フックが2つあって2カ所にかけられる安全帯を二丁掛け〔二本掛け〕という。二丁掛けを用いれば，常に一本を掛けた状態で場所の移動ができるので，安全性が高い）につき適正に使用させる義務違反があったとして，

　直接の雇用主とその代表者個人（現場代理人兼安全衛生責任者兼雇用管理責任者）の過失責任のみを認めた。

　2審はより安全性が高いが準備も「使用させ」も法令上義務づけられていなかった二丁掛け（二本掛け）安全帯の「使用させ」が安全配慮義務の内容だったとした上，

　その義務違反にかかる責任を，直接の雇用主とその代表者個人のほか，元請，1次下請業者にも負わせたが，

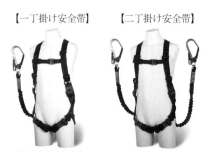

【一丁掛け安全帯】　【二丁掛け安全帯】

（藤井電工株式会社のWEBサイト　https://www.fujii-denko.co.jp/product/harness/type2/　最終閲覧日：2024年7月11日）

　その際，1次下請が選任し，現場の巡視等の安全管理をしていた安全衛生責任者兼現場監督者は，一丁掛け（一本掛け）安全帯の使用を容認する元請の方針を踏襲して孫請らに遵守させる役割を果たし，1次下請の過失の一翼を担ったと解される一方，

　被災者に対して個人的に民事過失責任を負わず，よって同人の過失による1次下請の使用者責任は生じず，まして元請との関係では，使用者責任が生じる関係性自体がないとされた。

〈判決から汲み取り得る示唆〉

　ここに挙げた例は，いずれも既存の法定措置以

上を求めている。判示を総合すれば，結局RA等（RAとそれに基づく低減措置）を求めていることがわかる。本質的解決が困難な間，人的管理措置を講じるべきとの示唆も対策の優先順位づけを求めるRA等の考え方と通底する。

2.29　第29条（元方事業者による関係請負人等のコンプライアンス確保），第29条の2（建設業元方事業者による危険場所等における関係請負人の労働者への技術的指導）関係

【監督指導状況】

違反による送検件数を示す令和2年公表「労働基準関係法令違反に係る公表事案」では，令和元年6月1日から1年間で，違反件数は0件だった。是正勧告を典型とする違反の指摘件数を記した「令和2年労働基準監督年報」の定期監督等実施状況・法違反状況（令和2年）でも0件だった。

しかし，森山誠也監督官によれば，是正勧告では非常によく使われている。下請負人らに1件でも安衛法規違反があって，元方事業者が認識していて放置している場合は是正勧告できる「便利な」条文なので，建設現場の監督指導では毎回といっていいほど本条違反で是正勧告する。

行政官・元行政官向けの調査から得られた適用の具体例は以下の通り（令和2年度厚生労働科学研究による行政官・元行政官向け法令運用実態調査〔三柴丈典担当〕[25]）。

①木造2階建住宅新築工事で，1次下請人の労働者（被災者）が，建材を持ったまま窓に近づいたところ，ユニットバス設置用ピットから3m下の1階床に墜落した。被災者は，墜落制止用器具を着用していたが，その取付設備はなく，ピット周囲に囲い，手すり，覆い等が設けられておらず，それが困難な事情も認められなかったため，当該下請業者には，安衛法第21条第2項（安衛則第519条第1項）違反で是正勧告し，その元請には，第29条第1項違反で是正勧告した。

【土木建設用鋼材】

②土木建設用鋼材リース事業者の構内で，その洗浄や整備を請け負う会社の作業員がアーク溶接を行っていたが，当該作業員に対しアーク溶接特別教育を受講させていなかった件で，当該請負会社に安衛法第59条第3項（所定の危険有害業務に就ける労働者への特別教育義務）違反を指摘した上で，元請のリース会社に安衛法第29条第1項違反を指摘した例もあ

---

(25) 厚生労働省安全衛生部のご助力を頂き，筆者が全国の都道府県労働局の健康・安全関係課，監督課，主要労基署の現役行政官，安全衛生行政関係団体等の行政官OBに向けて，安衛法の条文ごとの監督指導実例，法改正提案等につき，アンケート調査を行ったもの。
　監督官49，技官15，元監督官12，元技官2の回答があった。

Ⅱ　運　用

る。

　建設業に限らず適用可能であり，

　元方事業者から請け負った仕事を行う請負人やその労働者に安衛法令違反が認められた場合，本条違反を考え，元方事業者による指導がなかったことや，違反を認識しながら放置したことが確認されれば，それを指摘するようにしているとか，

　下請の法令違反があれば，殆ど本条違反の是正勧告をするが，元方が下請に何らかの指導を行っていることも多いので，「必要な指導を"十分"行っていないこと」など，表現を和らげることもあるとの情報もあった。

　特定元方事業者に統括管理義務を課した第30条や，最先次の注文者に建設物等にかかる労災防止措置を義務づけた第31条など，罰則付きの条規（特に第31条）の適用を先に考え，それが困難な場合に本条を適用するとの情報もあった。

　これら罰則付きの規定には紐づく安衛則（労働者と労働契約関係にない元方等の負う義務の内容を具体化する第4編の規定）があり，下請に違反があった場合にも，元方に当該規則違反を指摘し，必要に応じて刑事罰を含む厳しい行政処分を下せるが，

　これらの規定は主に土木建設業，製造業を対象としており，

　下請の違反が化学物質に関する特化則，有機則等である場合，たとえ本来的に元請の支援が必要でも，罰則のない安衛法第29条しか適用できなかったとの情報もあった。

　第29条や第29条の2には罰則が付いていないこともあり，実質的に同法違反に当たるか，それにも該当し得るが，むしろ脱法的な偽装請負に当たるようなケースには，労働者派遣法第45条の適用で対応することがある。

　すなわち，建設業での重層的請負関係の末端労働者は，実質的に労働者供給であって，実質的な使用者は元方事業者ら請負関係上位者であることも多い。そうしたケースでの法第20条の措置義務違反につき，派遣法第45条のみなし規定（派遣先を安衛法上の事業者とみなす規定）を適用して，彼らを立件することがあるとの情報もあった。

　監督指導の立場では，特に第29条に罰則が付いていないことをもどかしく感じるとの意見が多かった。

【関係判例】

①刑事事件

河村産業所事件（鍋田農協倉庫倒壊事件）名古屋高判昭和47年2月28日判例時報666号94頁（上告後，最2小判昭和48年3月9日で棄却）

　法目的を踏まえ，司法も安衛法を柔軟に解釈した＝旧労基法（旧安衛則）時代の事案で，使用者を名宛人とする当時の危害防止規定を，元請の現場監督者に適用し，その刑事責任を認めた。

　すなわち，元請の現場監督者が，造成中の建物の支保工の安定性確保を図る旧安衛則の規定に反した状態で，多数の社外工等を指揮してコンクリート打設工事をさせていたところ，支保工が崩れて屋根が落ち，多数が重軽傷を負い，業者から供給されていた社外工1名が落下・窒息して

死亡したことを受け，

当該現場監督者が，業務上過失致死傷罪と共に，旧安衛則の親法である労基法違反で起訴された事案で，

同人が旧労基法第10条が定める「使用者」に当たるかが争われたが，

判決は，当該「使用者」の概念は，安全衛生の場面では賃金支払等の場面より広く解釈されるべきで，そうし

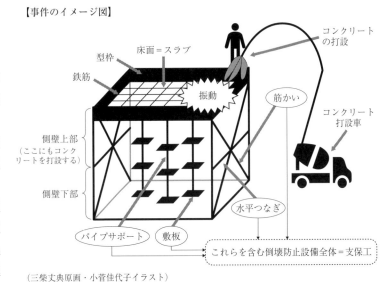

【事件のイメージ図】

(三柴丈典原画・小菅佳代子イラスト)

ないと安全を担保する能力のある者（元請等）を免責させることになる等と述べ，

被災者との間に実質的な指揮監督関係があれば，それに該当する旨を述べた。[26]

もっとも，こうした柔軟な解釈は，現行法が，事業者以外の誰にどのような場面で措置義務を課すかを明らかにしたことで，却って制約されたとも解し得る。[27]

②民事事件

ア 大石塗装・鹿島建設事件最1小判昭和55年12月18日最高裁判所民事判例集34巻7号888頁（1審：福岡地小倉支判昭和49年3月14日最高裁判所民事判例集34巻7号895頁，原審：福岡高判昭和51年7月14日最高裁判所民事判例集34巻7号906頁）（確定）

元請らは，下請やその労働者らに対して民事上の安全配慮義務（安全保証義務）を負い得ることを示した例である。

〈事実の概要〉

亡Aは，被災当時，Y1（被告・被控訴人・被上告人）に塗装工として雇用されていた。Y1は，訴外B（原発注者）から転炉工場建設工事を請け負うY2（被告・被控訴人・被上告人）の下請業者であった。

1968年（昭和43年）1月，亡Aは，当該転炉工場の鉄骨塗装工事現場で塗装作業中に墜落し，即死した（以下，「本件災害」という）。

工事現場には，鉄骨からチェーンで吊り下げ，直角に組まれた鉄製パイプの上に足場板が置か

---

[26] 現行安衛法制定後の目的論的，拡大的解釈の例として，幸陽船渠事件広島高判昭和53年4月18日判例時報918号135頁等。
[27] M製作所（安衛法違反被告）事件千葉簡判平成13年4月13日労働判例835号86頁のほか，前記厚労科研報告書登載の議事録の行政官の発言等に顕著。

れ，その上に養生網と呼ばれる金網が敷かれていたほか，各人に命綱の着装使用が促されていたことから，塗装工の墜落は二重に防止される仕組みとなっていたが，亡Aが命綱を外し，かつ，養生網の継ぎ目部分に流口部が存したことが，本件災害の直接的な原因となった。

そこで，亡Aの両親（X1，X2［原告，控訴人，上告人］）及び兄弟姉妹（X3〜7［原告，控訴人］）が，Y1，Y2を相手方として，労働契約に基づく安全保証義務違反及び不法行為を根拠に損害賠償を請求した。本件の主な争点は，①Yらの帰責事由ないし過失の有無，②直接的な契約関係のないY2が安全保証義務を負担するか，の2点であった。

1審（福岡地判昭和49年3月14日判例時報749号109頁他）は，②につき，事実上，注文者から，作業について，場所設備，機材等の提供，指揮監督を受ける以上，「被用者たる第三者のためにする契約或は請負人の雇傭契約上の安全保証義務の重畳的引受として，直接，その提供する設備等についての安全保証義務を負担する趣旨の約定を包含する」とし，

Y1には雇傭契約の内容として，Y2にはY1との下請契約の内容として，亡Aに対し，（a）命綱の慎重な使用について安全教育を施すべき義務，（b）破れや開口部その他の瑕疵がない完全な養生網を設置すべき義務があったとしたが，

Yらはこれらの義務を履行しており，本件災害は専ら禁止行為を無視し，おそらくは塗料の上げ下げのため自ら開披して生じた養生網の流口部から墜落した亡Aの過失に起因し，Yらにはなんら帰責事由はない，と結論づけた。

対する原審（福岡高判昭和51年7月14日民集34巻7号906頁）は，

②につき，確たる法律構成は示さずに，（イ）Y1・Y2間の下請契約を媒体として，（ロ）場所，設備，器具類の提供，（ハ）直接的な指揮監督，（ニ）Y1が組織的，外形的にY2の一部門の如き密接な関係にあること，（ホ）Y1の労働者の安全確保にとってY2の協力が不可欠であること，等の事情から，

「実質上請負人の被用者たる労働者と注文者との間に，使用者，被使用者の関係と同視できるような経済的，社会的関係が認められる場合には注文者は請負人の被用者たる労働者に対しても請負人の雇傭契約上の安全保証義務と同一内容の義務を負担する」との一般論を述べた上，

Y2は，ある程度その条件に当てはまるので，1審同様，本件ではYらに（a）（b）の具体的安全保証義務があるとする一方で，本件災害は監視の強化により防止し得たとして義務違反を認め，亡Aの不注意にかかる5割の過失相殺分，労災保険金既払分を差し引いた逸失利益の相続分につき，X1，X2への支払を命じた。

〈判旨〜一部破棄自判〜〉

「原審の判断は，正当として是認することができないものではなく，原判決に所論の違法はない」。

〈判決から汲み取り得る示唆〉

本条（第29条，第29条の2）に直接言及してはいないが，注文者といわゆる社外工の間に，使用関係と同視できるような経済的，社会的関係が認められる場合，注文者は社外工に対してその直接の雇用者と同じ安全配慮義務を負うことが示唆される。

イ　尼崎港運・黒崎産業事件神戸地尼崎支判昭和54年２月16日判例時報941号84頁

　元請けの安衛法第29条，第30条違反が下請の労働者に対する債務不履行に当たるとされた例である。

〈事実の概要〉

　土木工事業者であるＹ２（被告。Ｙ１の下請。Ｘを雇用した代表者個人から本件災害後に営業譲渡された法人だが，ここでは両者を同一と取り扱う）の被用者となったＸ（原告）は，Ｙ２所有の大型トラックの荷台上で，運河上の曳舟（タグボート）からの金属スクラップの陸揚げに関わる作業を行っていたところ，そのスクラップの破片が左眼に突き刺さる災害（本件災害）に見舞われた。

　すなわち，Ｘが，同僚２名と共に，前記タグボートから，Ｙ１所有の移動式クレーンにより積み込まれた金属スクラップをならしていたところ，クレーンに付けられたマグネットで荷台から１ｍ強まで引き上げて落とされたスクラップ破片が飛び散り，Ｘの左眼に突き刺さった。

　激痛のため，運転室で休もうとして，荷台前方から直接運転席へ体を移そうと，ドアの把手に左手をかけて，その下の狭い出っ張りに足をかけたところ，足を滑らせて，把手に左手を残したままぶら下がって体をねじるように滑り落ちると同時に，車体で首，肩，腰部を強打し，左眼球内異物，頸椎・腰椎捻挫の傷害を負った。

　Ｘは，然るべき治療を受けたが，本件災害から４ヶ月ほど就労不能，その後，就労可能となったが，12級に該当する障害，左眼の失明（８級）と合わせて７級の障害（労働能力喪失率56％）を残した。

〈判旨～Ｘ請求認容，一部棄却～〉

　本件作業現場は，スクラップの破片等が飛来して労働者に危険を及ぼすおそれがあったから，保護眼鏡等の保護具を使用させるべきだったのにしていなかったので，保護具等により，飛来物による危険防止措置を求める安衛則第538条に反していた。

　また，曳船からスクラップをクレーンで卸すのに，作業主任者を選任していなかったから，一定規模の船舶への一定の方法による荷の積み卸しに際して作業主任者を選任して，労働者を指揮させること等を定める安衛法第14条，同法施行令第６条第13号に反していたし，１回に300kg以上のスクラップをクレーンで運んでいたのに，作業指揮者を選任していなかったから，貨車への一定以上の重量の荷の積み卸しに際して作業指揮者を選任すべきこと，作業の手順を決定させること等を定める安衛則第420条にも反していた。

　すると，Ｙ２の代表者個人は，事業者として，前掲のような安全保護義務の不完全履行があり，Ｙ２は，その債務不履行責任を重畳的に負う。

　Ｙ１は，事業者には当たらないが（＊Ｘを雇用していなかったことを指していると思われる〔三柴注記〕），その作業場構内で，Ｙ２に下請させている関係にあって，同一作業場での元請としての作業の分担，実施の状況からすれば，

　元方事業者として，前記認定の安衛法規違反につき関係請負人の労働者に必要な指導，指示を行うべきなのに（安衛法第29条）しなかったこと，また，

　特定元方事業者としても，労災防止のために定期的な協議組織の設置，開催等の措置を講ずべ

Ⅱ 運　用

きなのに（安衛法第30条）行わなかったこと

が認められるから，安全保護義務の不完全履行があった。

したがって，Yらは各自，右債務不履行によりXに生じた損害を賠償する義務がある。

〈判決から汲み取り得る示唆〉

元請であるY1に，下請の安衛法令違反による安全保護義務違反自体について，重畳的に債務不履行責任を負わせるのではなく，法第29条違反と第30条違反を根拠に，安全保護義務違反と判断している。

その際，安衛法違反をそのまま安全保護義務違反と解している。

法第29条違反の認定に際しては，元請と下請の構内での混在作業から生じる労災の防止及び，自身も仕事を分担する（仕事を丸投げしていない）ため，仕事にかかるリスクの情報と管理権限の双方を持ち得る元方事業者を名宛人とすることで，その実効を図った同条の趣旨を汲み，構内（親企業の支配下にあって親企業の仕事を行う場所）請負関係と，作業の分担や実施状況を前提に，その適用を認めたことが特筆される。

ウ　みくに工業事件長野地諏訪支判平成3年3月7日労働判例588号64頁（帰趨不明）

下請の労働者が化学物質（ノルマルヘキサン）へのばく露で多発性神経炎に罹患した事案において，元請－下請との指示関係があったことを前提として，当該化学物質が法令上第2種に分類された有害物質であることのほか，当該化学物質を提供していたこと，過去に取扱い経験があったこと等を理由として，下請の労働者のばく露防止のための下請への指示，指導を怠ったことをもって，元請の過失責任を認めた例である。

〈事実の概要〉

X1～X3（原告ら）の3名は，K製作所（光学機器具部品加工等を業とする資本金200万円，従業員数20数名の会社）の従業員であった。

同製作所は，Y（被告：みくに工業。工作機械類の製造等を業とする資本金3000万円の会社）から腕時計針の印刷加工（本件業務）の発注を受け，Xらを従事させていた。

Yは，訴外S社から，当該業務を受注した経緯がある。これは，腕時計の針の中心線をインク印刷する業務で，インク汚れ落とし等の目的で，有機則所定の第二種有機溶剤であるノルマルヘキサンを主成分とする有機溶剤（A－ベンジン）を使用するものだった。Yは，K製作所に，本件業務に必要な機械器具，備品，治工具を無償で貸与したほか，A－ベンジンとインクを支給した。

Xらは，この業務に約4ヶ月～2年弱従事したところで，ノルマルヘキサン吸引による多発神経炎に罹患し（本件疾病），両上肢末梢の筋力低下，両下肢の筋力低下等の症状となり（本件災害），X1，X2は，稼働は困難な状態，X3は，時折手のしびれを感じるものの，労働に支障ない状態まで回復した。

なお，K製作所は，Yから本件業務を受注するまで腕時計針の印刷業務や第二種有機溶剤を使用する業務を行ったことはなかった。また，本件災害が主な誘因となり，Xらの罹患の数ヶ月後に事実上倒産した。

ノルマルヘキサンのような第二種有機溶剤については，

事業者に対し，

・発散源の密閉設備や局所排気装置の設置（有機則第5条）

・屋内作業場の気積を原則として10㎥／人以上すべきこと（安衛則第600条）

・6ヶ月に1回以上の特殊検診（安衛法第66条第2項，安衛令第22条第1項第6号）

・作業環境測定の実施（法第65条第1項，安衛令第21条第10号，有機則第28条第2項）

・有機溶剤作業主任者の選任等（法第14条，有機則第19条第2項，第19条の2）

の定めがあった。

　Xらの疾病は，罹患の半年ほど後に業務上と認定された。

〈判旨～X請求一部認容～〉

　Yは，K製作所に本件業務を請け負わせる前後に，本件業務の作業手順について研修指導したが，ノルマルヘキサンの有毒性にかかる対策の必要性を十分に認識していなかったため，その人体への影響や取扱い上の注意事項等を指導しなかった。

　K製作所は，本件業務を請け負った当初は旧工場で作業を行い，その後，同じ市内の新工場で行ったが，

　先ず，Yは，新旧工場での業務に際して，作業環境整備を助言，指示したことはなく，ノルマルヘキサンによる中毒防止のための局所排気装置の設置や気積の確保の必要性等について指導したこともなかった。

　K製作所は，本件業務に使用する有機溶剤が，第二種有機溶剤に指定されているノルマルヘキサンを主成分とすることも，認定事実に記載した事業者として講ずべき法定の義務も全く認識していなかった。

　そのため，新旧両工場において，局所排気装置を全く設置せず，気積は，新工場では5.94㎥／人しか確保せず（旧工場でも10㎥未満），6ヶ月に一度は行うべきノルマルヘキサン濃度の測定もせず，費用がかかるため，Xらに特殊健診も受けさせなかった。また，有機溶剤作業主任者の資格取得者はいたが，実際にその業務には従事させなかった。

　Xらの本件疾病は，K製作所が局所排気装置を設置せず，気積を十分に確保しなかったこと等により発生したものである。

　YとK製作所は元請・下請の関係にあり，Yは，自身の工場内で，K製作所の従業員に作業手順を研修指導したこと，本件業務に必要な機械器具，備品等を無償で貸与し，A－ベンジンとインクを支給したこと，Yは長年ノルマルヘキサンを使用する腕時計針の印刷業務を行って来たのに対し，K製作所は，本件業務を下請けするまで，その業務経験はなく，第二種有機溶剤を使用する業務経験もないこと等の事実を総合すると，YとK製作所は，本件業務については実質的に使用関係と同視し得る関係にあった。そして，A－ベンジンに含有されているノルマルヘキサンは，第二種有機溶剤であり，その取扱いについては法規則等で厳格に規制されているのだから，Yは，その有害性及び対策の必要性を十分認識し，本件業務に従事するK製作所の従業員がYの支給するA－ベンジンによって中毒症状を起こさないよう，同製作所に認定事実所掲の法定諸

Ⅱ 運　用

措置を講じるよう指示・指導する注意義務があった。

　しかるにYは，その強い毒性や対策の必要性に気づかないままA－ベンジンをK製作所に支給し，前記指示・指導をしなかったのであり，当該過失により，K製作所は，本件業務で使用していた溶剤の有毒性や対策の必要性の認識を欠き，局所排気装置を設置せず，十分な気積を確保しなかったこと等のため，Xらがノルマルヘキサン吸引による多発性神経炎に罹患したのだから，Yは，民法第709条により，その損害の賠償義務がある。

〈判決から汲み取り得る示唆〉

　本件災害の直接的な加害者は，言うまでもなく，K製作所だが，事実上倒産していたため，Xは，元請であるYを相手方として賠償を求め，裁判所も，その責任を論理づけようとしたケースと言える。

　直接の言及はないが，法第29条の趣旨に近い趣旨を不法行為法上の注意義務とした例と解される。とはいえ，Yは，訴外S社から受注した業務を，そのままK製作所に丸投げしたようなので，法第29条が名宛人とする元方事業者（仕事の一部を自ら行う者）には当たらない。

　そこで，

　①Y－K製作所が元請・下請関係にあること，②K製作所の従業員に作業手順を教育指導したこと，③労働手段である機械器具，備品等を無償貸与したこと，④本件災害の原因であり，作業上の原料でもあるノルマルヘキサンを含有するA－ベンジン等を支給したこと，⑤Yには，当該物質の取扱い経験があり，K製作所にはなかったこと等を根拠に，

　元請であるYには，法第29条が定めるような，K製作所による法定諸措置にかかる指示・指導の注意義務があるとした。

　このうち④からは，法第57条の2が定める，化学物の危険有害性情報（化学物質のハザードやリスク，対応策等に関する情報）の提供義務の趣旨を民事事件に反映したもの（ただし，Yが同条の譲渡提供者に当たるかは議論の余地があろう）との評価も可能だろう。

　本件では，発注者である訴外S社は，元より被告とされていない。

　これは，②③④の関係がなかったことに加え，自ら仕事の一部を行う者でなく，安衛法第29条が名宛人とする元方事業者にも元請にも当たらないこと，おそらく，ノルマルヘキサンの取扱い経験もなく，ほぼ純粋な発注者であったことによると思われる。

■事件に関する技術専門家の意見

1）事実関係について

　　2）に同じ。

2）判決について

　　法的な責任関係はともかく，実質的には被災者の雇用主だった2次下請が廃業したため，1次下請に責任の追及と認定が集中したように思われ，本来は2次下請がより大きな責任を負うべき事案だと思う。判決は2次下請の化学物質にかかる知識不足を言うが，かなり環境の悪いところで働かせ，現に短

期間で重い中毒症状がみられたので，何とかできたように思われる。ただ，確かに上位の注文者側が協力会社等に危険の下請化のようなことをしてしまうこともあるので，必要な情報提供，指導はすべきだと思う（北口）。

　事実経過をみると，民事的処理として納得できる判決ではある。自身も注文者側にいた立場で，受注者側の協力会社との関係でなすべきこと（情報提供，指導等）について考えさせられる。法人が違っても，安全面については同じ人間という認識を前提にすべきだと感じる（尾崎）。

3）未然防止策について

　特に化学物質管理は専門的で，SDS作成１つとっても，個々の小さな請負企業では無理なことが多い。元請企業が自社の社員と併せて下請企業の社員の安全教育を一緒に行うことはよく行われているし，下請企業の安全管理を監査するような例もあるので，そうした例を一般化することが望ましいと思う（尾崎，湯本）。

湯本公庸氏（安全工学会事務局長），日本化学工業協会より北口源啓氏（旭化成株式会社環境安全部労働安全グループ長），尾崎智氏（日本化学工業協会環境安全部・RC推進部管掌常務理事）

2.30　第30条（特定元方事業者等による一の場所の統括管理義務）関係

【監督指導状況】

　法第30条は，土木・建設業ではそれなりに違反が指摘されている条規であり，違反による送検を示す令和２年公表「労働基準関係法令違反に係る公表事案」によれば，令和元年６月１日から１年間で１件にとどまっていたが，是正勧告を典型とする違反の指摘件数を記した「令和２年労働基準監督年報」の定期監督等実施状況・法違反状況（令和２年）では，合計734件となっていた。

　①大手建設会社Ａが元請となった下水道工事現場で，Ａの監督員２名のもと，下請土木業者Ｂの代表（土止め支保工作業主任者及び地山掘削等作業主任者資格あり）が作業指揮し，

　Ｂ雇用のＸと同僚が掘削溝に入り，下水管敷設工事を行っていたところ，

　本来，先に土止めをしてから掘削すべきところ，（周辺の住宅への騒音・振動等を避けるため）行わなかったこと等から，側壁が崩壊し，Ｘが生き埋めとなり，重傷を負った。

　災害原因は土止めをせずに掘削溝に入った作業手順の不備にあり，

　ＡからＢに殆ど丸投げ発注され，監視も十分に行われていなかったこと等を踏まえ，

　Ａは，作業計画書の不備，下請人への指導の欠如等による法第30条第１項第５号（安衛則第638条の３）違反の疑いで書類送検された。

　Ｂも別途送検されている（労働調査会編著『建設業編安衛法違反による送検事例集第１集』（労働調査会，2001年，78-79頁）。

　②雇用主である事業者を名宛人とする規制の適用可能性と共に，それが困難な場合に備え，本

Ⅱ　運　用

条の適用が検討された例がある。

　すなわち，元方事業者Ｙが，Ａを現場責任者として河川改良工事を実施する際に，

　Ｙ設置の車両系建設機械をその労働者Ｍに運転させていたが，

　接触危険個所に立入禁止，誘導者の配置等の危害防止措置を講じなかったため，

　下請労働者が立入り，被災した事案につき，河村産業所事件（鍋田農協倉庫倒壊事件）名古屋高
判昭和47年2月28日判例時報666号94頁を参考に，

　Ｙの法第21条（安衛則第158条）違反が検討されると共に，

　混在作業が同一の場所で行われていたことを前提に，Ｙの法第30条所定の統括管理義務違反が
検討された（ただし，帰趨は不明）（法務省刑事局・労働省労働基準局『労働基準法等違反事件捜査処理に関
する協議会資料』〔昭和50年〕）。

【関係判例】
①刑事事件
幸陽船渠事件広島高判昭和53年4月18日判例時報918号135頁（1審：尾道簡判昭和52年6月23日注解
労働安全衛生関係法令解釈例規集9-2巻第7編第2章5114頁，上告審：最1小判昭和55年2月21日注釈
労働安全衛生関係法令解釈例規集同上5112頁）

　関係請負人の労働者のみが作業を行っていたタンカー建造中の作業場で生じた足場にかかる災
害につき，第30条第1項が定める「同一の場所」を広く船殻（船の骨格と外郭）作業場と解するこ
とで，特定元方事業者や，その担当部門の統括安全衛生責任者（課長）の補佐役の刑事責任を認
めた例である。

〈事実の概要〉

　詳細は不明だが，おそらく，タンカー建造中のタンカー内の船殻（船の骨格と外郭）作業場のう
ち，おそらく特定元方事業者の管理が行き届かない場所で複数の関係請負人の労働者が足場変更
工事（以下，「本件工事」という）を行っていたところ，その場所に別の関係請負人の労働者が立ち
入り，何らかの危険行為により，足場にかかる物か人が落下／墜落する等して死亡したもの（以
下，「本件災害」という）と察せられる。

　これを受け，その作業を伴う仕事の特定元方事業者（被告人会社）の担当部門（船殻工作部外業課）
の統括安全衛生責任者だった課長を補佐する立場にあって，本件作業現場を指揮していた被告人
Ｍが，本件工事を下請け業者Ｏ工業の労働者Ｔらに指示する際に，当該工事区域内への関係労
働者以外の立入りを禁止して，その旨を分かり易く掲示したり，看視人を置いて関係者への周知
徹底を図る等しなかった点で，安衛法第30条第1項第2号及び，同規定を具体化して，特定元方
事業者－関係請負人間及び関係請負人相互間の連絡及び調整義務を定めた安衛則第636条に違反
したとして，法第120条に基づき，罰金1万円の支払いを命じられた。他方，被告人会社は，安
衛法上の両罰規定（第122条）に基づき，金3万円の支払いを命じられた。

　これに対して，被告人Ｍが，安衛法第30条第1項が定める「同一の場所」について，複数の関
係請負人のみによって本件工事が行われていた建造中の船舶の右舷のウィングタンクに限られる

べきで，本件災害に同条の適用はなく，本件災害の刑事責任を負うべきは，足場作業主任者で
あった被告人会社の別の従業員や関係請負人の従業員であるなどと主張して争った。

〈判旨～Mによる控訴棄却～〉

1）安衛法第30条第1項の適用の是非について

Mは，安衛法第30条第1項にいう「同一の場所」とは，当該作業により何らかの安全上の影響
を受ける可能性のある範囲内の場所を言い，本件ではO工業により足場変更工事が行われていた
右舷ウィングタンク内に限られるべきなのに，船殻作業場全域を「同一の場所」とした原判決は，
法令の解釈適用を誤っているとする。

よって検討するに，安衛法第30条及びこれを受けて制定された安衛則（特に第636条）の趣旨は，
同一場所で特定元方事業者や関係請負人の労働者が混在作業をしている場合には，これら労働者
間の連絡調整の不十分さ等から数多の労災が発生しているため，特定元方事業者に安全管理の交
通整理ともいうべき役割を積極的に行わせることにより，そうした労災から下請労働者をできる
限り広範囲にかつ適切に保護しようとしたものと解すべきであって，同法条にいう「同一の場所」
の範囲も，仕事の関連性，労働者の作業の混在性及び統括安全衛生責任者の選任を定めた同法第
15条の趣旨をも併せ考慮して目的論的見地から決定されるべきものであり，本件においては，そ
の範囲は，前記船殻作業場全域を指すものと解するのが相当であって，これを所論のように本件
災害発生現場である右舷ウィングタンク内に限定すべきとは考えられない。

2）刑事責任を負うべきはMではなく，被告人会社や下請事業者の足場作業主任者らであるか
否かについて

足場作業主任者でもあった被告人会社従業員Nは，混在作業間の連絡調整義務及び足場作業に
かかる危険防止のための連絡調整等の義務を負い，下請のO工業の従業員Hも，足場作業主任者
として，足場作業にかかる同様の義務を負う一方，被告人会社は，その従業員，下請の責任者，
足場作業主任者等に，足場作業の際の危険防止措置について十分指導教育しているので，Mから
N，NからHに本件作業を指示した際，暗黙に労災防止措置の実施が伝達されていたにもかか
わらず，Mが必要な措置を講じずに本件作業をさせたと認定した原審は事実誤認を犯したとする。

しかし，原審の認定事実に誤りは認められない。

確かに，Nの立場と負う義務，Hの立場と負う義務，被告人会社が行った教育内容は，Mの主
張の通りだが，Mは被告人会社船殻工作部の係長として，同課の安全管理者である課長を補佐
する立場にあって，作業の実態を認識した上，作業間の連絡調整を行うにつき必要な措置を講じ
る義務を負っていた。しかし，MがNに本件足場作業を指示した際，関係請負人に同作業の実
施につき連絡しておらず，Nにも本件足場作業場周辺の立入禁止等の安全確保措置を具体的に指
示していなかった。

たとえ，N，Hに上述のような措置を講じる義務があり，被告人会社から足場作業にかかる危
険防止措置につき指導教育を受けていたとしても，足場作業における墜落事故が発生し易い状況
にかんがみ，M自身も，災害防止の徹底のため，関係請負人に本件作業の実施を連絡し，Nに周
辺への立入禁止措置を講ずるよう明確に指示するなどの措置を講じなければならなかった。

Ⅱ　運　　用

〈判決から汲み取り得る示唆〉

　法第30条は，混在作業に伴う関係請負人の労働者間の連携ミス等による労災の発生を防止するため，元方事業者による統括管理（交通整理）を図っており，同条にいう「同一の場所」も，その目的に沿うように，広めに解釈され得る。その結果，元方事業者（の法履行担当者）がいない場所も，それに該当する場合が生じ得る。

　法第30条第1項違反により，現場監督者本人は第120条に基づいて処罰され，その雇用主は，第122条（両罰規定）に基づいて処罰され得る。

■事件に関する技術専門家の意見

1）事実関係について

　　船殻内で人が落ちたのだろうが，データベースの事件情報のみでは状況がよくわからない。おそらく，足場作業中に予定外の者がその場に立ち入って，その者か作業中だった者が落ちたのだろう。

2）判決について

　　船殻内作業で元方事業者が統括管理すべき「同一の場所」については，安衛法制定時に発出された通達（昭和47年9月18日基発第602号）において，船殻の全域と明記されているので，判決は妥当であり，むしろ被告の主張に無理があるように思う。

3）未然防止策について

　　本件が足場の災害なら，組立・変更・解体中の足場については，作業者以外の立入禁止措置を講じるべきことは法定されているし，現に有効なので，実施すべきだった。

　　そしてやはり，元方事業者が，本件災害のようなリスクについて関係者に連絡調整すべきだった。

宮澤政裕氏（建設労務安全研究会）

②民事事件

ア　エム・テックほか事件高松地判平成20年9月22日労働判例993号41頁（控訴審：高松高判平成21年9月15日でも1審判決が支持され，1審原告と1審被告のうちエム・テックが上告したが，上告棄却，上告不受理となった）

　特定元方事業者である建設業の元請が，孫請に派遣されて就労していた未成年労働者の足場からの転落災害につき，安全帯装着の指導，安全帯・親綱の支給，下請・孫請等での作業工程協議，作業手順の決定，頻回の巡視など法第29条，30条が定める措置を一定程度履行しており，刑事事件としては不起訴処分となったが，安全配慮義務違反に基づく民事損害賠償請求事件では，所属する巡視者が安全帯を装着しつつも親綱に固定していなかった被災者を認めながら，その固定を確認せずにその場を立ち去ったこと等が安全配慮義務違反に当たるとした例である。

〈事実の概要〉

X（1審原告）は、17歳でY5（第1派遣元）に雇用され、Y1が請け負った大規模工事の一部作業に派遣労働者として当たっていた。すなわち、大規模な橋梁設置工事を請け負ったY1（エム・テック）の孫請であり、主に現場指揮をしていたY3に対し、Y4を介してXら労働者を派遣していたのがY5であった。本件災害は、Xが、橋脚（2径間以上の橋梁の中間部で上部構造を支えるもの）の高さ8.24mに設置されていたステージ上（本件現場）で型枠支保工の解体作業中、安全帯を繋ぐ親綱を張る手すりが外され、足場の隙間にビニールシートが被っていたため、そこを踏み抜いて落下し、労働能力14％を喪失する後遺障害を残す重傷をもたらしたものである。

Y1は、本件現場に監督事務所を設置して所長Lを常駐させた上、作業工程ごとにY2、Y3、Y4らと打ち合わせし、協議の上、本件現場の作業手順を決め、監督事務所の担当者（MNOCら）に頻繁に現場巡視させており、本件災害の直前にもCが巡視で本件現場下を通りかかり、安全帯を繋ぐ親綱を張る手すりが外された状態で高所作業する者を認めて口頭で注意すると共にY3代表に電話連絡を試みていた。本件工事に際しては、CからLに解体作業手順書が渡され、そこには手すりの撤去は最後に行うべきことや安全帯の安全使用等の記載がされ、Y3代表のサインも付されていた。本件災害前日にY3代表とY4が派遣した職長がY1に行った報告に、手すりの解体は荷下ろし完了後に行うことも含まれていた。当日の朝礼でも、Y1担当者からXに危険個所での作業時の安全帯の装着が指示されていた。

本件災害現場でXは、解体された材料を1か所に集める作業に従事していたが、クレーンを奥まで差し入れて効率的に資材を移動させるため、Y4が派遣した職長BがY3の許可を得て手前の手すりを撤去した。前述の通り、本来、この手すりに安全帯の親綱を張るはずだったが、この際、Y3は、代わりの親綱設置位置等を指示しなかった。

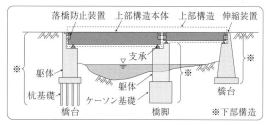

（国土交通省「橋梁の基礎知識と点検のポイント」より作成）

【足場の張出し部】

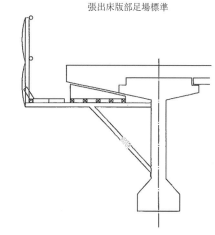

（一般社団法人プレストレスト・コンクリート建設業協会のウェブサイトに登載されたPCコンポ橋に関する説明文書 https://www.pcken.or.jp/pdf/pdf/poconbosekisan.pdf 最終閲覧日：2024年7月30日）

Ⅱ　運　用

　以上の経過を前提に，XがYらを相手方として安全配慮義務違反に基づく損害賠償請求をした。また，Y3，Y3代表，Y5は，おそらく年少者の危険業務就業制限を定めた労基法第62条違反で罰金刑を受けた。Y1代表は，事情聴取を受けたが，不起訴処分となった。

〈判旨～X請求一部認容～〉

　Y1は，前掲のような安全管理をしてきたが，C（Y1の現場担当社員）は，作業手順を逸脱して安全帯の親綱を張る手すりが外されたまま高所作業をしている作業員に気づいたのに，口頭で注意するにとどめ，彼らが安全帯を使用できるようにするのを確認せずにその場を離れたこと，口頭での注意も，その現場の責任者らに個別に明確な指示をするなど具体的な指示をすべきだったのにしなかったこと，CからY3代表に連絡がとれるまでは，転落の危険のある付近での作業を全面的に中断させ，その場の作業員全員に個別に指示を行き渡せるべきだったのにしなかったこと等の安全配慮義務違反がある。

　Y3は，Y4のBほか作業員らに作業内容等の具体的指示をしていたから，Y3は，Xへの安全配慮義務を負う。Y3代表は，手すりを外して作業を進めることを許可したのに，撤去の範囲や順序，手すり下部の作業板の処置，安全帯にかかる親綱を張る位置等の安全上の措置について現場で具体的指示を怠った以上，安全配慮義務違反がある。

　Y4については，通常，労働者に直接指揮命令しない派遣元は，安全配慮義務を負うとは限らないが，派遣先の事業場の危険性を知りながら派遣した場合などにはその責任を負うところ，その危険性の高さから建設業務での派遣事業は禁止されている以上，その安全性を実地で確認した等の特段の事情のない限り，同義務違反となる。Y4はこれを怠ったし，Y4が派遣した職長Bは，Y3代表の許諾を得て手すりの除去をしながら，Xらに親綱を張って安全帯を使用するための具体的な指示をしなかったこと等から，安全配慮義務違反がある。

　派遣元であるY5についてもY4と同様のことが言えるところ，Xを17歳と知りつつ雇用し，18歳未満の者について禁止されている高所作業等（労基法第62条，年少者労働基準規則第8条第24号，第25号）に就労させ，なおかつ本件現場で安全性の確認をしなかった以上，安全配慮義務違反がある。

　他方，Xは，本件災害当日の朝のミーティング等に参加し，Y1の担当者から安全帯の使用を指示され，安全帯及び親綱が支給されたこと，年齢を虚偽申告して稼働したこと等から，1割を過失相殺する。

　Y1は，X－Y1の間の過失割合を認定する際には，他の被告や作業員ら，中間者の過失を除外（他者の過失の災害への貢献分を除外）すべきと主張するが，被害者保護の趣旨に照らし採用できない。

〈判決から汲み取り得る示唆〉

　民事損害賠償訴訟では，安衛法上の元方事業者向けの規制が，元方事業者の安全配慮義務違反を認める上で有効に働く（本件では，安衛法第29条，第30条違反＝元方事業者の安全配慮義務違反と判示されている）が，刑事事件では，関与の強さ，悪質性や結果の重大性などがなければ起訴には至らない（元方事業者については，第29条第2項，第30条第1項第6号の違反，個々の事業者については，第

94

21条第2項，第25条違反が検討されただろうが，本件でY3とY5が刑事処分を受けたのは労基法違反だから，年少労働者に高所作業を行わせたことによると思われ，安衛法違反によるわけではない）。直接の指揮命令関係や契約関係にない元方事業者であって，なおかつ，本件におけるように，その元方事業者が，ミーティングや危険予知活動の実施など，法第29条，第30条の定めを一定程度遵守している例では尚更といえる。

　派遣元は，派遣労働者に指揮命令しないので，当然に安全配慮義務を負うわけではないが，派遣先での就労の危険性を認識すべき場合には，自らその就労の安全性を確かめる，自身が現場に設置した担当者が不安全な状況を創出した場合には，適切な安全対策を講じる等の義務を負う。

　本判決は，要するに，

　Y1（の現場担当者）は，巡視の際に，Xらが安全帯を適正に使用していなかったのを発見したのだから，

　現場の責任者や職長に対して個別に明確な指示をすべきだった，

　現場監督者に連絡がとれるまで，作業を中止させるなど，安全優先の措置を講ずべきだったのに怠ったこと，

　Y3は，Y4から派遣されたBを通じてXらを指揮命令し，その代表が手すりを外すことを許可した以上，

　外す手順，親綱の設置箇所を明示する等の墜落防止措置を講ずべきだったのに怠ったこと，

　Y4とY5は，Xの派遣元ないし雇用主として，Xの就業先に危険性が窺われる以上，

　自ら現地に赴いて安全性を確認すべきだったのに怠ったこと，

　特にY4の場合，自ら派遣した職長のBが手すりを外すことをY3代表に求めた経過からも，安全帯を繋ぐ親綱の固定を確保すべきだったのに怠ったこと

　をもって安全配慮義務違反と評価している。

イ　山形県水産公社事件最1小判平成5年1月21日判例時報1456号92頁（1審：新潟地判昭和61年10月31日労働判例488号54頁，原審：不明〔判例集未登載と思われる〕）（破棄差戻後帰趨不明）

　船舶の機関室内での冷蔵庫の冷媒（アンモニア）による関係請負人の従業員の中毒等による死亡等をもたらした仕事の発注者（船舶保有者）には，安衛法第30条第2項が定める第1項の特定元方事業者による統括管理の履行担当者（統括安全衛生管理義務者）の選任義務違反は認められるが，それと本件災害の間に相当因果関係は認められず，その過失責任はないとした例

〈事実の概要〉

　Y1（山形県水産公社：1審被告，控訴人，上告人）は，保有する漁業用船舶栄久丸（約360トン）について，船舶安全法施行規則第24条が定める定期検査を受けるための準備作業のうち，

　・機関に関する準備を除く事項，艤装（船に原動機等の部品を取り付ける作業），錨のチェーンの点検等船舶の安全に関する基本的設備に関する事項をY2（株式会社山形造船所：1審被告）

　・同じく機関に関する事項等をY3（酒田船用機器整備センター：1審被告）

　・同じく冷凍装置の整備点検作業等をY4（株式会社テイオン：1審被告）

Ⅱ 運 用

に発注した。このため，栄久丸内で，複数の請負人が縦横に混在して作業することとなった。

なお，Ｙ３は，Ｙ６（新協鉄工所：１審被告）から派遣されてきたＨとＳ，Ｙ７（岩浪工業：１審被告）から派遣されてきたＫとＴを指揮し，栄久丸の機関室内で就業させていた。ＨＫＴＳは，いずれもＹ６，Ｙ７との雇用関係を維持していた。

栄久丸の冷凍装置は，アンモニアを冷媒としており，装置内で液体をガスに変化させる際に周囲の熱を奪う性質を利用して冷凍機能をもたらしていたが，圧縮機（コンプレッサー。ガス化した冷媒を液化できる程度まで圧縮し，圧送する機械）のピストン用の潤滑油がアンモニアガスと混じることがあるため，装置内の複数の部品（オイルセパレーター〔オイルの分離器〕，レシーバー〔液化したアンモニアから不純物を除く機器〕等）に，潤滑油を排出するためのドレン抜き弁が付設されていた。

アンモニアは，人体に接触すると炎症を起こし，吸入した場合には呼吸困難や中毒等の危害を及ぼす特定化学物質であり，安衛法上の第三類物質の１つとされている。また，同法の実施を図る特定化学物質等障害予防規則第22条は，特定化学物質等にばく露する危険のある作業を行う際に必要な措置を10項目にわたり規定している。

そこで，Ｙ１のＭ機関長とＹ３のＡ取締役・工場長の間で，Ｙ４が圧縮機（コンプレッサー。ガス化した冷媒を液化できる程度まで圧縮し，圧送する機械）のオーバーホール等，アンモニアガスが発生する作業を行う際には，Ｙ３の作業を中断して作業員を船外に出すこととされていた。

Ｙ４は，受注した業務の一環で，従業員のＹ５（１審被告）に，栄久丸の機関室で，当該冷凍装置のコンデンサー（圧縮機）のチューブの清掃等を行う準備作業（当該チューブからの水抜き，防蝕亜鉛板の数，形状の調査等）を命じた。

この作業自体，アンモニアガスに関わるものではなかったが，Ｙ５は，Ｍ機関長から，コンデンサーの潤滑油が冷凍装置内に溜まっている旨の話をきいたことを受け，この機会にコンデンサーから油抜きをしようと考えた。その時点で，機関室内にはＹ３関係の作業員10名が作業していたが，事前にＭ機関長や機関室の他の作業員には知らせず，油受け用の空缶を置いて，コンデンサー下部のドレン抜き弁を開けて油抜き作業を始めた。Ｙ５は，アンモニアガスの有毒性や，その漏出防止には，その水溶性を利用して，ホースで相当量の水の中に導く方法が有効であることは知っていたが，過去の経験から，油の排出後にガスが流出し始めた瞬間にドレン弁を閉めれば良いと考えていた。

しかし，Ｙ５がドレン抜き弁の開閉を数回繰り返したところで突然アンモニアガスが噴出し，短時間内に機関室内に充満して，同室内で作業をしていた前記の作業員Ｈは中毒，ＫとＴは呼吸不全，Ｓは腐敗性肺炎で死亡した。

そこで，彼らの遺族が，Ｙ１からＹ７を相手方として，不法行為に基づく損害賠償を請求した。１審には，原告及び被告の違いから，３事件別個に提訴されたが，審理は併合されて別個に判決が言い渡された。

１審は，要約，以下のように述べ，Ｙ５を主な過失責任者とした上，Ｙ４の使用者責任，Ｙ１の過失責任を認めた。

すなわち，先ず，直接的な加害者であるＹ５につき，法令が危害防止措置の名宛人としている

事業者や，危険作業の安全管理等を託している作業主任者と並び，または独自にアンモニアの漏出防止措置をとるか，他の作業員に漏出の危険性を知らせて作業場所から退避させる等の注意義務があったが（＊本来，その仕事を請け負った事業者や作業主任者が負う注意義務を，自ら引き受けたということ〔三柴注記〕），怠った過失があった。

　Ｙ５の油抜き作業は，Ｙ４の請け負った冷凍装置の整備点検業務に関連して行われたので，Ｙ４はＹ５の不法行為につき使用者責任を負う。

　Ｙ３については，そもそもＹ１から請け負った業務は，アンモニアガスとは直接関わりなく，Ｙ６，Ｙ７から派遣され，機関室で働くHKTSを指揮していたＡ取締役・工場長が，アンモニアガスを発生させるようなＹ５の油抜き作業を知らず，そのことに帰責事由もなかったため，不法行為は犯しておらず，よって，使用者責任を負う理由もない。確かに，Ｙ３が請け負った作業の場所（機関室）にアンモニアを冷媒とする冷凍装置の配管等があったから，アンモニアガスの危険性や漏出防止の指導，漏出した際の避難方法の確保等の措置を講じる義務があったが，Ａ取締役・工場長は，作業開始前に作業内容や注意事項を確認して冷凍装置への接触をしないよう注意していたこと，Ｙ１のＭ機関長とＹ３のＡ取締役・工場長の間で，Ｙ４が圧縮機のオーバーホール等を行う際には，Ｙ３の作業を中断して作業員を船外に出すこととされていたこと，船外退避のための通路が確保されていたこと等から，過失は認められない。

　Ｙ２は，栄久丸の整備点検の元請ではなく，Ｙ４やＨ・Ｋ・Ｔ・Ｓとの使用従属関係も認められないので，責任はない。

　Ｙ１は，栄久丸の整備点検をＹ２，Ｙ３，Ｙ４に分割発注し，その結果，その従業員が同一場所で作業を行うことになったから，安衛法第30条第２項前段の特定事業の仕事の発注者に該当する。しかし，同条規に基づき，請負作業間の連絡調整，作業場所の巡視を行う請負人の指名（「本件指名」）を怠り，専ら請負人に作業方法を一任していた。また，それが行われていれば，Ｙ５の行うべき作業が明確化し，思い付きによる作業も防げたはずなので，過失があり，不法行為責任を負う。

　Ｙ６，Ｙ７については，Ｈ・Ｋ・Ｔ・Ｓに対して労働契約上の安全配慮義務を負うが，彼らの指揮命令はＹ３が行っていたし，（Ｙ３が同義務を履行すればＹ６，Ｙ７の同義務も履行されたことになるところ，）Ｙ３には同義務違反が認められない。また，Ｙ５の油抜き作業を認識していた証拠もないので，過失はない，と。

　これに対して，おそらくＹ１のみが控訴したところ，１審と同様に，本件災害の主因は，Ｙ５が余計な油抜き作業を行いながら，漏出防止措置も他の作業員への作業の告知も行わなかった過失にあるが，Ｙ１は，安衛法第30条第２項に基づき，請負作業間の連絡調整，作業場所の巡視を行う請負人を指名する義務があるのに怠り，専ら請負人に作業方法を一任していた。また，それが行われていれば，Ｙ５の行うべき作業が明確化し，思い付きによる作業も防げたはずなので，過失があり，不法行為責任を負うと判断した。

　そこで，Ｙ１が上告した。

II　運　用

〈判旨～原判決破棄差戻～〉

　本件では，確かに，災害発生当時，栄久丸の機関室で，Ｙ３とＹ４の作業が並行して行われていたが，もともとＹ４がアンモニアガスを取り扱う作業をするときはＹ３の作業を中止してその作業員を船外に出すこととされており，本件災害の原因となった油抜きは，Ｙ５の行う予定だった作業内容には含まれていなかった。

　してみれば，仮に安衛法第30条第２項前段に基づき本件指名がなされていても，Ｙ５の思い付きによる予定外の危険作業まで予測できないし，被指名者が予め請負作業間の連絡調整をすることで，Ｙ３とＹ４の作業の並行を避けられたとも言えない（下線は報告者が添付した）。このことは，Ｙ５の行った油抜き作業がＹ4の請け負った作業と関連性があったとしても同様である。また，被指名者により同条所定の作業場所の巡視がされたとしても，右巡視の頻度は作業日毎に１回以上でよい（安衛則第637条第１項）ので，Ｙ５の行為の現認は殆ど期待できない（下線は報告者が添付した）。

　よって，Ｙ１による本件指名の懈怠と本件災害間には相当因果関係がない。

〈判決から汲み取り得る示唆〉

　民・刑事法及び行政法の責任論は異なる。安衛法の刑事・行政法的側面は，予防目的なので，理論的には，法違反さえ認められればよく，損害の発生や，損害との相当因果関係は不要。

　逆に言えば，安衛法上，元方事業者に求められた統括管理義務や，危険性の高い特定事業の発注者に課された統括管理義務の履行担当者の選任義務は，それを怠ったからといって，必ずしも損害（労災）に結びつくとは限らないが，安全行動を誘うための秩序づくりのため，予防的に定められたということ。

　本件では，Ｙ１とＹ３の間で本件取り決め（＊Ｙ４の危険作業中はＹ３支配下の作業を止める〔三柴注記〕）が交わされていた点で，然るべき対策が講じられていたと評価された点が相応に結論に影響したように思われる。

■事件に関する技術専門家の意見

１）事実関係について

　　本件でＹ５が行ったような「お節介作業」は，よく行われる。その気持ち自体はよくわかる。

２）判決について

　　最高裁の結論は理解できる（篠原，岩村，前村）。

　　仮に本件で，雇用主（事業者）のＹ４からＹ５に抽象的であれ，ドレン抜き作業について指示されていれば，アンモニアが特化物である以上，当該雇用主（事業者）に作業主任者の選任が求められ，特化則第22条所定の諸措置も求められる。法第59条第２項所定の作業内容変更時の教育も求められる。元方事業者が指示していれば，それらの法令を遵守させる義務，統括管理の義務を負うことになる（法第29条，第30条）。民事なら発注者を含め，なおさらに安全配慮義務としてそうした義務を負うだろう。

　　なお，建設業であれば，いわゆる元方指針（「建設業元方事業者による建設現場安全管理指針」平成7

年4月21日基発第267号の2）に，元方事業者が，新規入場者に場のリスクを教育するよう定められているので，それを怠れば，少なくとも民事上の過失責任は負うだろうが，発注者責任までは問い難いだろう（篠原）。

3）未然防止策について

　本人がアンモニアのリスクを承知しながらこのような作業を行ったことが最大の問題だろうが，雇用主であるＹ４による教育は実施できたはず。SDSによるリスクコミュニケーションも図れたのではないか（岩村）。

篠原耕一氏（元監督官，京都労務トラスト代表），岩村和典氏（ニッポン高度紙工業株式会社），前村義明氏（My社労士事務所，労働衛生コンサルタント）

2.31　第31条（建設物等の物の安全にかかる注文者の講ずべき措置）関係

【監督指導状況】

　法第31条は，比較的多く違反が指摘される条規であり，違反による送検件数を示す令和2年公表「労働基準関係法令違反に係る公表事案」によれば，令和元年6月1日から1年間で22件あった（違反件数が第21条，第20条，第100条に次いで多い）。是正勧告等の違反指摘を示す「令和2年労働基準監督年報」の定期監督等実施状況・法違反状況（令和2年）でも，合計4130件となっていた。

　建設現場での足場や開口部からの墜落防止対策が不十分な場合等に，

　事業者に法第21条違反を指摘するのに合わせ，注文者に法第31条違反を指摘することが多い（令和2年度厚生労働科学研究による行政官・元行政官向け法令運用実態調査〔三柴丈典担当〕）。

　玉泉孝次氏（元労働基準監督署長）も，下請違反で元請も同時に送検できる便利な条規であり，送検の実績づくりにもなるため，そうした運用がよくなされるとする。

　匿名ながら，「労働基準監督年報」に掲載される監督件数は，1つの現場であっても，複数の業者（元請，下請，孫請等）に是正勧告等を行えば複数件の監督とカウントされるため，こうした法運用が監督機関としての実績になる面もあるとの意見もあった。

　違反指摘の具体例には以下のようなものがある。

　木造半地下2階建ての住宅工事現場で建築工事を請け負っていた2次下請Aの現場責任者X（Aの専務であり，現場責任者）が，

　現場で建築中の建物の1階床上から地上に降りようと，鋼製足場板（長さ4m，幅32cm）を途中までわたり，山積みされていた木片（「ころび止め」。足場板との間に約80cmの段差があった）を階段代わりにして地上に降りようとして足を乗せたところ，崩れてバランスを失い，開口部から3mほど下の地下まで墜落し，脳挫傷で死亡した。

　原因として，開口部に手すりや覆い，囲い等の墜落防止措置が講じられていなかったこと，本

Ⅱ　運　用

人が仮置きの木片を階段代わりにしたこと，保護帽を着用していなかったこと，元請が下請に安全指示を出していなかったこと等が考えられたことから，

元請は，安衛法第31条第1項（安衛則第653条第1項）違反，Aとその社長は法第21条第2項（安衛則第519条第1項）違反で送検された（労働調査会編著『送検事例と労働災害平成12年版』〔〔労働調査会，平成12年〕34-35頁）。

2.32　第31条の4（注文者から受注者への違法な指示の禁止）関係

【監督指導状況】

マンションの管理組合から受注した建物の外壁改修工事の施工中に石綿含有塗材がみつかったにもかかわらず，当該組合が施工業者に対し，それが含有されていないものとして工事をするよう求めたケースがあったとの情報があった（某監督官）。

2.33　第32条（第30条以下における自ら仕事を行う下請業者等及びその労働者の義務）関係

【監督指導状況】

違反指摘は少ない条規であり，違反による送検件数を示す令和2年公表「労働基準関係法令違反に係る公表事案」によれば，令和元年6月1日から1年間で，違反件数は0件だった。是正勧告を典型とする違反の指摘件数を記した「令和2年労働基準監督年報」の定期監督等実施状況・法違反状況（令和2年）でも，合計12件にとどまっていた。

匿名ながら，労働者を対象とする是正勧告は殆どなされないとの意見もあった。

玉泉孝次氏（元労働基準監督署長）によれば，

少ないながら存在する適用例の典型は，

特定元方事業者が設置運営する協議組織（法第30条第1項第1号，安衛則第635条第1項第1号）に関係請負人が参加しない場合（安衛則第635条第2項）であり，同氏自身にも送検の経験があるとのことであった。

この場合には，当然のように，特定元方事業者自身も安衛則第63条第1項（すべての請負人が参加する協議組織を設置運営すること）違反で送検することになる。また，協議組織に参加しない下請業者が複数あれば，送検件数が増えるため，監督署として実績になるとのことであった。

2　関係判例と監督指導状況（個別）

2.34　第33条（機械等のリースに関する規制）関係

【監督指導状況】

　本条違反による行政指導や送検件数は少ない。

　すなわち，是正勧告等の行政指導件数を示す平成25年から令和元年の「労働基準監督年報」によれば，法第33条の違反件数は，概ね一桁だった（令和元年に限り，第33条と第34条違反件数の合算で24件）。違反による送検件数を示す基準局監督課のデータでは，令和元年から2年公表分で1件だった。

　監督指導の実例については，令和2年度厚生労働科学研究による行政官・元行政官向け法令運用実態調査（三柴丈典担当）[(28)]において，いわゆるオペレーター付きリースにより，多くの建築工事現場で移動式クレーン作業等が行われているが，受リース者がリース業者に対して移動式クレーン作業計画を示すなどにより，法定事項を通知していないため（本条第2項違反），災害や事故が発生している状況もみられる，との情報が得られた。

　ただし，被災者がオペレーターではなく受リース者の被用者である場合，受リース者を法第20条違反で処罰するケースもあるようだ。この場合，オペレーターに操作上の安全に必要な情報を提供していなかったことによる法第33条第2項違反との観念的競合となるが，法第20条に吸収する処理がなされたものとも解し得よう。

【関係判例】

ア　法第33条第2項にいう「機械等の貸与を受けた者」が労災防止措置を講じなかったとされた例（福岡高判昭和52年8月3日判例時報896号110頁〔原審：長崎地判昭和52年1月11日判例集未登載。最2小判昭和53年9月20日裁判所WEBサイトで上告棄却され確定〕）

〈事実の概要〉

　被告人Y1会社がSら複数の重機リース業者からオペレーター付きでブルドーザーのリースを受け，ゴルフ場造成工事をしていた際に，必要な労災防止措置を講じなかったところ，当該ブルドーザーが現場の崖から転落し，オペレーターKが死亡した。

　現場は，谷地形の山腹を切り崩した場所で，角度約40〜95度の急な傾斜があり，のり際の地盤が軟弱なため，重機が崖近くに寄りすぎると転落の危険があった。当該ブルドーザーは，そこを切り崩した土砂を逆サイドの谷に落として埋め立てており，災害当日も，のり面にほぼ45度の角度で進入したが，のり際に寄りすぎた結果，のり際約50cmが崩壊して転落した。

　被災したオペレーターは法定の有資格者だったが，Y2は，ブルドーザーの運転手である以上

---

(28)　厚生労働省安全衛生部のご助力を頂き，筆者が全国の都道府県労働局の健康・安全関係課，監督課，主要労基署の現役行政官，安全衛生行政関係団体等の行政官OBに向けて，安衛法の条文ごとの監督指導実例，法改正提案等につき，アンケート調査を行ったもの。
　　監督官49，技官15，元監督官12，元技官2の回答があった。

101

Ⅱ　運　用

不要と考え，そのこと等を確認していなかった。

　そこで，Ｙ１会社とその代表者Ｙ２が，安衛法第33条第２項及びそれに紐付く安衛則第667条第１号，第２号違反により送検され，１審では，両者共に有罪として各罰金３万円の支払いが命じられたため，控訴した。

　本件では，

　①Ｙ１は法第33条第２項にいう「機械等の貸与を受けた者」に当たるか，

　②Ｙ２がオペレーターＫの（現に保有していた）法定の資格等を確認しなかったことが可罰的違法性を有するか，

　③Ｙらは，オペレーターＫに連絡，合図等の方法を通知すべきだったか，

　が主な争点となった。

〈判旨～Ｙらを有罪とした原判決を支持～〉

　①「Ｙ１の受リース者該当性」について

　Ｙ１がＳに支払う使用料はタコメーターで測定された時間制で，オペレーターの労働賃金を含んでおり，チャーター料として月ごとに支払われ，作業内容はＹ１が決定して個々的に指示され，工事内容にＳら提供者が介入することはなく，工期なども取り決められていなかったので，Ｙ１は，法第33条第２項にいう「機械等の貸与を受けた者」に当たる。

　②「Ｙ２の資格等確認懈怠の可罰的違法性」について

　Ｙ２はブルドーザーのオペレーターらの作業状況や実際の技能の確認はしていたし，彼らは全て法定有資格者だったが，それらは量刑判断上有利に作用しても，労災防止の見地から受リース者にその確認を義務づけた安衛則第667条第１号の法意に照らし，可罰的違法性をなしとすることはできない。

　③「Ｙらの連絡・合図等の方法通知義務の存否」について

　安衛則第667条第２号は，受リース者とオペレーターの間に直接的な使用関係がないことを前提に，必要な労災防止措置を抽象的に定めたものであり，その名宛人も事業者に限定しなかったと解されるので，原判決が，Ｙ１が（受リース者であると同時に）事業者であることを前提に，誘導者の配置を義務づけた事業者義務規定（安衛則第157条，第159条）を適用したことは相当でない。

　そして，本件の事実関係下では，Ｙらは，受リース者として誘導者の配置までは義務づけられずとも，労災防止の見地から，のり際の地盤軟弱な箇所などブルドーザーの転落危険等がある部分には見張り人を置くとか，何らかの明示方法を講じて周知させるなど，必要な連絡，合図等の方法を通知する義務があったのに怠ったので，安衛則第667条第２号違反があった。

〈判決から汲み取り得る示唆〉

　本判決からは，受リース者によるオペレーターの法定資格等の確認（安衛則第667条第１号）につき，現に資格保有者であったという点でその実が果たされているにもかかわらず，その懈怠に刑事処罰を下したことから，その規定（による安全秩序形成）の予防効果を重視していることが窺われる。

　また，安衛則第667条第２号（連絡，合図等の方法の通知）についても，その法意（趣旨）に照らして，現場に即した柔軟な解釈を図っている。

このように、受リース者の労災防止措置が重視され、それに関する規定は、柔軟な解釈のもと、厳格に適用され得ることが示唆される。

【図】

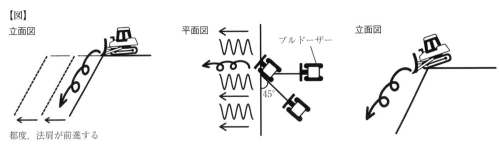

（3つとも宮澤政裕氏のスケッチを踏まえ池崎万優氏が作図）

■事件に関する技術専門家の意見

1）事実関係について

　本災害の発生状況は、図示の通り。

2）判決について

　Y1がリース業者に該当するとの判断は妥当と思う。

　Y2によるオペレーターの資格の確認義務違反については、経験上も、死亡災害においては問責され易くなると感じている。現に資格の確認漏れが生じ易いことからも、判決の解釈も理解はできる。

　しかし、Y1が受リース業者として講ずべきとされた誘導員や路肩目印（赤旗等）の設置は現実的でない。山を削った土を順次、谷へ押し出す状況では、図示の通り、法肩が常に移動することになる。また、誘導員の配置は、誘導員自身がブルドーザーと接触する危険がある。

3）未然防止策について

　本件で事業者は、できる限り法面に対して直角（多少法面が崩れても、バックすればそのまま山に戻る角度）で操業させるべきだった。

　もっとも、2）で述べた事情からも、本件では、運転者の経験感性に頼らざるを得ない面はあったと思われる。

宮澤政裕氏（建設労務安全研究会）

Ⅱ 運用

イ 船を一時的に係留するための杭の設置工事のため地質調査を依頼された会社が，そのためのボーリング櫓（やぐら）の据付工事を別の会社に依頼し，オペレーター付きクレーン車のリース契約を締結したところ，同社（櫓の据付工事受託者：リース業者）所有のクレーン車が，土台となる地盤の陥没のため，海中に転落，水没したため，同社から依頼元会社（受リース者）に損害賠償請求されたが，当該受リース者は，所要の措置を尽くし，安全管理義務を果たしているとしてその責任が否定された例（高松地判平成3年5月23日判例地方自治91号71頁）

〈事実の概要〉

Y1（被告自治体）が管理する港を改修する一環で，係船杭（マイナス3ｍ）を新設することとなり，設置場所の海底の地質調査等をY2（被告会社）に委託した。Y2は，そのためのボーリング櫓（やぐら）（イメージ図参照）をクレーン車で据え付ける作業につきそれらを業とするXに依頼した。

【事故の様子（イメージ図）】

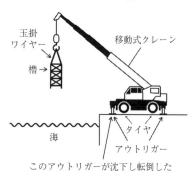
このアウトリガーが沈下し転倒した

このアウトリガーが沈下し転倒した

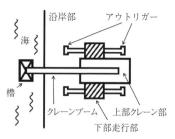
（いずれも宮澤政裕氏のスケッチを踏まえ池崎万優氏が作図）

Xの従業員Aが，X所有のクレーン車（本件クレーン車）を運転して，櫓をつり上げ，海中に下ろして据え付ける作業を行っていたところ，同車の土台となっていた地盤が陥没・崩壊し，同車と櫓が共に海中に転落，水没した。

そこでXは，X－Y2間でオペレーター付きリース契約が締結され，Y2は，当該契約を前提に，クレーン車使用の安全条件をY1に確認し，地盤に鉄板を敷設する等の指示や手配をするか，安全上の留意点をXに告知してXに適切な事故防止策をとらせる等の措置を講じる義務があったのに怠ったので，Y2には債務不履行責任があるなどとして，損害賠償を請求した。

Y2側は，X－Y2間の契約は請負契約であり，クレーン車使用上の安全確保の注意義務はX自身が負うべきであり，仮に両者間の契約がリース契約だとしても，地盤養生を行う注意義務はXにあった等と主張した。

〈判旨～X請求棄却～〉

X－Y2間の契約は，8万円／日を報酬とするオペレーター付きリース契約だった。

よって，安衛法第33条，同施行令第10条により，リース業者は，受リース者で当該リース対象機械等による労働災害が生じないよう必要な措置を講じる義務を負い，

受リース者は，安衛法第33条第2項，安衛則第667条により，オペレーターが受リース者が使用する労働者でない場合，当該オペレーターの資格・技能の確認，当該オペレーターへの作業内容，指揮系統，連絡・合図等の方

法，運行経路等の機械等の運行に関する事項の通知等を行う義務を負い，

オペレーター自身も一定の労災防止措置義務を負っている。

また，オペレーターの資格については，クレーン則第229条，第232条等に，免許資格制の採用，免許試験は所要の学科と実技につき行われること等が定められている。

右法令の趣旨，内容からすれば，受リース者は，オペレーターに対し，作業内容等，その他移動式クレーンの操作による労災防止に必要な事項の通知義務を負うが，それ以上に安全管理義務を負わない。

移動式クレーンの運転には一定の専門的，技術的知識・経験を要し，受リース者は必ずしも同人を指揮監督する能力を持たないことによる。よって，移動式クレーンの運転操作にかかる安全確保の注意義務の負担者は，一次的にはオペレーターであり，最終的にはリース業者である。

本件では，Ｙ２の従業員がオペレーターＡに，本件櫓の構造や重量，据付場所等を指示説明し，作業内容を通知する義務を果たしており，地盤の地耐力等は，Ｙ２側に特別な知識があれば格別，資格を持つオペレーターＡや本件クレーン車の据付作業を指揮したＸ（代表取締役Ｅ〔移動式クレーン運転士免許保有者〕）においてなすべきである。

〈判決から汲み取り得る示唆〉

本条（法第33条）第２項所定の受リース者によるオペレーターの資格・技能の確認や，一定の作業条件に関する通知義務は重要ながら，無制限ではなく，一般的な作業条件については，その専門性を持つオペレーター自身や，同人を派遣するリース業者側にあることが示唆されている。

■事件に関する技術専門家の意見

1）事実関係について

　　図示の通り。

2）判決について

　　妥当な判決と思われる。

　　こうしたケースでは，地盤状況を確認して，下に鉄板を敷く等の転倒防止措置を講じるべきだった。そうした災害防止措置は，クレーン会社（本件の原告Ｘ）側が行うが一般的。Ｙ２は，クレーンの知識をあまり持たない前提で，やるべきことはやっていたと思う。

3）未然防止策について

　　同上。

宮澤政裕氏（建設労務安全研究会）

Ⅱ　運　用

2.35　第35条（荷送人等による貨物の重量表示）関係

【監督指導状況】

　「労働基準監督年報」の定期監督等実施状況・法違反状況（違反による是正勧告等の行政指導の状況）には，本条にかかる項目がなく，違反件数は不明。同年報の送検事件状況には，本条違反による送検事例は存しなかった。

　しかし，森山監督官独自に関係者に聴取したところ，本条違反による是正勧告事例が複数確認されたが，詳細は明らかでない。

　理論的には，重量の過少見積もりによるクレーンの転倒，クレーンのワイヤロープの切断，船舶での偏荷重による傾きの発生等が考えられる。

2.36　第37条（特定機械等〔危険な機械等〕の製造許可）関係

【監督指導状況】

　本条（法第37条）違反による送検事例は年２件程度であり，おそらくクレーン等にかかるものが多いと察せられる。

　本条に基づく製造許可申請が出されると，概ね都道府県労働局安全課の担当技官（産業安全専門官）が添付書類の不備や強度計算の正確性等をチェックし，適宜，必要書類の追加提出を指示する等している。基本的に，申請内容が各特定機械等の構造規格に適っていれば，局長決裁により許可書が発出される。

　許可は，特定機械（の型式）ごとに受ける必要がある。初めて許可申請を行った事業場には現地調査を行い，製造設備や試験設備の設置の有無等を確認することが多い。既に別の型式で許可を受けており，そうした設備が確認済みの場合，書類審査のみで許可審査が行われる傾向にある。[29]

---

(29)　地方産業安全専門官経験者で，地方労働衛生専門官の職にあった者（被告人X）による製造許可事務にかかる受託収賄により，結果的に両専門官の職務の性格と製造許可事務の実務が明らかとなった事件として，福岡地小倉支判平成30年10月４日LEX/DB 25449830がある。

　　　本件で被告人Xは，かつて地方産業安全専門官の職にあり，その業務に精通していたが，本件当時は異動により地方労働衛生専門官の職にあった。しかし，A社の取締役Bより依頼を受け，同社が今後を見込んで行った，つり上げ重量400トンの大型クレーンの製造許可申請につき，直接の担当であった地方産業安全専門官のCに働きかけ，局長決裁を受けさせ，許可を発出させた。

　　　すなわち，Aは既に，小型の移動式クレーンの製造許可を得ており，そのための設備は保有していたが，Cとしては，今回申請された大型クレーンの製造能力は不足していると考え，他社との共同申請を勧めていた。しかし，Xは，Bの依頼を受けたXが，移動式クレーンの製造許可を得ている以上，大型クレーンの製造が可能な他社の土地や設備を借用することを条件に，Cに許可を働きかけたため，Cは局長決裁を受け，許可が発せられた。この際，Bは，F社に依頼して大型クレーンを製造可能な工場使用承諾書を得て提出したが，実際の使用を予定しない条件であり，虚偽の内容であった。

　　　その後，Xは，Bから30万円分の商品券を受け取ったため，受託収賄罪に問われた。

審査では，関係法令のみならず，関係規則や構造規格にかかる解釈例規や問答集等への深い理解が求められ，担当専門官の知識と経験が必要だが，技官の地方任用の停止により，各都道府県労働局に一桁しか技官がおらず，少人数で膨大な量の許可事務を余儀なくされており，現に製造許可申請書記載の強度計算の誤りに気づかず許可を発出した例等が報告されている。[30]

　また，令和２年度厚生労働科学研究による行政官・元行政官向け法令運用実態調査（三柴丈典担当）[31]によれば，ある事業者が，その工場にテルハ（ホイスト〔巻上機〕が天井付近に取り付けられたレールに沿って移動するタイプのクレーン）を設置する際，当該設備工事を含む工事全体の元請，１次・２次下請のいずれも製造許可を受けず，監督署による監督指導時には既に当該テルハが殆ど完成していた例があり，本条（法第37条）及びクレーン則第３条第１項に基づけば，刑事事件化も考えられたという。

【関係判例】
①刑事事件

　（略）

②民事事件

富士ブロイラー事件東京高判昭和60年７月17日判例時報1170号88頁（原審：静岡地判昭和58年４月７日訟務月報29巻11号2031頁）

　１審原告会社が購入した乾燥機に設計とは異なる製造上の問題があったことで，原料投入口の鉄蓋（てつのふた）が吹き飛び，同機内の鶏の肉片等が付近の住宅等に飛散し，操業停止から廃業を余儀なくされたため，

　同機の製造ないし落成に際し，構造検査（ボイラーや第一種圧力容器を対象に，その製造後，許可を受けた図面通りに製造されたか否かについて，登録製造時等検査機関が行う検査）等を適正に実施せず，安衛法上の諸規則が定める許可基準を充たさないのに検査に合格させた等として，国を相手方と

　　判決は，Ｘの職務権限の有無について，確かに地方産業安全専門官と地方労働衛生専門官の職は法令上明確に区分されているが，組織体制や，両者が人員配置の都合でコンバートされる実態等に鑑みて，前者は後者の職務にも一般的職務権限を有しているとし，Ｂによる請託の有無については，現にＸに申請受理の働きかけを行い，Ｘから他社から工場使用承諾書を得るよう提案され，ＣはＸの助言がなければ申請を受理しなかったと述べていること等から，請託ありとした。

　　ここから，安衛法第93条所定の各専門官の職務分掌の形骸化が窺われ，地方専門官の任用停止から，更にその状況が進んでいると思われる。なお，Ｘの本件でのＣへの働きかけ（工場使用承諾書を条件とした受理の勧め）は，クレーンの製造許可基準には定めがないが，おそらくボイラーの製造許可基準の援用であり，現場運用の一例として，違法とまでは言えないだろうが，提出書類が虚偽だったため，それをＸが承知していたなら虚偽公文書作成罪等の共犯となり得る違法行為だろうし，許可も取り消されるべきだろう。

(30)　元労働基準監督官である玉泉孝次氏，篠原耕一氏による。

(31)　厚生労働省安全衛生部のご助力を頂き，筆者が全国の都道府県労働局の健康・安全関係課，監督課，主要労基署の現役行政官，安全衛生行政関係団体等の行政官ＯＢに向けて，安衛法の条文ごとの監督指導実例，法改正提案等につき，アンケート調査を行ったもの。

　　監督官49，技官15，元監督官12，元技官２の回答があった。

Ⅱ 運　用

【ボイラー及び第1種圧力容器の検査過程】

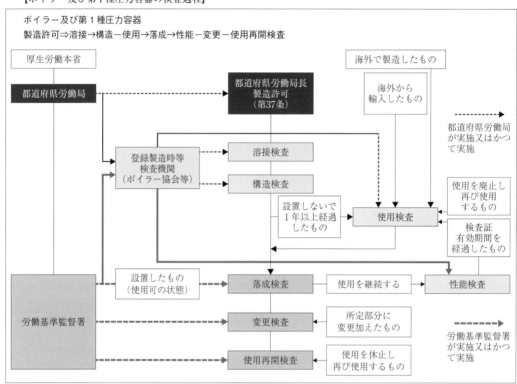

（篠原耕一氏作成）

して不法行為損害賠償請求をした事案につき,

　原審は,安衛法上の第一種圧力容器に関する諸規則が,製造許可,構造検査,落成検査等の審査手続きを行うのは,労働安全衛生行政の実施を目的とし（≒主に労働者の保護を目的とし,なおかつ結果の担保はしない）,

国が事業者に対してその安全性を保証する制度ではなく,

仮に規格適合性審査が不十分な容器が設置されることになっても,事業者との関係では違法性を論ずる余地はないとし,

　控訴審も,この機械と同型の機械が既に製造許可を受けていたため,ボイラー則上,新たに製造許可を受ける必要はなかったことを述べた上,原審と同趣旨の判断を示した。

■事件に関する技術専門家の意見

1）事実関係について
　　行政の検査官（技官）の立場では,本音としてドキンとさせられる事件である（篠原）。

2）判決について
　　率直に言って,もう少し国の責任を指摘しても良かったように思う。

ただ，行政内部では，検査が甘くて災害が生じたと思われるケースでは，担当行政官が責任を感じて退職されたようなこともあり，法的責任だけで論じられない面がある（篠原）。

本件では個別検定だったようだが，型式検定であった場合に国の責任がどう変わるかに関心がある（前村）。

3）未然防止策について

構造規格や検査方法の見直しが鍵だろう。

なお，地方任用の技官制度があった頃は，ボイラーの溶接や構造検査では，検査対象にかなり圧力をかけてしっかり検査をしていた。今は，登録機関に構造検査以下，様々な検査の主体が移行している。結構精密に行われてはいるが，私見としては，信用，法的責任負担等の面で，国が行っていた方が良かったように思う（篠原）

篠原耕一氏（元監督官，京都労務トラスト代表），岩村和典氏（ニッポン高度紙工業株式会社），前村義明氏（My社労士事務所，労働衛生コンサルタント）

2.37　第38条（特定機械等〔危険な機械等〕にかかる検査）関係

【適用の実際】

本条（法第38条）の適用対象のうち特別特定機械等（ボイラー，第一種圧力容器）に対する製造時等検査は，従来は都道府県労働局安全課の技官（産業安全専門官）が担当していたが，法改正により，登録製造時等検査機関（代表例として，厚生労働省の関係団体である日本ボイラ協会，ボイラー・クレーン協会）が実施することとなった。ただし，その実施体制が整うまでは都道府県労働局も製造時等検査を行っており，例えば大阪労働局の場合，移行が完了したのは2017年4月だった。

監督指導状況についてみると，監督官による臨検の際に検査証の提示を求めることはあるが，本条に基づく検査は，あくまで法の名宛人からの申請によりなされるものであり，臨検時に検査の申請や検査自体について監督指導が行われることは稀だとされる。[32]

また，ボイラー，第一種圧力容器にかかる製造時等検査では，溶接検査→構造検査の順で実施されるという。[33]

---

(32)　玉泉孝次氏による。
(33)　篠原耕一氏による。

Ⅱ　運　　用

2.38　第40条（検査証のない特定機械等〔危険な機械等〕の使用禁止，譲渡・貸与に際しての検査証の随伴）

【監督指導状況】

　令和２年度厚生労働科学研究による行政官・元行政官向け法令運用実態調査（三柴丈典担当）[34]から，以下のような事例の存在が判明した。

　①町工場で，落成検査を受けずにつり上げ荷重10トンのクレーンを設置したのに，そのフックにつり上げ荷重2.8トンの表示をして，あたかも検査証不要のクレーンとして使用していた例につき，検査証を受けずに特定機械を使用していたとして書類送検した例。

　②製造業の工場で，建設リフト（積載荷重3.0トン）の検査証の有効期間満了後も使用を継続していたことが判明し，本条を適用した例（行政指導か書類送検かは不明）。

　検査証については，少数ながらこうした事例が継続して発生しているという。

2.39　第41条（特定機械等〔危険な機械等〕の検査証の有効期間と性能検査）

【監督指導状況】

　監督官の臨検時には，ほぼ確実に特定機械等について検査証の提示を求め，受検の有無，有効期間を徒過していないかを確認しているという。

　また，臨検の際に最もよくみられるのが移動式クレーンであり，概ね全数について検査証等を確認しているほか，有効期間の確認に合わせて，オペレーターの免許や定期点検の記録等も確認しているという。[35]

---

(34)　厚生労働省安全衛生部のご助力を頂き，筆者が全国の都道府県労働局の健康・安全関係課，監督課，主要労基署の現役行政官，安全衛生行政関係団体等の行政官OBに向けて，安衛法の条文ごとの監督指導実例，法改正提案等につき，アンケート調査を行ったもの。
　　　監督官49，技官15，元監督官12，元技官２の回答があった。
(35)　玉泉孝次氏による。

2.40 第42条（特定機械等以外の機械等のうち所定の危険有害作業を伴うもの等の譲渡・貸与・設置の制限），第43条（所定の動力駆動型機械等の譲渡・貸与・展示の制限），第43条の2（第42条所定の機械等の製造・輸入者への回収・改善，その他の災防措置の命令），第44条（第42条所定の機械等のうち所定のものの個別検定），第44条の2（第42条所定の機械等のうち所定のものの型式検定）

【監督指導状況】

・労働基準監督署による過去10年間（平成23年～令和2年）の定期監督等では，毎年，第42条ないし第43条の2違反指摘（行政指導）が合計22～59件，第44条又は第44条の2の違反指摘（行政指導）が合計1～10件生じていた。

・労働基準監督官による過去10年間（同前）の送検事件状況（送検時の主たる適用条文で分類し，複数条文に違反していても1件としてカウント）の統計をみると，第42条違反が平成23年に1件，第43条違反が平成24年及び平成25年に各1件，その他は無しであった。

・平成15年から平成24年6月までの間に第43条の2による回収・改善命令の発令件数が，検定対象機械等で3件，それ以外の機械等で15件であった。

・具体的な刑事事件の例としては，

平成5年に，タンク内の薬品の容量などを量る静電容量式レベル計（レベルとは，気体と液体などの境界面のことで，レベル計とは，液面の高さの測定器などを意味する。静電容量式とは，電気を貯める能力の測定により，そうした液面等の高さを測る計器）につき，防爆構造電気機械器具であったのに型式検定を受検せず，かつ偽造の型式検定合格標章を付し，昭和61年12月から平成3年9月までに約70台を全国の食品・化学会社などに約25万円で販売していた大阪府のメーカーが，大阪労働基準局に第44条の2違反で書類送検された例がある（当該静電容量式レベル計は，大阪労働基準局の指導によりすべて回収された）。

・行政措置では，

ア　平成16年に，防爆構造電気機械器具の設計変更に伴う型式検定の受け直しをしないまま製品を製造し，型式検定合格標章を付して販売していた東京都のメーカーに対して厚生労働大臣が回収等を命じた例がある。

イ　平成22年には，福岡県のスーパー銭湯の円柱型ボイラー（小型ボイラー）が破裂して100m離れた建物に突き刺さった事故（負傷者なし）を端緒として，

当該小型ボイラーが個別検定未受験でかつ構造規格に違反していたこと（不適合材料の使用，曲げ応力の強い部分に溶接がなされていた等），

また，ユーザー側に当該機械が小型ボイラーであることや，取扱いに必要な資格等を明示していなかったことが明らかとなり，

Ⅱ　運　用

福岡労働局長が回収等を命じた例がある（製造者は平成23年に第42条違反で書類送検された）。

　ウ　このほか，型式検定に合格した防爆構造電気機械器具や防じんマスクなどであって，製造過程での問題等によって構造規格に違反することとなったものが流通したことが，厚生労働省による買取試験やメーカー自身からの自主報告などで発覚し，命令によらず行政指導レベルで回収が行われた事例等が，隔年ないし年に数件程度発生している。

・厚生労働省による流通製品の取締りのため，昭和46年から欠陥機械等通報制度が設けられており，

特段の法的根拠はないが（それ故に補修等の指導に従わない製造業者もあったという），

労働基準監督署の災害調査等で見つかった欠陥のある機械等について，製造者の所在地を管轄する都道府県労働局に通知し，製造者に立入調査し，設計変更，回収や補修等の改善指導等をするもので，

特定機械等や第42条の対象機械等（特定機械等以外の危険な作業を伴うもの等の機械等）のほか，流通規制に係らない機械等も広く対象としている。

第７次労災防止計画（昭和63年３月公示）で，流通段階における安全衛生の確保の重要性が示唆された際にも意識されていたと解される。

昭和46年から昭和60年にかけて，プレス機械36件を筆頭に，繊維機械31件，食品製造機械30件，研削機19件，ボイラー19件等，合計で356件の改善件数が報告されている。

・また，社会復帰促進等事業の一環として，市場に流通している防じんマスク，防爆構造電気機械器具，墜落制止用器具等の買取試験を実施し，不良品があれば公表し，製造者及び輸入者に指導等を行っている。

令和３年度には，じん肺等対策事業の一環で，呼吸用保護具等の買取試験が，

機械等に起因する災害防止対策費の一環で防爆構造電気機械器具の買取試験が行われたほか，

墜落制止用器具の性能確認のための買取試験も行われた。

・譲渡等の制限違反は，中古品の取引でも発生しており，

オークションサイトで覆いの無いグラインダーが売りに出されているケースや，

違法なエレベーターが設置された建物が事業者に譲渡されるケースなどがある。

・構造規格の改正に際して設けられる経過措置に伴い必然的に生じる合法な既存不適合機械等について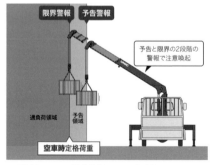

【クレーンの過負荷防止装置】

（古河ユニック株式会社のWEBサイト
https://www.furukawaunic.co.jp/products/details/uru600h/　最終閲覧日：2023年８月31日）

---

(36)　例えば，一般社団法人日本機械工業連合会による全国の製造業者対象のアンケート調査では，1989年以前

2 関係判例と監督指導状況（個別）

は，助成金等で買換えや改修を促す施策が講じられることがある。

　例えば，国の制度として，フルハーネス型の墜落制止用器具への買い換えや，つり上げ荷重3トン未満の移動式クレーンへの過負荷防止装置（荷重計でないもの）の取り付けを促進するための既存不適合機械等更新支援補助金がある（建設業労働災害防止協会が執行団体）。

2.41　第45条（ボイラー等の機械等にかかる定期自主検査とそのうち特に危険なフォークリフト等にかかる特定自主検査）

【監督指導状況】

　厚労省監督課の「労働基準関係法令違反に係る公表事案」（令和3年8月1日から令和4年7月29日分）では，本条違反での送検は0件であり，それ以前も少数（一桁台前半）にとどまっていた（令和2年5月1日〜令和3年4月30日分に見られた1件は，化学設備にかかる定期自主検査の不実施の事例であった）。

　対して，厚労省労働基準局の「労働基準監督年報」によれば，送検件数はやはり少数だが，是正勧告等の行政指導の件数は，ここ最近6000件台〜7000件台で推移している。

　令和2年度厚生労働科学研究による行政官・元行政官向け法令運用実態調査（三柴丈典担当）[37]では，以下のような見解が見られた。

　・プレス機械やフォークリフトのように特定自主検査と定期自主検査の双方が課されている対象機械につき，特定自主検査が実施されていない場合，殆ど定期自主検査も実施されておらず，そのような場合，監督行政としては，両者の違反指摘のほか，前者のみの違反指摘を行う場合もある。

　・フォークリフトにつき，所要の資格者や専門検査業者による特定自主検査が実施されていない事案が多く見受けられる。

　安衛則第151条の21は事業者にフォークリフトの定期自主検査を義務づけ，

　第151条の24は特定自主検査を義務づけているところ，

　後者だけの違反とするのは，検査自体は実施していたが，有資格者らに行わせていない場合に限定している。

　・フォークリフトのほか，特定化学設備等やクレーンにかかる検査規定違反が指摘されることもある。

　　（調査時点の30年以上前）に取得（＝入手）したものが金属工作機械（NC工作機械など）で22%，第二次金属加工機械（プレス機械など）で31%，鋳造機械で23%あった。

(37)　厚生労働省安全衛生部のご助力を頂き，筆者が全国の都道府県労働局の健康・安全関係課，監督課，主要労基署の現役行政官，安全衛生行政関係団体等の行政官OBに向けて，安衛法の条文ごとの監督指導実例，法改正提案等につき，アンケート調査を行ったもの。

　　　監督官49，技官15，元監督官12，元技官2の回答があった。

113

Ⅱ 運用

　後者については，おそらく検査自体は行われていたが，クレーンの定期自主検査指針違反（おそらく検査の方法違反）が認められ，検査方法等を定めたクレーン等安全規則第34条違反が指摘された。

　フォークリフトについても，検査のサイクル（期日）違反等を理由とする安衛則第151条の21（フォークリフトの定期自主検査につき期日や方法等を詳細に規定）の適用例がある。

　専門情報誌（労働新聞や安全スタッフ）には，以下のような送検事例が掲載されている。

［定期自主検査義務違反の例］

1）　自社の運転手に特別教育を受けさせないままトラクター・ショベルを運転させ，委託事業場の労働者を死亡させた災害を契機に，当該機械の定期自主検査義務違反も見つかり，本条違反の疑い等で書類送検されたケース（2017年11月16日，八代労基署）。

2）　会社が所有し，定期自主検査が行われず，前後の照灯が備え付けられていないフォークリフトを関連会社労働者に運転させていたところ，
作業場（資材置き場）から道路にはみ出してトラックに衝突する災害を生ぜしめ，
同社とその営業部長補佐が本条違反等の疑いで書類送検されたケース（2019年3月14日，豊橋労基署）。

3）　1ヶ月以上使用していなかった移動式クレーンを再度使用する際に法定自主検査を実施せず，当該クレーンに吊られていた鉄板が落下して，別法人の労働者が死亡する災害の発生を契機に，
会社とその代表取締役が本条違反容疑で書類送検されたケース（2019年8月6日，小樽労基署）。

［特定自主検査義務違反の例］

1）　労災の発生を契機に，
他支店の有資格者の名義を無断で用いて無資格者にドラグ・ショベルの特定自主検査を行わせていた疑いが生じ，
機械リース業者とその支店長が本条違反で書類送検されたケース（福岡東労基署）。

2）　動力プレスの光線式安全装置の特定自主検査が実施されず，
労働者が一定距離範囲内に入っても同装置が作動せず，金型に挟まれて3指を切断した災害を契機に，
プレス加工製造業者とその代表取締役が本条違反で書類送検されたケース（2015年6月19日，淀川労基署）。

【動力プレス】

3）　香川県高松市の検査業者が他社の求めに応じて特定自主検査を行う際，無資格者に行わせたことが厚労省の立入検査で発覚し，本条違反で6ヶ月間の業務停止を命じられたケース（厚生労働省。記事掲載は2018年3月1日）。

4）　舗装・土木工事を営む会社が，アスファルト合材の敷きならし作業等を行っていた際，その労働者がバックしてきたローラーと接触し，両下肢全廃の後遺症を残した災害を契機に，

【ローラー】

作業場所での立入禁止措置，誘導員配置等が講じられなかった点で，会社とその取締役が本法第20条違反容疑で書類送検されると共に，当該ローラーに特定自主検査を行っていなかったとして，本条違反容疑でも送検されたケース（2020年9月29日，秋田労基署）。

このように，労災発生時，他の条規の違反と共に芋づる式に本条違反が発覚し，刑事手続きが踏まれることが多い。

5）　登録検査業者の常務兼営業部長，専務兼工事部長，取締役業務部長の3名が，

顧客の動力プレス機械の特定自主検査を行う際，（別に有資格者が在籍しているのに，繁忙等を理由に）無資格者に検査を行わせると共に，

台帳に有資格者が実施した旨虚偽記載し，

その件で調査した労働局担当者に，複数班で検査を実施しており，有資格者も同じ現場の別班にいた等と虚偽陳述をしたとして，

本法第103条（書類の保存等），第96条（大臣等の権限）違反等の疑いで書類送検されると共に，半年間の業務停止処分とされたケース（2022年3月28日，神奈川労働局）。

【関係判例】

関係判例には以下のものがある。

京都地判昭和61年6月10日労働判例479号78頁

〈事実の概要〉

　プレス機（本件プレス機）のブレーキシューを固定する支点ピンの端の穴に装着された割ピン（穴を通して先端部分を別角度に折り曲げて本体を固定する軟鋼線。本体との間に座金〔ざがね〕を入れて損傷を防ぐことが多い）が脱落し，支点ピンが外れかかってブレーキが効かなくなり，プレス上型板が急に落下して労働者が傷害を負った災害につき，

　当該労働者が，上司であり，取締役工場長として専ら本件プレス機の管理責任を負っていたY2に対し，不法行為による損害賠償請求，

　使用者であるY1に対し，使用者責任とY1自身の安全配慮義務違反に基づく損害賠償請求を行った。

　また，本件プレス機の修理（≠検査業者による特定自主検査）を担当したY3についても，（その修理担当者が）割ピンの問題を見過ごしたとして，不法行為（ないし使用者責任）による損害賠償請求を行った。

Ⅱ 運用

【プレス機のブレーキ】

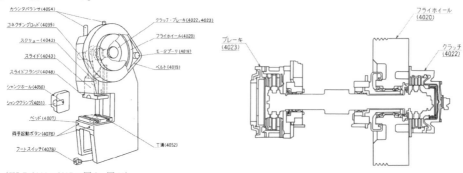

(JIS B 0111：2017 の図3・図11)

【ブレーキシュー（自動車の例）】

（一般社団法人日本自動車連盟（JAF）WEBサイトより引用）

【割りピンの使用例】

　Y2は，作業開始前に本件プレス機を作動させて，試し打ち等で機能点検したり，毎月ブレーキ，クラッチ，給油状態等全般にわたり点検していた（本件災害当日も実施していた）が，割ピンの状況までは確認していなかった。

　また，安衛法第45条，同施行令第15条，第13条，同施行規則第135条，第135条の3所定の定期自主検査を怠っていた。

　本件割ピンは通常脱落しないし，割ピンが脱落しても，支点ピンは容易に脱落しないが，本件災害発生後，座金と折り曲げられたことのない割ピンが床面に落ちていた（そもそも割ピンが固定されていなかったと察せられる）。

　また，Y3が用意した特定自主検査記録表には点検箇所としてブレーキが挙げられ，締付ボルト，ナットの緩み，脱落等が掲げられていたので，特定自主検査がなされていれば，割ピンの状態は把握できたと解される。

〈判旨〜X請求認容〜〉

　Y2は，認定事実所掲の点検を実施してはいたが，検査業者による特定自主検査を一度も履行していなかった以上，日常点検は入念にすべきだったし，そうしていれば，割ピンの状況を把握し，本件災害を未然に防止できたのに懈怠したので，本件により生じた損害につき賠償責任がある。

　Y1は，本件プレス機を所有する事業者として，そのブレーキその他制御機能を常に有効に保持せねばならず（安衛則第132条），

　1年に1回以上，定期に検査業者にブレーキ系統を検査させねばならない。

かかる検査は安全配慮義務であり，その懈怠は，労働者に対する同義務違反であり，Ｙ１は債務不履行責任と民法第715条の使用者責任の双方を負う。

Ｙ３は，その修理担当者の見過ごしにより，割ピンを曲げなかったことで本件災害が生じたので，損害賠償責任を負う。

〈判決から汲み取り得る示唆〉

特定自主検査は使用者の労働者に対する安全配慮義務となり得る。

その際，当該検査の目的を示すような機械安全について定めた規則規定（本件では，事業者にブレーキその他制御機能の有効性保持を義務づけた安衛則第132条）が解釈上参照され得る。

使用者は，それを実施しなかった機械等管理者の過失をもって使用者責任も負い得る。

2.42　第54条の６（検査業者による安衛法上の検査関係規定違反や後発的な登録条件違反に際しての登録取消しや業務停止命令）関係

【監督指導状況】

業務停止命令はよく発令されており，その多くが，検査業者が無資格者に定期自主検査を行わせた例のように見受けられる。

他の対象機械等の検査資格は持つ者が，当該機械等の資格を持たないまま実施していた例も散見される。

違反機械は特定自主検査の対象となる機械（整地，運搬，積込み，掘削，解体等に用いる車両系建設機械，フォークリフト）での全般にわたり，業務停止命令の期間は半年程度が多く，範囲は当該企業のうち違反のあった事務所や事業所にかかる検査事業に限られることが多いようだ。

登録取消処分が下された例として，平成23年12月26日に岡山労働局による処分が挙げられ，ここでは，登録検査業者が他社から特定自主検査を求められ（引き受け）たのに，計22台につき，実際には検査を実施しないまま検査結果証明書を発行した。その悪質性が重い処分を導いたと解される。

2.43　第55条（危険有害物の製造等禁止）関係

【監督指導関係】

現在では，本条の規制対象物質の有用性が限定されているので，製造等による違反は殆どなく，監督指導上も殆ど意識されていないが，

特に石綿は，耐火性，防音性，断熱性，耐久性に優れ，軽くて安価なので，従前は，建築材料への混入，鉄骨の耐火被覆等で用いられていたため，禁止される石綿含有率を徐々に引き下げる対応が採られてきた。

Ⅱ 運　用

　そうした事情から石綿を含む建築物が多く現存し（令和3年の「労働安全衛生調査（実態調査）の概況」によれば，事業所にむき出しの状態の吹付材等がある事業所の割合は2.9%。このうち石綿が使用されている吹付材等がある事業所の割合は19.5%），解体工事に際して届出が義務づけられて（石綿則第5条等），更にその規制内容が見直されてきている。

　しかし，現に全ての届出が行われれば約200万件に及ぶと言われており，有効な規制に困難が生じている。

【関係判例】

建設アスベスト訴訟（神奈川第1陣）事件最判（最1小判令和3年5月17日民集75巻5号1359頁）

　アスベストにより石綿肺や肺がんなどに罹患した建設会社従業員や自営業者の職人である一人親方が，

　国に対しては，アスベストの危険性のラベルによる表示（現行安衛法第57条等）や掲示（現行特化則第38条の3等），保護具使用の指導監督等に関する規制権限不行使を国家賠償法上違法であるとし，

　建材メーカーに対しては，製品のリスクに関する警告を行う注意義務の懈怠等が不法行為であるとして，

　それぞれに対して損害賠償請求を求めた建設アスベスト訴訟（神奈川第1陣）事件（最1小判令和3年5月17日最高裁判所民事判例集75巻5号1359頁）において，興味深い判断が示された。

　国は，クボタショック（機械メーカーであるクボタの旧神崎工場の労働者が，アスベスト関連疾患で多数死亡すると共に，周辺住民にも被害が及んだことが明らかとなり，多額の賠償金の支払い等に発展した問題）等を受け，平成18年（2006年）9月に至り，法令で，アスベストを施行令に基づく製造等禁止としたが，それまでに建築物の建設や解体工事等に従事していた建設作業従事者（労働者及び一人親方等の非労働者）が，中皮腫や肺がん等のアスベスト関連疾患を発症した。

　そこで，全国8つの地裁に，国とアスベスト建材のメーカーを相手方として集団訴訟を起こした。本件はそのうちの1つである。

　本件では，基本的には「労働者」の安全衛生の確保を目的とする労働安全衛生法が，請負・業務委託契約の一人親方も保護の対象としており，彼らの保護のための規制を怠ると，国の規制権限不行使が違法となり得るかも争点の1つとなった。

　最高裁は，アスベスト建材メーカーの責任を認めると共に，

　国が，保護具の準備等の義務は事業者に課した上で，アスベストのハザードの判明度合いに応じて通達等で対策を講ずべき前提のレベルを引き上げてきていた経緯は認めつつも，

　国は，事業者に保護具を準備させるのみならず，労働者らに保護具を「使用させる」ことを省令で義務づけ，指導監督により確保すべきだった，

　リスクの内容と管理方法等の具体的内容を記したラベル（現行法第57条），掲示（現行の特化則第38条の3等）を通達等で示し，指導監督すべきだったのに行わなかったことから，

　被災者らに対して国賠法上の損害賠償責任を負う旨と共に，

　物的な措置義務は，いわば集団的な措置，環境整備の措置であって，保護対象は労働者に限ら

2　関係判例と監督指導状況（個別）

ず，一人親方等にも及ぶ旨を述べた。

　なお，同判決が違法状態が解消したとしたのは，結局，含有量１％の混合物に至るまで製造等がほぼ全面的に禁止され，かつその結果輸入（流入）量がゼロになった時点であった。

■事件に関する技術専門家の意見

１）事実関係について
　　特になし。

２）判決について
　　アスベストに限らず，この類の事件（＊その時点ではハザードが十分に判明していなかったが，多くの被災者が生じて救済を求める集団訴訟が生じるなどして社会運動化したケース〔三柴注記〕）では，原告救済の判断傾向を感じる。
　　若干国や業者にとって厳しい感じがするが，日本より規制が厳しい国もあるし，時代の流れもあるので，判決に理解はできる。
　　もっとも，安衛法の保護対象に一人親方等まで入ると明言したことには驚いた。建設現場の実際として，元請等の多くは，安全管理上，一人親方等を労働者と区別していないので，さほどの変更はないが，判決後，省令が300条ほど変更されることにもなった。特に，以下の図が示す１次下請による２次下請（以下繰り下げ）に対する措置義務の規定は，実質的に大きな意味を持つだろう（宮澤）。
　　事案を詳しく把握しきれてはいないが，概ね筋の通った判決とは思う。保護具の着用させ，ラベルや掲示によるリスク伝達の徹底は確かに重要だが，実際に一人親方まで安全面の教育をするのは大変だ。判決の理屈からは，構内入場者は，出入業者から見学者に至るまでみな保護対象とすることになるだろう（＊現に一定程度彼らを保護対象とする法的対応が行われた〔三柴注記〕）。理屈とすれば，従わない場合にも繰り返し指導し，重ねて順守されない場合，被用者なら懲戒，請負なら発注停止等の措置もありということになるのだろうが，今の一人親方は，60代や70代が多いので，（自分のやり方に慣れていて）なかなか指導に従ってもらえない実態もある（湯本，北口，尾崎）。
　　所属先では，一人親方も事業者ではあるので，現場でもそのように対応していた。実態として，最初は被用者でも，ある程度技術を身に着けると，より高い収入や働き方の自由を求めて独立する傾向があり，自己責任が基本ではある。しかし，安衛法も（特別加入していなければ）労災保険法も適用されず，仕事を切られるリスクなど，気の毒な面もある。少なくとも安全衛生面で一定の保護をすることには一定の意義があると思う（北口）。

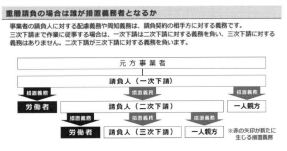

（厚生労働省作成）

Ⅱ　運　　用

3）未然防止策について

特になし。

2023年11月22日

宮澤政裕氏（建設労務安全研究会）

2023年12月15日

湯本公庸氏（安全工学会事務局長），日本化学工業協会より北口源啓氏（旭化成株式会社環境安全部労働安全グループ長），尾崎智氏（日本化学工業協会環境安全部・RC推進部管掌常務理事）

2.44　第56条（製造許可）関係

【監督指導状況】

　本条の適用対象物質があまり用いられなくなっているため，本条の適用場面は限られているが（令和2年の「労働基準監督年報」でも，2020年〔令和2年〕の法第55条及び同第56条を合わせた違反状況〔是正勧告を典型とする行政指導件数〕は4件），

　許可を受けた使用例としては，人造宝石（エメラルド）の製造場面でのベリリウム，打音検査用ハンマーの製造場面でのベリリウム銅合金等が挙げられる。

2.45　第57条（特定の化学物質にかかるラベルの表示）関係

【監督指導状況】

　ラベル貼り付けはメーカー等で行われており，化管法や毒劇法等による実質的に同内容の規制もあって，比較的よく履行されている（「令和3年労働安全衛生調査（実態調査）」では，法第57条の対象物質の製造／譲渡提供者におけるGHSラベルの表示割合は66.3％，同条の適用対象外だが，安衛則第24条の14で努力義務が課された製造・譲渡提供者のうち全製品でGHSラベル表示している者の割合は69.9％だった）。

　もっとも，大手製造会社が下請に塗装等を発注する際に，自社ブレンドの使用を指定しながら，下請に含有物質を知られたくない等の理由で表示がされていないケースもある（玉泉孝次氏による）。

　また，法第57条の2がSDSによるより詳細な情報の通知を定めたことで，本条の意義が低下しているとの指摘もある（むろん，一瞥してハザード等を認識できるというラベル独自のメリットが失われたわけではない）。

　GHSの趣旨からは，危険性／有害性が疑われる全物質でラベル表示が実施されるべきところ，今般の化学物質管理制度の改編で，その方向性が採られた。もっとも，努力義務の対象が多い状

況は変わっていない。

　厚生労働省「職場の化学物質等の管理のあり方に関する検討会」では，硝酸，有機カルボン酸等を含有する洗剤を入れたラベルのない容器に，次亜塩素酸ナトリウム，水酸化ナトリウム等を含有する洗剤を移し入れたため，塩素ガスが発生し，同中毒を生じた例等が紹介されている。

2.46　第57条の２（特定の化学物質にかかるSDSの交付）関係

【監督指導状況】

　令和３年の「労働安全衛生調査（実態調査）」によれば，本条の対象物質の製造／譲渡提供者のうち，全製品につきSDSを交付している者は74.5％であり，本条の適用対象外だが安衛則第24条の15で努力義務が課された物質の製造／譲渡提供者によるSDS交付割合は，77.9％に達している。

　しかし，「令和２年度厚生労働科学研究による行政官・元行政官向け法令運用実態調査」（三柴丈典担当）[38]でも，提供先事業者の知識不足や提供者の提供義務違反で，SDSが備えられていない事業所が未だに多い実態も窺われた。事業者が入手したSDSをファイリングしたまま労働者に示していないケースもみられる（法第104条第４項の周知義務違反に当たる）。

　ラベルやSDSは，労使による化学物質の性状の把握に役立つほか，臨検監督時における特別規則の適用やリスクアセスメントの監督指導等の効率性を高める意義も有している（玉泉孝次氏による）。

　SDSのWEBでの交付も認められるようになって，本条の遵守は容易になっており，製造者／譲渡提供者による遵守の更なる徹底と，衛生教育での活用も含め，労使双方への周知が求められている。

2.47　第57条の３（表示・通知対象化学物質にかかるリスクアセスメント義務）

【監督指導関係】

　本条（法第57条の３）に基づくリスクアセスメントは義務なので（ただし罰則なし），合法性監督がなされる必要があり，その実施は，実施記録等（安衛則第34条の２の８）から確認できる。

　また，（アセスメントを踏まえた）法定措置の実施は，本条による一部の物質にかかるアセスメントの義務化以前から事業者に義務づけられていた（安衛則第576条や577条，特別規則における密閉措置や局所排気装置の設置義務，保護具の装着の定め等）から，その実施の有無をもって，ある程度，リ

---

(38)　厚生労働省安全衛生部のご助力を頂き，筆者が全国の都道府県労働局の健康・安全関係課，監督課，主要労基署の現役行政官，安全衛生行政関係団体等の行政官OBに向けて，安衛法の条文ごとの監督指導実例，法改正提案等につき，アンケート調査を行ったもの。
　　　監督官49，技官15，元監督官12，元技官２の回答があった。

Ⅱ　運　用

スクアセスメントの履行の有無を確認できる。

　また，平成27年の規則改正（平成27年6月23日厚生労働省令第115号）で設けられた安衛則第34条の2の8は，アセスメント結果の掲示等による労働者への周知を事業者に義務づけてきたので，そうした掲示等がなされているかによる確認もできる。

　しかし，本条（法第57条の3）所定のリスクアセスメント義務自体罰則は付されていないし，その結果に基づく健康障害防止措置は（一律的な法定措置を除き）努力義務である。

　そうした事情からも，実際の臨検では，特別規則の遵守の確保に精一杯で，リスクアセスメントの履行確保まで「手が回らない」のが実態との声も聞く（匿名監督官）[39]。

　もっとも，リスクアセスメントは，一般的に労災予防にとって効果的な手法であり，その義務づけの強弱にかかわらず，比較的よく行われている。

　令和3年労働安全衛生調査（実態調査）によれば，実施を義務づけられた本条（法第57条の3）の対象物質についてのリスクアセスメント実施事業所の割合は，7割強であり，

　努力義務にとどまる法第28条の2第1項に基づく（法第57条の3の対象物質以外で危険有害性が認められる）物質を対象とするリスクアセスメントでも実施事業所割合は66.2％にのぼっている。

　法第28条の2に基づくリスクアセスメントは，建設現場などで徐々に浸透してきており，法第60条に基づく職長教育にはリスクアセスメントが含まれているし（安衛則第40条第2項），元請事業者が，下請がその結果を提出しない限り作業を行わせない等の促進策を講じている例もある。もっとも，化学物質のリスクは目に見えにくく，本条に基づくリスクアセスメントの対象物質は限られているので，然るべき専門家の支援が重要であり，そうした専門家の公的な養成が求められる[40]。

　今般の化学物質管理制度の改編で，安全・衛生管理者の下の位置づけで設けられた化学物質管理者制度（安衛則第12条の5第1項）は，まさにその管理等の役割を担うことを期待されている。

　しかし，化学物質のリスクは可視化され難いこともあって認識され難く，特に中小企業において専門人材活用の動機付けやコストを確保することが難しい。

　なお，厚生労働省「職場における化学物質等の管理のあり方に関する検討会報告書」には，リスクアセスメント未実施によると推認される災害事例として，

　1-プロモプロパンを含む溶剤で治具（物の加工に際して物を固定する器具等）等の洗浄作業をしていた労働者が急性薬物中毒となった例等が列挙されている。

　また，リスクアセスメントは実施されていたが，アセスメントの結果，特別規則の対象外の物質であることを理由に特段のばく露防止対策を講じていなかったために，鋳物製造工程で中子（鋳物の中に空洞をつくるために中に入れる砂の塊）を作る際に，ノルマルヘプタンを木型の内部で塗布していた労働者が急性中毒となった例も挙げられている。

---

(39)　適用の実際について，ここまでは三柴の所見。

(40)　日本で伝統的なゼロ災運動などは従業員全体を巻き込む全体主義的な性格を持っていたが，欧州由来のリスクアセスメントは，専門家活用の性格が強い（三柴丈典による）。

2.48　第59条（雇入れ時・作業条件変更時教育，特別教育）関係

【関係判例】

山崎工業事件静岡地沼津支判令和2年2月25日労働判例1244号94頁

〈事実の概要〉

　鋳物製造等を業とするＹに雇用され，鋳物仕上げ等の業務に従事していたＸが，エアブロー作業（空気で製品表面をきれいに仕上げる作業）をしていたところ，

　Ａが運転するクレーンのフックが左肩背部に当たり，その衝撃で右足第4指の骨折等の傷害を負った（本件災害）。本件災害は労災認定された。

　Ａは，元々Ｇ社からＹに派遣されており，その頃Ｇ社作成のマニュアルで安全教育を受けていたが，

　Ｙ代表者作成の巡回記録には，クレーン運転業務にかかる安全意識や能力に欠ける旨の記載が複数記されていた。

　本件災害の数年後，Ｘの不安全行動を理由にＹに解雇されたことを契機に，

　ＸがＹを相手取り，本件災害にかかる安全配慮義務違反に基づく損害賠償と共に，解雇の違法無効確認及び当該解雇を不法行為とする損害賠償を求め，訴訟を提起した。

　このうち安全配慮義務違反に関する判旨は次の通り。

〈判旨〉

　使用者の安全配慮義務の内容は，問題となる具体的状況等によって異なる。

　本件に即してみれば，Ｙは，

　・クレーン運転について一定の合図を定め，

　・合図を行う者を指名し，現に合図させること（クレーン等安全規則第25条第1項本文），

　・クレーン運転業務に労働者を就ける際，安全のための特別教育を行うこと（同第21条第1項）

などが求められている。

　Ａの技能が著しく劣ることは明らかだったのに，Ｙは，本件災害発生まで2年あまり運転手として稼働させ，自らクレーン運転上の安全に関する特別教育を行ったり，その成果が得られなければ運転手を交替させる等の方策を検討しなかった。

　Ｙは安全配慮義務違反をおかし，同義務を尽くしていれば本件災害は生じなかったというべきなので，損害賠償責任を負う。

　Ｙは，Ａに注意指導していたと主張するが，体系的な教育ではなく，その後も複数回の注意指導を受け続けていることから，奏功していないことは明らかである。

〈判決から汲み取り得る示唆〉

　本条（法第59条）第3項が定める特別教育の実施義務（クレーン則で具体化されたもの）は，労働者派遣法第45条第3項により，派遣先に課される。むろん，派遣元で既に特別教育を受けていれば派遣先が重ねて実施する必要はない。また，安衛則第37条には，他の事業場や外部機関で既に特

Ⅱ 運　　用

別教育を受けていれば省略できる旨の定めもある。しかし本件では，おそらく派遣元でもXが従事したクレーン業務に関する特別教育が行われていなかった。判決は，Yの特別教育義務違反を直接的に指摘してはいないが，安全配慮義務は安衛法の定めより広範にわたることを前提に，現にY代表者らがAの意識・能力不足を認識し，記録していたことから，同義務違反を認めたものと解される。

2.49　第60条（職長等教育）関係

【関係判例】
綿半ソリューションズ（綿半鋼機訴訟承継人）事件長野地松本支判平成30年3月28日LEX/DB 25560025
〈事実の概要〉
　　Xは，内装工事業者Aを営む個人事業者であり，
　　建設工事等の設計，請負，施行等を営むYから，2階建て託児所の新築工事における床工事（本件工事）を請け負ったCから，
　　本件工事の一部（タイル裏面に有機溶剤を含有する接着剤を塗布する仕事）を請け負っていた。
　　本件工事の現場管理はYの従業員であるY2が担当し，
　・X(A)とY3(B)に本件工事の一部を請け負わせたほか，
　・Cを本件工事の職長に指名し，
　・両者をその監督下においた。
　　Y3(B)がCと共に長尺シートを床に貼る作業をしていて，それを温めて曲げやすくするためガストーチを使用したところ，X(A)が一人で作業をしていた保育室で，気化した有機溶剤に何らかの火気が引火して床に火が走った（本件事故）。
　　これによりXは，外傷性ストレス障害（PTSD）を発症し，労災認定を受けた。そこでXは，Yらを相手どり，安全配慮義務違反による不法行為損害賠償訴訟を提起した。
　　本件では，特にXと直接的な契約関係にないY2の過失責任が争点となった。
〈判旨〜X請求一部認容〜〉
　　Y2は，具体的な安全管理を職長（C）に任せていたと供述するが，
　・Cに安全管理に関する指示をしておらず，
　・Y3(B)やX(A)らに本件工事の応援を依頼したの

【長尺シート】

【ガストーチ】

はY2であり,

・X(A)らに具体的な作業内容の説明や作業場所の打ち合わせを行ったのもY2なので,

Y2には本件工事の各作業の安全を管理監督すべき義務があった。

本件事故の火元はY3(B)のガストーチだったが,建物の窓の幅を狭める等したために気化した有機溶剤が滞留したことも本件事故の一因と考えられる。

長尺シート張り等が,間仕切りのない隣り合わせの空間で異なる作業員により同時に進められれば,気化した有機溶剤に引火する事故が発生する可能性があることも予見可能だった。

よって,

ガストーチを使用する作業と有機溶剤を使用する作業を,そうした空間で同時に進めないか,

換気によりガストーチを使用しても引火しない作業環境を整える義務があった

のに,果たさなかったので,Y2には過失責任がある。

〈判決から汲み取り得る示唆〉

本判決は,形式的に任命されていた職長ではなく,実質的に工事を指導監督していた者に安全配慮の注意義務ないし事業者Yが負う安全配慮義務の履行補助／代行責任を負わせた例であり,

「職長等」という肩書きが,少なくとも民事上,あまり意味を持たないか,実質的に判断されることが示唆される。

また,安衛法上も,職長等は,「職長その他の作業中の労働者を直接指導又は監督する者(作業主任者を除く。)」と広く定義されているので,実質的に判断される可能性が窺われる。

2.50 第60条の2(安全衛生水準改善教育〔努力義務〕)

【監督指導状況】

監督指導上,本条の活用場面は極めて少ない。

その理由は,本条が努力義務にとどまることのほか,実施すべき教育の範囲が不明確なこともあると解される。

本条の定めを踏まえれば,法第59条第3項所定の特別教育,法第61条所定の就業制限解除資格(免許,技能講習修了等)取得のための教育の内容の補完が標準になるとは言えるが,極論,業務に伴うリスクに対応する内容は全てとも言え,だからこそ,本条を努力義務にとどめざるを得なかったとも言える。

また,匿名元行政官によれば,かつては指導票に監督官が自由記入できたので,本条のような努力義務規定であっても,指導の機会を確保できたが,現在は,指導票に予め記載された項目にチェックする形式になっており,本条(法第60条の2)にかかるチェック項目はないので,監督官も指導が難しくなっているという。

挙示すべき関係判例は見当たらない。

Ⅱ 運 用

2.51 第61条（危険有害業務にかかる有資格者以外の就業制限）関係

【監督指導状況】

令和2年度厚生労働科学研究による行政官・元行政官向け法令運用実態調査（三柴丈典担当）[41]では，

本条の実際の適用例として，

フォークリフト運転技能講習を修了していない労働者に最大荷重が1t以上のフォークリフトの運転業務を行わせていたことから，有資格者に当該業務を行わせるよう指導された例やその類例が示された。

本条違反で送検されるケースも，無資格の労働者にフォークリフトの運転業務や移動式クレーンの玉掛け業務などを行わせるものが多いようだ。

なお，匿名元監督官によれば，

必要な資格を有しない者が就業制限対象業務に就いていた場合，

監督指導実務上は，法第61条第1項により事業者に指導・処分を行うケースが圧倒的に多いが，

事業者の指揮監督権が及ばない条件下，特に事業者が関知していない条件下での無資格就労では，第2項により就業者に指導・処分が行われる傾向にあるという。

また，他者を雇用する事業者が自身の判断で自ら無資格で制限業務を行った場合，法第61条第1項と第2項のいずれの適用になるのか。前掲令和2年の法令運用実態調査（三柴担当）でも，判断が分かれているとの回答がみられた。

事業者が無資格者である自身を制限業務に就かせたとして法定刑がより重い第1項を適用すべきとも考えられる。

本条は，誰を使用するかを問わず，危険な機械等により関係者にリスクをもたらすことを防ぐことを目的としつつ，他者を使用する立場にあって事業上の判断が可能な事業者により重い罰則付きで禁じる趣旨と考えると，

事業者本人が無資格のまま就労した場合に，第1項を適用するのが妥当であろう。

他方，当該事業者が注文者等との関係で，実質的に指揮命令関係にあるような場合，第1項より法定刑の軽い第2項が適用されることもあり得よう（三柴の所見）。

【関係判例】

岡部組事件人吉簡判昭和45年2月20日判例時報602号105頁

有限会社岡部組の代表取締役である被告人Ｙ1が，建設省から請け負ったダム工事で火薬類を

---

(41) 厚生労働省安全衛生部のご助力を頂き，筆者が全国の都道府県労働局の健康・安全関係課，監督課，主要労基署の現役行政官，安全衛生行政関係団体等の行政官OBに向けて，安衛法の条文ごとの監督指導実例，法改正提案等につき，アンケート調査を行ったもの。
　監督官49，技官15，元監督官12，元技官2の回答があった。

126

2　関係判例と監督指導状況（個別）

消費し，労働者を使用していたが，

　火薬類を消費する場所に，火薬庫とは別に日々の消費分だけ別置して，爆発に際しての被害を最小限にとどめるため火薬類取締法に定められた火薬類取扱所を設けず，

　また，導火線発破の業務を，それに必要な資格を持たないＹ２に行わせていた。

　そこで，Ｙ１及びＹ２が，火薬類取締法及び旧労基法違反で起訴された。

　両者の弁護人は，Ｙ２は有資格者であるＨの補助者として対象業務に従事し，Ｙ１もその旨命じたに過ぎないので，旧労基法第49条第２項（＊必要な技能を持たない者に特に危険な業務に就かせてはならない旨の規定〔三柴注記〕）等に反しないと主張した。

　しかし判決は，以下のように述べて，両者を有罪とした。

　右法令は，労働者の安全を保障するため使用者が必要な技能を持たない者を特に危険な有害業務に就かせることを禁じているのであって，技能者養成にかかる例外に該当しない本件では，労働者を独立してその業務に就かせるか，有資格者の手足のように使用される補助者として右業務に就かせるかに関わりなく，必要な技能を持たない労働者を右業務に就かせることで，当該規定に違反する。のみならず，本件においてＹ２は独立して当該業務に従事し，Ｙ１はこれを認容したと認められる，と。

　ここから，就業制限業務には，有資格者の指揮命令下で就業する補助者の従事も制限されることが示唆される。

2.52　第62条(中高年齢者等就業上の配慮を要する者の適正配置等の努力義務)

【監督指導状況】

　近年の監督指導では，特に中高年齢者の転倒災害対策に重点が置かれている。また，エイジフレンドリーガイドライン[42]等を用いたソフトな指導が行われているという。

【関係判例】

綾瀬市シルバー人材センター(I工業所)事件横浜地判平成15年５月13日労働判例850号12頁

〈事実の概要〉

　現在のシルバー人材センターに当たる高齢者事業団（Ｙへの事業と財産の承継者）が，当該事業団の会員にあたる高齢者Ｘに対してI工業所での就業機会を提供（法的には，事業団と就業先間の人材紹介契約や派遣契約に基づく職業紹介や労働者派遣に当たると解される）したところ，その工場内に設置されたプレスブレーキ（薄い金属板に曲げ加工をするためのプレス機械）の操作（本件作業）中，左手をテーブル奥に差し込んだ状態のまま誤ってフットスイッチを押したため，ラム（下降して鉄板に

---

(42)　厚生労働省「高年齢労働者の安全と健康確保のためのガイドライン（エイジフレンドリーガイドライン）」（令和２年３月）。

127

Ⅱ　運　　用

圧力を加える鋭利な刃物状の金属部分）がテーブルに下降して左手の示指，中指，環指及び小指の4指を根本から切断し，身障者福祉法別表4相当の障害を残した。

　そこでXは，その後事業団からその地位を承継したY（ただしYはこの点も争った）を相手方として，主位的に債務不履行，予備的に不法行為に基づき損害賠償を求めて提訴した。

〈判旨～X請求一部認容～〉

　規約第3条に定められた高齢者事業団の目的（高齢者への就業機会の提供によるその社会参加の促進等）を合わせ考えれば，事業団は，就業機会の提供に際して，社会通念上その健康（生命身体の安全）を害する危険性が高いと認められる作業を内容とする仕事の提供を避止し，もって当該高齢者の健康を保護すべき信義則上の保護義務（健康保護義務）を負っている。

　危険性が高いと認められる作業に当たるかは，作業内容等の客観的事情と当該高齢者の年齢，職歴等の主観的事情とを対比検討することにより，通常は比較的容易に判断できる。

　本件事故は，通常の工場労働者でも生じ得るのに，Xは，身体的対応が遅れがちで，危険回避行動が困難になる等が指摘される高齢者であり，加えて，大卒後の大部分をデスクワークに従事して機械作業に従事したことがなかった。

　そうすると，本件作業は，作業内容等の客観的事情とXの年齢，職歴等の主観的事情を対比検討して，社会通念上高齢者であるXの健康を害する危険性が高いと認められる作業に当たる。

　事業団は，本件作業が含まれる仕事をXに提供し，Xがそれに応じた結果，本件事故に至ったから，事業団には健康保護義務違反があり，I工業所の関係者が本件プレスブレーキの操作方法をXに指示したことは，過失相殺事由となるにとどまる。

　そして，Yが事業団の法的地位を引き継いだので，Xへの損害賠償義務も承継したことになる。

〈判決から汲み取り得る示唆〉

　本判決からは，事業者は，高齢者の反応の遅れ，危険回避行動の困難の特性や，従前の職業経験等を踏まえ，適正配置をすることが，民事上の安全（健康）配慮義務の内容となることが窺われる。

2.53　第65条（作業環境測定）関係

【監督指導状況】

　厚生労働省の「労働基準関係法令違反に係る公表事案」（令和2年分）によれば，

　違反による送検事例は，建設現場の地下ピット内の酸素濃度を測定せず，酸欠則第3条違反に該当するとされた和歌山の事案1件に限られていた。

　測定義務違反が直ちに労働者の健康障害に結びつくわけではないためと思われる。

　しかし，是正勧告等の行政指導を示した令和2年の「労働基準監督年報」をみると，各特別規則違反を根拠とする第65条の違反の合計は1899件に達していた（ここ10年は2000件前後～4000件程度で推移している）。

元監督官によれば，

作業環境測定自体を目的として臨検されることは稀であり，監督計画に基づく定期監督や労災発生事業場への臨検の際に，局排設置，作業主任者選任，リスク情報の表示や掲示，健診実施等とあわせて確認される傾向にある。

また，指定作業場・酸素欠乏危険場所以外の作業環境測定については，それほど重視されておらず，測定基準に従って定期的に測定しているところは少数であるものの，是正勧告はあまりされていない。(43) これは，状況の変化があまり想定されにくいことや健康障害に直ちに繋がるものではないとの考えからくるものと解される。

【関係判例】

2.21【関係判例】②に記した内外ゴム事件等。

2.54　第65条の２（作業環境測定結果に基づく評価及び適切な措置）関係

【実施状況】

厚労省の労働環境調査によれば，作業環境測定の義務のある事業場での測定実施率は約８割で，そのうち第１管理区分の評価割合が約９割に上っており（監督実務経験者〔玉泉孝次氏〕も第１管理区分の事業場が多いと認識している），

第１管理区分と評価されたところ含め，局排の性能向上，作業方法の変更等の環境改善の実施割合が４割に上っている。

また，令和２年度厚生労働科学研究による行政官・元行政官向け法令運用実態調査（三柴丈典担当）によれば，

第１管理区分だが，取扱量が多い，移動が多い等の事情から，長期的な健康障害防止の観点で，日本産業衛生学会のガイドラインを用いて個人ばく露測定を行い，改善措置を講じている例があるという。

監督実務経験者からは，逆に，窓を開放し，自然換気で管理区分を変えようとするような例もあり，この場合，局排のフードの改善や風量の増強（フィルターの目詰まりの解消で改善する場合もある）等の工学的対策を指導したとのことだった（玉泉孝次氏による）。

---

(43)　2021（令和３）年11月19日における玉泉孝次氏からの情報提供及び同月21日における篠原耕一氏からの情報提供による。

Ⅱ　運　用

2.55　第65条の3（作業管理）関係

【関係判例】
①刑事事件
努力義務規定のため該当せず。

②民事事件
ア　電通事件最判平成12年3月24日民集54巻3号1155頁

　新入社員が過労自殺した事案につき，使用者には労働者に対して過重な疲労・ストレス防止措置を講じる義務があるとする論拠として，

　本条が作業内容を限定せずに作業管理の努力義務を事業者に課していること，それが労基法の労働時間規制と共に，長時間労働による過重な疲労・ストレスによる心身の健康障害の防止を図っていることを挙げた。

イ　佐川急便事件大阪地判平成10年4月30日労働判例741号26頁

　運送業務従事者が業務上の腰への負荷により腰痛を発症し，その後も休業を挟んで同様の業務を続けた結果，長期休業に至った事案につき，

　行政の通達（昭和45年7月10日基発第503号）を引用しつつ，

　それが，人力での取扱いは55kg以下とし，それ以上の物は2人以上で取り扱うよう努めること，重量物取扱い時間の適正化を図ること，問診，姿勢異常，代償性（身体の一部機能が失われても他の部位がその機能を代替することで元の機能が何とか保たれている状態）変形のチェック等の健康診断と事後措置を講じること等を定めているのに，

　被告会社は，同通達が基準とする55kg以上の重量物，時には80kgの重量物を取り扱う労働を長時間させ，腰痛予防のための健診も実施していなかったため，安全配慮義務違反があったとした。

2.56　第65条の4（「作業時間」の制限）関係

【関係判例】
①刑事事件
見当たらなかった。

②民事事件
NTT事件松山地判昭和60年10月3日判例時報1180号116頁

海底電線ケーブル埋設工事のため潜水作業に従事していた潜水夫が，酸素ボンベの空気がなくなりかけて急速に浮上したところ，潜水病に罹患し，

直接の雇用主ではなく，その雇用主から彼を借り受け，Ｙ１に派遣し，なおかつ契約上その監督を行う予定だったＹ２と，Ｙ２から彼の派遣を受けて，実際に使用したＹ１の責任が問われた事案について，

先ずＹ１については，潜水夫との実際の使用関係から安全配慮義務の存在を認めた上，高圧則第29条が定めるボンベの給気能力の伝達と監視要員の設置のいずれも怠っていたことが安全配慮義務違反とし，

次にＹ２については，契約上潜水作業の監督をすることが予定されていたことから安全配慮義務の存在を認めた上，Ｙ１に潜水の知識がなかったのに，安全管理要員を派遣しなかったことが安全配慮義務違反とする一方，

潜水夫本人は，潜水の知識を十分持っていた以上，潜水時間，浮上時間，空気ボンベの給気能力を計算できたはずなどとして，２割の過失相殺を認めた。

なお，2014年（平成26年）の高圧則改正で，高圧下作業による健康障害防止のための体制整備等の第一義的責任を事業者が負うことが明示されたが，安全配慮義務の判断にはさほど影響しないようにも思われる。

■事件に関する技術専門家の意見

1）事実関係について

典型的な潜水病の事案である。

窒素が血液に溶け込んで，浮上で減圧するとサイダーのように気泡が発生し，血管が閉塞するなど様々な異常が生じる。

2）判決について

派遣元（Ｙ２）と派遣先（Ｙ１）の双方に過失責任を認めた本判決は妥当と思う。

正直なところ，本件はけっこうひどい事例だと思われる。

というのも，派遣先（Ｙ１）は，潜水に関する知識のないまま潜水夫を指揮したこと自体おかしい。少しでも潜水に関する知識があれば，高圧則第31条が定めるような急浮上回避策などの措置を講じたはず。

派遣元（Ｙ２）も，派遣元でありながら，危険な潜水作業について現場で安全管理しなかったことは，大きな落ち度である。

そもそも二重派遣（職安法，労働者派遣法違反）でもあり，会社，本人共にコンプライアンス意識や安全意識が欠けていたように感じる。

3）未然防止策について

重要なのは，高圧則第31条が定める通り，減圧に時間をかけることである。

減圧しないうちに２度目の潜水をすると，潜水病罹患のリスクが高まる。

Ⅱ　運　用

ベテラン作業者に悪慣れが生じる傾向があるので，再教育が必要と思う。

宮澤政裕氏（建設労務安全研究会）

2.57　第66条（健診：一般，特殊，特殊歯科，臨時等）関係

【監督指導状況】

是正勧告を典型とする違反の指摘件数を記した「労働基準監督年報」の定期監督等実施状況・法違反状況によれば，

例年，13万件強の定期監督等実施事業場のうち，第66条違反（＊平成31年以後は法第66条乃至第66条の6違反〔三柴注記〕）が1万件から3万件程度（違反指摘全体では10万件弱）となっており，

令和2年の例では，一般健診義務違反が多く，特殊健診義務違反は少ないが，その中では，有機則違反，特化則違反の指摘が多い。

令和2年度厚生労働科学研究による行政官・元行政官向け法令運用実態調査（三柴丈典担当）[44]では，

定期健診不実施を理由とする安衛則第44条違反の監督指導例が多く，うち1件は，事業場が主体的に健診を実施しているとは言えないケースであった。

健診実施の要件の1つである，「常時使用する労働者」に該当するか否かの判断に悩みを抱えているとの声もあった。

また，健診結果の本人への通知（法第66条の6，安衛則第51条）や監督署への結果報告（法第100条，安衛則第52条）違反の存否もみた上で適用を判断する傾向を窺わせる回答があった。

特殊健診については，ドラフトチャンバー内で発煙硝酸を使用する検査業務を行う労働者に一般健診しか実施しなかった例等が示された。

【事業場での実施状況】

令和3年定期健康診断結果報告によれば，

定期健診の有所見率は1991年（平成3年）から増加傾向にあり，2021年（令和3年）には58.7％であった。

特に血中脂質の増加傾向が顕著であるほか，血圧や血糖値も増加傾向にあること，

2020年「令和2年労働安全衛生調査（実態調査）」によれば，

正社員と契約社員の一般健診受診率は高い（95％超）が，（対正社員の週所定労働時間数がその2分

---

(44)　厚生労働省安全衛生部のご助力を頂き，筆者が全国の都道府県労働局の健康・安全関係課，監督課，主要労基署の現役行政官，安全衛生行政関係団体等の行政官OBに向けて，安衛法の条文ごとの監督指導実例，法改正提案等につき，アンケート調査を行ったもの。
　　監督官49，技官15，元監督官12，元技官2の回答があった。

132

1以上の者も未満の者も含め，）パートタイマーや派遣労働者の受診率が6－7割である。

2018年の「平成30年労働安全衛生調査（実態調査）」のうち事業所調査によると，

事業者側の特殊健診の実施率は，鉛業務，石綿取扱い業務，放射線業務がある事業所では8割を超えるが，

有機溶剤業務，特化物の製造・取扱い業務がある事業所では5－6割にとどまっている。

粉じん作業にかかるじん肺定期健診（粉じん作業の常時従事者と従前の従事者のうち一定の者を対象とし，年に1度のものと3年に1度のものがある）の実施率も9割を超えるが，

粉じん作業従事者の雇入れ時，定期外（常時従事者で安衛法上の健診でじん肺所見等がある者，合併症による長期休業者で快復した者を対象とする），同じく離職時の健診となると，8割を切っている。

延べ受診者数を分母とした有所見率は，

石綿取扱い業務のある事業所で2割弱，

年1回のじん肺健診で3割弱

に上る。

「平成24年労働者健康状況調査」（事業所調査）によると，定期健診不実施の理由に関する事業所の回答は，時間がないが4割強，費用がないが3割強，適当な健診機関等がないが約15％，健診の必要を感じないが約1割，事務的負担が1割弱，その他が約半数だった。

2020年「令和2年労働安全衛生調査（実態調査）」によれば，

歯科健診を実施した事業所の割合は4.0％であり，本条（法第66条）第3項に基づくものの実施事業所割合は0.2％にすぎなかった。

監督実務経験者によれば，

鉛蓄電池の製造工場で製品に充電する際に硫酸ミストが発生する箇所，

メッキ工場で酸洗いに塩酸を使用している事業場，

研究で弗酸を使用している事業場

などで歯科健診の実施を是正勧告したことがあるという。

もっとも，単に有害物質があるのみでなく，「発散する場所」でなければならないし，実際に歯牙酸蝕症での症例が少ないこと等から，違反の指摘に消極的な監督官もいるとのことだった（玉泉孝次氏による）。

【関係判例】

①刑事事件

ア　労働安全衛生法違反，労働基準法違反被告事件大阪地判平成12年8月9日判例時報1732号152頁

採用時健診や定期健診を行わず，時間外割増賃金も支払わなかった法人と代表取締役に罰金が科されたが，

時期を固定せず，健診自体は実施していたことや，健診実施機関の変更先を探索した経緯から，量刑が減らされた。

Ⅱ　運　用

イ　労働安全衛生法違反，有印私文書偽造，同行使被告事件長崎地判平成18年10月3日労働判例923号93頁

　会社の派遣担当者が，時間的余裕がないとして派遣労働者2名の雇入れ時健診を省略し，医師名義の健診個人票を偽造して派遣先に提出したこと，

　従前にも数十名の労働者の雇入れ時健診を省略したり，結果を書き換えたりしたこと

　等を踏まえ，執行猶予付の懲役刑が命じられた。

　被告人は，法第66条第5項（医師選択の自由の保障規定）を根拠に，労働者側が積極的に健診を受診すべき旨主張したが，この規定により，事業者側の実施義務違反が免責されるわけではないことが明言された。

②民事事件⁽⁴⁵⁾

1）一般健診関係

ア　真備学園事件岡山地判平成6年12月20日労働判例672号42頁

　学校法人である被告が，雇用する教員の健診については，<u>民間医療機関に胸部X線間接撮影と尿中糖と蛋白の検査を委託し，血圧は保健室に血圧計を用意して各教員の任意に委ね，健診個人票の作成も校医による健康管理も行わずにいたところ</u>，被告で就業しており，<u>悪性の高血圧症を基礎疾患にもつ高校教師が脳内出血で死亡したこと</u>を受け，

　その遺族が<u>被告の健康管理に関する安全配慮義務違反</u>に基づく損害賠償請求をなした事案を前提としており，

　判決は，

　安衛法上の事業者の健康確保の責務，健診実施及び事後措置実施義務，産業医選任義務，

　学校保健法上の健診実施及び事後措置義務，学校医の選任義務

　等を定めた規定の趣旨に照らし，

　被告には，これらの規定内容を履行する公的責務と共に，雇用契約上の<u>安全配慮義務として，健診実施及び事後措置等によりその健康状態を把握して適切な措置を講じる健康管理の義務があ</u>

---

(45)　ここに挙げたもの以外に，

　　　使用者による定期健診の不実施（安衛法第66条第1項違反）等を認めつつ，それに基づく基礎疾患（レビー小体型認知症）の増悪の事実も，<u>当該事実に基づく／とは別個の慰謝料等の損害賠償の支払いも命じなかった例として，</u>酔心開発事件東京地判令和4年4月12日労働判例1276号54頁がある。

　　　もっとも，本件では，原告が，長時間労働や，割増賃金不払い等，使用者による複数の不法行為とそれによる基礎疾患の増悪等を主張し，<u>慰謝料請求もそれらを包括的な根拠として行ったが，</u>健診不実施と割増賃金不払い以外は，事実自体が認められなかった経緯がある。割増賃金不払い分の支払請求は認められている。

　　　また，<u>健診費用について，</u>最近の裁判例（社会福祉法人セヴァ福祉会事件京都地判令和4年5月11日労働判例1268号22頁）は，興味深い判断を示している。

　　　原告労働者が4回分の健診を自ら選んだ医療機関で受診した費用につき，被告会社に不当利得返還請求したところ，被告会社側は，会社として指定医を設けているのに，あえてそれ以外で受診する費用まで会社が負担すれば，健診費用の予測がつかないこと等反論したという事案において，

　　　そもそも被告会社が主張する医療機関は指定医と認められないし，安衛法第66条第5項からすれば，<u>必要性と合理性の範囲内での費用償還請求は拒めない，</u>と判断した。

るとした上，

　定期健診項目に血圧検査があれば，悪性高血圧症は判明していただろうし，尿検査を促して結果報告を義務づけて健診個人票を作成していれば，その背後にある腎疾患等も把握でき，

　それに応じた勤務軽減等の抜本的対策を講じられたはずなのに，

　それらを怠ったことは，前記諸法規所定の公的な責務の懈怠であると共に，雇用契約上の安全配慮義務違反であるとした。

　合わせて，当該教師が専門医を受診していたとしても，被告が主体的に健康を把握して対応すべきだったとした。

　ここから，安全配慮義務の履行のためにも，法定の健診項目は全て履行する必要があることが窺われる。また，本件が生じた当時は，健診結果を受けた事後措置（現行安衛法第66条の５）や保健指導等の措置（現行安衛法第66条の７）は定められていなかったが，この時点で既に安全配慮義務の内容と評価されていたことも特筆される。

　もっとも，判決は，死亡した教師自身も，被告が民間医療機関に委託していた尿検査を受けず，主治医から入院や勤務軽減を勧告されていたことを被告に申告していなかった点に落ち度があるとして，本条（法第66条）第５項が労働者に健診受診義務を課していることに言及しつつ，4分の3の過失相殺を認めた。従って，本条第５項違反は，主に過失相殺で考慮され得ると解される。⁽⁴⁶⁾

イ　東京海上火災保険・海上ビル診療所事件東京高判平成10年２月26日労働判例732号14頁

　肺がんで死亡した労働者の遺族が，同人の死亡は，法定定期健診でのレントゲン写真の異常陰影の見過ごし等の安全配慮義務違反または不法行為により，肺がんへの処置が遅れたことにより生じたとして損害賠償請求した事案を前提としており，

　判決は，一般企業での定期健診の実施は安全配慮義務の履行の一環といえようが，

　一般医療水準に照らし相当と認められる程度の健診を実施するか，それが可能な医療機関に委嘱すれば足り，

　診断がその水準を明白に下回り，かつ，企業側がそれを知り得た事情がなければ，安全配慮義務違反は認められない，

　仮に医師らの過失について健診を実施する事業者に負わせれば，同人らに医師らの医療行為を指揮監督すべき義務を負わせることになり，妥当でないとの趣旨を述べた。

２）特殊健診関係
ア　大東マンガン事件（植田満俺精錬所・守口労基署長事件）大阪地判昭和57年９月30日労働判例396号

---

(46)　システムコンサルタント事件東京高判平成11年７月28日労働判例770号58頁も，労働者の健診受診拒否が基礎疾患の増悪に寄与したと解される場合，過失相殺を適用している。
　　すなわち，この判決は，使用者の健康管理上の１次的な過失責任の認定に際して，労働者の自己責任原則に否定的態度をとりつつも，１審被告会社からの精密検査受診の指示に従わなかったことや，入社当初からの高血圧等の事情を考慮して，５割の過失相殺を認めた。

Ⅱ　運　用

51頁（大阪高判昭和60年12月23日判例時報1178号27頁の原審）

　原告Ｘ１～Ｘ４が罹患したマンガン中毒等について，個人事業主Ｙ１の安全配慮義務違反に基づく債務不履行責任と，労働基準監督行政を行う国Ｙ２の国家賠償法上の責任があるとして，損害賠償を求めた事案につき，

　両責任を肯定した例だが（なお，個人事業主Ｙ１の責任はこれ以上争われずに確定し，国Ｙ２のみが控訴して認容された〔国の敗訴部分が取り消された〕），

　Ｙ１の賠償責任を認める根拠として，

　Ｙ１が，マンガン製錬業者でありながら，マンガン中毒等に関する知識を欠き，

　発じん防止設備の整備不足，粉じんマスクの装着の不徹底等のほか，<u>特殊健診も受診させていなかったこと</u>，既にマンガン中毒罹患者が２名発生していたのに，精密検査を受診させて早期発見に努める等の措置を講じていなかったこと

　等を指摘した。

　<u>特殊健診義務違反が安全配慮義務違反となり得る</u>ことのほか，実際には，<u>特殊健診義務違反を犯すような事業者は，作業環境管理も十分に行っていない，意識や知識に欠ける場合が多いこと</u>が窺われる。

イ　東北機械製作所事件秋田地判昭和57年10月18日労働判例401号52頁

　アと似たような事案で，似たような判断が示された。

　すなわち，被告Ｙ社が原告Ｘを，木型・金型の塗装等の作業に従事させ，トルエンの蒸気に晒される条件下，<u>有機溶剤の発散源（蒸気等）の密閉や，局所排出装置，全体換気装置の設置が求められていたのに</u>（有機溶剤中毒予防規則〔昭和47年第36号〕〔旧予防規則〕第6条），それらの措置を講じず，

　<u>防毒マスク等の使用させを講じず</u>，

　旧予防規則第28条，第29条第2項で実施が求められていた<u>特殊健診も講じておらず</u>，

　原告Ｘが有機溶剤中毒に罹患したため，<u>関係諸法令により使用者が負う雇用契約上の義務（安全配慮義務と思われる）違反</u>を根拠に，損害賠償請求した，という事案で，

　判決は，Ｙ社は少なくとも<u>旧予防規則施行時以後，特殊健診を定期的に実施せねばならなかった</u>。

　Ｘは長期間有機溶剤であるトルエンの蒸気に晒されて吸引し，発病に至ったから，Ｙ社が<u>特殊健診を所定通り実施していれば，Ｘの体の何らかの異常を早期に発見し，適切な措置を講じることにより，発病や重症化を防ぎ得たかもしれない</u>。

　Ｙ社は，作業環境上のトルエンの除去・軽減策を講じず，長い間保護具を支給せず，特殊健診も長い間実施してしなかったので，<u>雇用契約上の安全配慮義務を懈怠した</u>，と述べた。

ウ　ソニー有機溶剤中毒訴訟事件仙台地判昭和52年3月14日判例時報847号3頁

　労働者が有機溶剤への長期間のばく露の末に肝障害で死亡した事案で，

特殊健診を「所定通り」実施し，労働者の身体の異常を適確に把握すること
は使用者の安全配慮義務だと明言した上，

6ヶ月に1度の実施が義務づけられている有機溶剤取扱者対象の特殊健診が，医療機関側の対
応の遅れで遅れた場合でも，

Y社の医療機関側への依頼が遅れたこと，本来の実施予定時期の約3ヶ月後に原告Xが発症し
たこと，他に特殊健診で肝機能の異常がみつかった者が複数名いたこと等の経過もあり，

Y社が所定通りに特殊健診を実施していれば，Xの体の何らかの異常を発見できた可能性が高
く，

Y社の安全配慮義務違反に当たる旨を示した。

エ　内外ゴム事件神戸地判平成2年12月27日労働判例596号69頁

特殊健診自体は実施されていたが，適切な特殊健診の実施（有機則第29条，第30条）が安全配慮
義務の内容であり，

その方法が不適当な場合（このケースでは，個人票中の取り扱った有機溶剤名や自他覚症状に関する記
載の不備等），同義務違反となる旨が示された例

前掲の通り，本件は，数年間，換気が悪い作業場で，保護具を着用せず，トルエン，ヘキサン
等の有機溶剤を含有するゴム糊を使用する業務を行っていた作業員が，慢性有機溶剤中毒に罹患
し，使用者の安全配慮義務違反が問われた事案につき，

安衛法及びそれに紐付く安衛則や有機則の規定は，行政取締規定だが，その目的の一致から，
使用者の労働者に対する私法上の安全配慮義務の内容となるとした上で，

本件では，

1）局所排気装置の設置（安衛法第22条，第23条。有機則第5条，第14条乃至第18条），

2）呼吸用保護具（防毒マスク），

3）保護手袋等適切な保護具の具備（安衛則第593条，第594条，有機則第32条乃至第33条），

4）有機溶剤の特性・毒性・有機溶剤中毒の予防にかかる安全衛生教育（安衛法第59条，安衛則
　　第35条），

5）適切な特殊健康診断（有機則第29条，第30条），

6）必要な作業環境測定と結果の記録（安衛法第65条，施行令第21条，有機則第28条），

7）有機溶剤のリスクと取扱上の注意事項，中毒発生時の応急処置等の掲示（有機則第24条，第
　　25条）

が同義務の内容となるとした上で，いずれも（適切に）実施されなかった（局所排気装置は一切設
けられず，保護具は十分に用意されず，全く着用されず，教育指導はされず，特殊健診は適正になされなか
った）とされた。

このうち5）について詳述すると，

約4年間に計8回実施されていたが，

そのうち7回分の健診個人票中の「主として取り扱った有機溶剤の名称」欄は空欄であり，

Ⅱ 運　　用

　同じく「自他覚症状」欄，「神経または消化器系障害」欄は，原告から愁訴があったのに斜線が引かれ，「別にチェックしている」と回答された。

　この点について判決は，

　健診の実施方法と内容に疑問を抱かざるを得ず，個人票上の「健康」の記載は信用できない，

　適切な特殊健診の実施（このケースでは有機則第29条，第30条の定めと趣旨に沿った実施）が安全配慮義務の内容であり，被告会社のやり方では同義務に違反する

　旨を述べた。

　この際，

　有機溶剤中毒の診断には自覚症状の確認が重要であるため，十分な問診が必要であること，

　使用された溶剤の種類，その開始時期，ばく露状況等が重要な参考資料となること，

　のほか，

　健診のような機会に長時間の問診は不可能なので，先ずは問診票でアンケートし，健診時に直接補足的に問診するのも有効と解されること等，方法の詳細が提案されている。

2.58　第66条の２（深夜業従事者自発健診）関係

【制定を促したと解されるケース】

ア　浦和労基署長事件東京高判昭和54年７月９日労働判例323号26頁

　パン工場でオール夜勤で精神的緊張を伴う製品仕分け作業等に従事していた高血圧症の基礎疾患を持つ40代労働者が急性心臓死した事案につき，オール夜勤による疲労の蓄積と健康リスクを述べて業務起因性を認めた。

イ　大日本印刷・新宿労基署長事件東京高判平成３年５月27日労働判例595号67頁

　24時間隔日交替制で，ロッカールームの管理業務に従事していた高血圧症の基礎疾患を持つ労働者が脳出血で死亡した事案につき，

　やはり深夜勤やそれを含む交替制勤務が人間の生理的リズムに反し，過労状態の進行で健康障害リスクを伴うことを指摘し，

　また，高血圧症等の基礎疾患を持つ者の深夜勤を不適とする産業衛生学会の交替勤務委員会の意見書も引き合いにして，業務起因性を認めた。

【事業場での実施状況】

　これまでの厚生労働省の労働安全衛生調査によれば，

　事業所の規模が大きいほど深夜業務を行う労働者がいる割合が増加し，500人以上では８割以上に上っている。

　深夜業務従事期間が３〜６年で，体調変化を認める労働者の割合が多かった。

深夜業従事者のうち医師の診断を得たとする２割弱において，胃腸病，高血圧性疾患，睡眠障害などが多かった。

2.59 第66条の４（健診結果に基づく異常所見者にかかる医師等からの就業上の配慮にかかる意見聴取）関係

【制定を促したと解されるケース】

　医師からの意見聴取の定め。安衛法改正をめぐる国会審議で電通事件１審判決が採り上げられ，

　その際，過労自殺については，個人の問題ではなく，産業医等の助言を得つつ，組織的に取り組む必要性が指摘されていた。

【監督指導状況】

　平成24年労働者健康状況調査では，

　定期健診を実施した事業所のうち，異常所見労働者がいたところが75％超で，それを100％として，医師等に意見聴取を行ったところが25％超，地域産業保健センターを活用したところが４％弱だった。

　他方，令和２年度厚生労働科学研究による行政官・元行政官向け法令運用実態調査（三柴丈典担当）では，

　有所見者について，医師からの意見聴取を行っていなかったことについて監督指導を行った例が２例報告された。

【関係判例】

①刑事事件

　罰則がなく，該当せず。

②民事事件

南大阪マイホームサービス事件大阪地判平成15年４月４日労働判例854号64頁

　定期健診で胸の苦しさを訴え，心電図で要医療とされた労働者が，その後，勤務中に急性心臓死したことを受け，その遺族が，会社に医師への意見聴取していなかったこと等の過失があったとして損害賠償を求めた事案で，

　判決は，被告会社が健診や広範囲での保健指導は実施していたことを認めつつ，

　安衛法上の健診実施，意見聴取，事後措置の義務は，心身に基礎疾患を持つ労働者の業務上の過度の負荷による増悪防止を図るものとも解し得る旨と，

　電通事件最高裁判決が述べた過重な疲労・ストレス防止義務について述べた上，

Ⅱ 運　用

　被告会社らは，死亡した労働者の勤務状況や健康状態の確認，医師からの個別的な意見聴取等により，業務軽減等の措置を講じるべきだったし，これらの措置に際しては，被告会社の側からの積極的な働きかけを行うべきだったのに怠ったのは被告会社の過失に当たるとしつつ，

　基礎疾患の存在や，会社に業務軽減の要望を出さなかったこと等につき，素因減額・過失相殺を行った。

2.60　第66条の5（健診結果に基づく医師等の意見を踏まえた就業上の配慮等）関係

【事業場での実施状況】

　平成24年労働者健康状況調査によれば，

　定期健診で異常所見者がいたとする約78％を100としたとき，「再検査・精密検査の指示等の保健指導を行った」が約68％だったが，

　就業場所や作業の転換は約5％，労働時間の短縮等も約5％，作業環境測定は約2％，施設や設備の整備等も約2％，その他の措置が約6％，何もしなかったが約20％であり，

　要するに，事後措置としての個別的，集団的な労働条件の変更はあまり講じられていない。

　殊に，健診結果を踏まえた作業環境管理がなされ難い背景に，作業環境管理について助言できる産業医が少ないことを指摘する見解がある[47]。

　近年の行政監督実務では，こうした傾向を踏まえ，健診後の事後措置に関する指導に力を入れ，積極的に指導票を交付しているという（玉泉孝次氏による）。

【関係判例】

ア　システムコンサルタント事件東京高判平成11年7月28日労働判例770号58頁

〈事実の概要〉

　コンピュータソフトウェア開発業務に従事していた亡Aが，入社から約10年間，年平均3000時間弱（死亡前1年間も2900時間弱）の労働，

　それも，死亡前約1年間は，プロジェクトの実質的責任者として，スケジュール遵守を求める発注会社と増員や負担軽減を求める協力会社の板挟み状態にあった後，

　脳幹部出血で死亡したことを受け，遺族が会社を相手取り，過重労働の安全配慮義務違反を根拠として損害賠償請求した。

　亡Aは，入社時から高血圧（140/92）であり，その後10年間で心拡張も伴い高血圧が相当増悪した（死亡の1年前頃には176/112，心胸比55.6）。

　行政では労災認定されなかった。

---

(47)　第139回労働法学会大会における堀江正知氏（産業医科大学）による報告内容に基づく。

〈判旨〜１審原告請求認容〜〉

　会社が亡Ａの高血圧の増悪を認識していた以上，

　「具体的な法規の有無にかかわらず，使用者として，亡Ａの高血圧をさらに増悪させ，脳出血等の致命的な合併症に至らせる可能性のある精神的緊張を伴う過重な業務に就かせないようにするとか，業務を軽減するなどの配慮をする義務」を負うべきところ，

　特段の負担軽減措置をとることなく，同義務を怠ったので，会社の損害賠償責任が認められる。

〈判決から汲み取り得る示唆〉

　定期健康診断に基づく事後措置の規定は1999年（平成11年）の法改正で導入されたものであり，事件当時はなかったが，

　本判決は，こうした具体的規定がなくても，使用者は，労働者の定期健診等により素因や基礎疾患を認識した以上，それに応じた業務軽減等の配慮をする義務を負うと判断した。

　本判決からは，

　定期健康診断の結果により，配慮が必要であることについての使用者の認識可能性（予見可能性）を導きうること，

　事後措置の不実施が安全配慮義務違反を基礎づけること

　が示唆される。

　なお，判決の趣旨からすると，

　法第66条の５に例示された事後措置項目（就業場所の変更，職務変更，時短，深夜業回数の減少，作業環境測定，施設や設備の整備，安全・衛生委員会等への報告等）の実施はもちろんのこと，

　例示外の事後措置項目の実施も安全配慮義務の内容になり得る（この部分は三柴）。

イ　榎並工務店（脳梗塞死損害賠償）事件大阪高判平成15年５月29日労働判例858号98頁

　建設会社従業員が，発症前６ヶ月の週40時間を超える時間外労働（法定時間外労働）は平均すると月40時間程度にとどまっていたが，

　発症直前には月70時間程度まで増加し，深夜業にも従事し，また，鉄粉が目に刺さる災害に見舞われて不眠になるなどした後，ガス管溶接作業中に脳梗塞を発症して死亡したため，

　遺族が会社に損害賠償請求をした事案を審査した。

　会社は，定期健診を実施はしたが，法定回数実施せず，産業医を選任せず，医師の意見聴取も行っていなかった。

　また，安全・衛生委員会も安全・衛生管理者も実質的に機能しておらず，

　直属の上司に本人の健康情報が伝えられておらず，健診結果を踏まえた再検査のための作業日程調整もされていなかった。

　判決は，使用者には，

　１次予防策として労働時間等に関する適正労働条件確保措置，

　２次予防策として健診による健康状態の把握と就業調整を行うべき安全配慮義務があり，

　本件では，使用者が当該従業員の有所見（心電図と肝機能・脂質の異常）を認識していた以上，致

II　運　用

命的な合併症を招くような精神的緊張を伴う業務に就かせるべきではなかった旨等を述べた。

　本判決から，健診，医師等からの意見聴取，事後措置という健康管理のパッケージの重要性が窺われる。

ウ　高島工作所事件大阪地判平成 2 年11月28日労働経済判例速報1413号 3 頁

　右眼偽黄斑円孔（眼底の網膜の中心部を黄斑と呼び，ものを見る真ん中に当たる。黄斑円孔は，黄斑の網膜に丸い穴〔円孔〕があく病気[48]）により視力が低下した原告が，

　本条（現行法第66条の 5 。当時の第66条第 7 項）を根拠として，業務内容の変更，配置転換等の具体的措置を提示して協議を求め，間接強制として，協議開始まで 1 日6000円の支払を求めた事案であり，

　原告は，面談の席で，被告会社が適当と思う業務の提示を求めていたが，被告会社から拒否された経緯があった。

　判決は，安全配慮義務は，賃金支払等，労働契約上の本来的義務ではなく附随義務であり，予め具体的内容を確定し難いので，労使間の合意等特段の事情がなければ，直接的な履行請求はできず，

　本条は，その規定の仕方が抽象的，概括的だし，罰則が付されていないから，使用者の本来的履行義務になったとは言えない旨を述べた。

　反対解釈すれば，規定の仕方が一義的に明確で罰則の定めがあれば履行請求可能となるが，妥当性の検討が求められる。

2.61　第66条の 6（健診結果の本人への通知）関係

　健診結果の本人への通知の定めであり，罰則が付されている。

【事業場での実施状況】

　平成24年労働者健康状況調査をみると，企業規模を問わず，100％近く，本条による通知がなされていることが窺われる。

　行政監督実務経験者（玉泉孝次氏）によれば，法改正による本条追加前にも，一般に企業で健診結果の本人への通知は行われていることが多く，監督官も，法的根拠なく，そうした指導を行っていたという。

---

(48)　林眼科病院のWEBサイト（https://www.hayashi.or.jp/disease/detail/masterid/69/　最終閲覧日：2022年 4 月15日）。

2　関係判例と監督指導状況（個別）

【関係判例】
①刑事事件
　見当たらず。

②民事事件
京和タクシー事件京都地判昭和57年10月7日判例タイムズ485号159頁
　原告が被告での採用前に被告の指定機関で健診を受診したところ，左上肺野に異常陰影が認められ，被告に「左肺浸潤の疑，要精査」と通知されたが，被告は健常者と同様にタクシー運転業務に就かせていたところ，

　その後の定期検査の結果から要精密検査となり，精密検査を受けた結果，直ちに入院加療を要する肺結核と診断され，遂には解雇されるに至ったという事案について，

　判決は，原告の雇入れの時点で精密検査をして病状を明確にしていれば軽作業をしながら治療できたこと，病状悪化の主因は労務であることを認めた上で，

　被告は，安衛法第66条及び安衛則第43条（雇入れ時健診），第44条（定期健診）に基づき，労働者の雇入時に胸部X線検査及び喀痰検査等の健診を実施する義務を負い，

　その事後措置として同法第68条（病者の就業禁止）及び安衛則第46条（結核発病のおそれのある者を対象にした結核健診。その後廃止された）に基づき，

　結核にかかった労働者の就業を禁止し，その発病のおそれがあると診断された労働者に喀痰検査等の精密検査を行う義務を負っている。

　安衛法，安衛則により労働者に義務づけられた健診の結果は，

　労働者の採否の判断資料となるだけでなく，

　採用後の労働者の健康管理の指針となり，

　労働者自身の健康管理の重要な資料となるものであるから，殊に労働者の健康状態が不良かその疑いがある場合は，

　採用後遅滞なく労働者に健診結果を告知すべき義務があるにもかかわらず，

　被告はこれを怠ったなどと述べた。

　本判決は，本条（法第66条の6）制定前のものだが，事後措置の懈怠と共に労働者への健診結果の通知の懈怠が民事上の過失責任をもたらし得ることを示唆している。

2.62　第66条の8（長時間労働面接制度）

【事業場での実施状況】
　「令和2年労働安全衛生調査（実態調査）」の事業所調査によれば，

　法定時間外労働80時間超の労働者がいた事業所割合は2.5％（平成30年調査7％）と減少傾向にあるが，

143

Ⅱ 運 用

事業所規模が大きくなるほど割合が高まる傾向にあり，従業員数1000人以上では41%にのぼる。

しかし，時間外労働時間が月80時間超の労働者がいた事業所のうち，面接指導の申し出があった労働者がいた事業所は，12.1%（17.6%）に過ぎなかった。

ただし，申し出があった事業所を100とすると，80時間超の労働者がいた事業所での実施率は95%以上だった。

【監督指導状況】

是正勧告を典型とする違反の指摘件数を記した「令和2年労働基準監督年報」の定期監督等実施状況・法違反状況（令和2年）では，面接指導実施等義務違反（法第66条の8，第66条の8の2，第66条の8の4）の違反指摘件数は618件だった。

【関係判例】

ア　公立八鹿病院組合事件広島高松江支判平成27年3月18日労働判例1118号25頁

上位の医師からのパワハラや過重労働により，新人医師Bが，精神疾患を発症した末，過労自殺した事案で，Y組合の安全配慮義務違反に基づく損害賠償責任が問われた事案であり，

判旨は，Y組合が尽くすべき安全配慮義務の内容として，

・広く新人医師らの労働環境整備に努めること，

・亡Bの勤務時間や人間関係を含む勤務状況を把握し，パワハラ加害者には是正を求めると共に，仕事を休ませる等してストレスや疲労を軽減させること，

が求められ，それにより本件自殺を防止できた蓋然性があったが果たされなかったとした。

このうち労働環境整備の具体的内容として，亡Bの死後に開催された安全衛生委員会で提言された諸方法が挙げられ，

そこには，

①医師による面接指導の確実な実施のため，長時間労働者を安全衛生委員会に報告し，労働者が自己の労働時間数を確認できるシステムの構築，

②事業場内産業保健スタッフによる面接指導，

等が含まれていた。

判決は，Y組合が，近隣病院・診療所との連携により勤務医の負担軽減を図る等していたことは認めつつ，時間外勤務時間の把握やハラスメントへの対応が不十分で，亡Bの前任者らも短期で病院を去っていたのに，何ら対策が講じられなかったとしている。

本件は，そもそも労働時間の把握やハラスメントへの対応の懈怠が安全配慮義務違反の要素とされた例だが，少なくとも，

長時間労働者に対する面接指導の確実な実施のための，対象者の安全衛生委員会への報告，労働者自身が労働時間数を確認できるシステムの構築等

も安全配慮義務の一内容となり得ることは示唆されている。

2 関係判例と監督指導状況（個別）

イ　横河電機（SE・うつ病罹患）事件東京高判平成25年11月27日労働判例1091号42頁[49]

〈事実の概要〉

　入社前に自殺企図を経験し，システムエンジニアとしてＹ１で勤務していたＸが，

　比較的長時間（月に時間外労働40時間程度から始まり90時間程度に達したと思われる）の労働による疲労と

　上司Ｙ２とのトラブル（強い口調で業務上の注意や指示を受け，その指示に矛盾を感じたり，仕事を不合理に否定すると感じたりしていた）による精神的ストレスの蓄積

　を経てうつ病を発症したが，

　PICS（プラント操作監視装置）と呼ばれる新たな担当業務の納期に迫られて過重業務（月の時間外70時間程度）を継続し，自身では苦心して考え出したアイディアを否定されるような出来事が発生し，更に症状が悪化した。

　その後，病気休職に入り，仮復職したが，結局勤怠状況が安定せずに正式な復職に至らずに退職措置を講じられたため，Ｙ２の不法行為，Ｙ１の使用者責任又は独自の不法行為もしくは安全配慮義務違反を主張し，両者に対して損害賠償請求訴訟を提起した。控訴の際には，雇用契約上の地位確認請求を追加した。

　原審（東京地判平成24年３月15日労働判例1091号60頁）は，

　長時間勤務による心身の疲労に加え，上司の指示の矛盾，Ｙ２による日常的な強い口調での注意等により，相当な精神的ストレスを感じ，Ｘのうつ病が発症したと認めたが，

　上司とのトラブルはＹ１に伝えていなかったし，長時間労働については，Ｙ１は産業医による許可制をとって制限しており，その発症増悪共にＸ自身のストレス脆弱性が原因，との趣旨を述べて，Ｘの請求を棄却した。

〈判旨～Ｘ請求一部認容～〉

　Ｘには，そもそも自殺未遂等うつ病の既往があった。

　Ｙ２の言動は業務上の指導の範囲内のもので，強い口調での仕事上の注意等もＸの人格非難でなく，不法行為に当たらない。

　Ｘは，〈事実の概要〉所掲の経過でうつ病を発症し，更に症状が悪化した。

　そして，Ｙ１は，うつ病発症前後の長時間労働（時間外90時間程度），業務量やプレッシャー，ＸのＹ２の下での仕事上のストレス，体調不良等を認識していたかすべきだったので，その精神障害の発症を予見できた。

　これらの出来事は，中等度に強い疲労・ストレスの原因であり，個人的素質による発症とは言えない。

　他方，Ｙ１は，Ｘに休職期間中からコンタクトして病状を確認し，産業医面談を実施し，計画的な復職プログラムで復職を支援し，仮復職させた際も，ストレスの原因となったＹ２と顔を合わせないよう配慮するなどしており，復職に際しての安全配慮義務違反は認められない。

（49）　本判決の事案とは判旨は，概ね三柴が整理した。

Ⅱ　運　用

　Xのうつ病の発症は，業務上の過重負荷によるものと認められるが，その症状が遷延化し，長期休職を継続したことには，個人の素質，脆弱性等の影響があり，

　寛解状態が４ヶ月以上継続したところからは５割の損害賠償でよく，１年以上継続したところからは損害賠償の義務はない。

〈長時間労働面接指導にかかる判決の示唆〉

　原審は，Xの長時間労働についてもY１が産業医による許可制としていたこと等から，その過失責任を否定したが，

　本判決は，結論的にその過失責任を一部認めている。

　結果回避のためにとるべき措置を明示してはいないが，長時間労働面接指導を（形式的に）実施するのみならず，そこで医師から指示された残業禁止措置を実効あらしめるため，業務軽減等の措置を具体的に実施する必要があったと示唆されているものと解される。

ウ　東芝（うつ病・解雇）事件最２小判平成26年３月24日労働判例1094号22頁

　液晶ディスプレイ製造プロジェクトのリーダーに任ぜられ，月60－85時間程度の時間外労働を行い，また上司の指示等にかかるトラブルを経験したXが，うつ病を発症し，増悪したことにつき，Y社の安全配慮義務違反に基づく損害賠償責任等を追及した事案。

　原審（東京高判平成23年２月23日労働判例1022号５頁）は，

　Y社の損害賠償責任を認めた上で，その賠償額の算定に際して，

　Xが神経症の診断を受けてデパス錠の処方を受けていたことを産業医や上司に申告しなかったこと等につき，うつ病の発症増悪防止措置の機会を失わせる一因となったとして，過失相殺を認めた。

　しかし，最高裁は，メンタルヘルスに関する情報は，労働者にとって人事考課等にも影響し得るプライバシー情報であり，使用者は，必ずしも労働者からの申告がなくても，その健康に関わる労働環境等に十分な注意を払うべき安全配慮義務を負っており，過重業務継続下での不調が看取される場合，労働者からの申告が期待し難いことを前提として，適宜，業務軽減等の配慮に努める必要がある，として，過失相殺を否定した。

　もっとも，本件では，Xが上司に体調不良の申告や業務軽減の申出をしていたほか，時間外超過者健診で，産業医に頭痛，めまい，不眠等の自覚症状を繰り返して申告していた上，体調を崩して１週間欠勤したが，上司から仕事を増やされた旨申告したこともあったが，産業医は特段の就労制限は不要と判断していた経緯がある。定期健診の問診でも，頭痛，不眠，気鬱等を愁訴していた。

　すなわち，労働者からのメンタル面での申告はあったにもかかわらず，産業医らによって適切な対応が図られなかったケースとも言える。[50]

---

(50)　本評価は現著者の石崎氏によるが，筆者は，本件の原審にかかる評釈（三柴丈典「最新判例批評［2012年］64]東芝（うつ病・解雇）事件［東京高裁平成23.2.23判決］」判例時報2160号〔2012年〕195頁）において，原審（高裁）が１審（地裁）より，本人の性格傾向を若干否定的に捉えた可能性を指摘している。

2　関係判例と監督指導状況（個別）

2.63　第66条の8の2（長時間労働を行った研究・開発業務従事者への義務的な面接指導）

【事業場での実施状況】

令和2年労働安全衛生調査（実態調査）によれば，

研究・開発業務従事者がいる事業所のうち，100時間超の時間外労働をした労働者がいた事業所の割合が1％弱，

（本来，研究・開発業務の100時間超過者全員に実施していなければならないはずだが）

そのうち面接指導を申し出た者がいたと回答した事業所が1％弱，

そのうち面接指導を実施したと回答した事業所が3割強だった。

2.64　第66条の8の3（面接指導の実施のための適正な労働時間把握義務）

【事業場での実施状況】

東京都産業労働局「労働時間管理に関する実態調査」（2017年3月）

によれば，

労働時間の管理方法は，

一般労働者については，

「タイムカード・ICカード等」が最多で約6割，

「自己申告」が約2割，

「上司が確認」が約1割だった。

管理職については，

「タイムカード・ICカード等」が一般労働者より少し少なく約55％，

「自己申告」が一般労働者より少し多く約23％だった。

この調査で労働者を対象としたものによれば，

総じて，使用者による労働時間把握は正確に行われていることが窺われたが（回答者の約74％），

勤務先で「時間管理されていない」（約3割）や「自己申告による」（約6割）との回答者では，会社の把握時間が実際より短いとの回答が25％以上を占めていた。

2021年（令和3年）12月に公表された連合総研「第42回勤労者短観」によれば，残業手当の支給対象者のうち，未申告があるとの回答者が例年2～3割おり，そのうち自分自身で調整したからとの理由が約8割，上司から調整を求められたとの理由が約15％だった。

また，週の平均実労働時間が50時間を超える者の5～6割が，上司による業務量調整を疑問とし，仕事の進め方に関する指示が不明確と感じており，4～5割が，健康を気遣っていないと回答していた。

Ⅱ 運　用

労働の長時間化が，上司の労務管理への疑念に繋がり易いことが窺われる。

【監督指導状況】

是正勧告を典型とする違反指摘件数を記した「令和2年労働基準監督年報」では，本条（法第66条の8の3）違反の指摘件数は，5607件（「平成31年・令和元年労働基準監督年報」では4120件）に上った。

令和2年度厚労科研行政官・元行政官向け法令運用実態調査（三柴担当）[51]でも，

労働時間の適正把握の懈怠につき，安衛則第52条の7の3を適用して監督指導を行った旨の回答が3件あり，

そのうち2件は，単にタイムカード・ICカード等の客観的な方法に拠っていなかったことによるとされ，もう1件は，労働者の出勤簿への押印のみにより，始終業時刻等を把握していなかったことによるとされていた。

また，回答の中には，本条は本来，労基法に設けられるべきものとの意見もあった。

【関係判例】

ア　グルメ杵屋事件大阪地判平成21年12月21日労働判例1003号16頁

Y社やその子会社が設営する飲食店で店長として勤務していたXが，月100時間超の時間外労働に半年以上従事した末，急性心筋梗塞で死亡した事案で，

判決は，Yの負う安全配慮義務の内容として，

①労働時間の適正管理等による労働条件の適正化，

②健診の実施と個々の労働者の特性（年齢，健康状態等）に基づく就業調整，

を示した上，Yの違反を認めた。

その際，

Yの労働時間把握は自己申告で行われ，提出された出勤表記載の労働時間は実態を反映していなかったこと，

警備会社のセキュリティ装置を利用する，従業員等からヒアリングする等すれば，Xらの過重労働の実態は把握できたはずなのに怠ったこと，

等が指摘された。

イ　九電工事件福岡地判平成21年12月2日労働判例999号14頁

Yにおいて，空調衛生施設（冷暖房，トイレ，消火施設等）等の現場監督業務に従事していたXが，1年間にわたり月100時間超（発症前7ヶ月間は月150時間超）の時間外労働に従事し，うつ病を発症して自殺した事案につき，

---

(51)　厚生労働省安全衛生部のご助力を頂き，筆者が全国の都道府県労働局の健康・安全関係課，監督課，主要労基署の現役行政官，安全衛生行政関係団体等の行政官OBに向けて，安衛法の条文ごとの監督指導実例，法改正提案等につき，アンケート調査を行ったもの。

監督官49，技官15，元監督官12，元技官2の回答があった。

判決は，当該労働者の時間外労働が長期間にわたり極めて長時間に及んでいたことに加え，Ｙで自己申告制が採られていたことを前提に，Ｙは，労働時間適正把握基準（2003年〔平成15年〕）に照らし，実態調査等による労働時間の実態把握により健康障害を防止する注意義務を負っていたが，申告時間と実態との乖離を認識しながら適正な自己申告へ向けた指導も実態調査もしなかったため，当該義務に違反したとした。

　上記の①②と同様に，労働時間の適正把握を使用者が負う安全配慮義務や注意義務の一環とした判例に萬屋建設事件前橋地判平成24年9月7日労働判例1062号32頁（使用者による申告残業時間数の制限も適正申告を妨げたと指摘した），Ｙ歯科医院事件福岡地判平成31年4月16日労働経済判例速報2412号17頁等がある。

　このように，
　労働時間の適正把握は健康管理の大前提であり，安全配慮義務の内容と解されている。
　その義務違反の認定に際しては，申告残業制限など，適正な自己申告の阻害措置の有無，実態調査を講じていたか等も考慮される。

ウ　岐阜県厚生農業協同組合連合会事件岐阜地判平成31年4月19日労働判例1203号20頁

　Ｙが管理する病院に勤務する事務職員Ａが，半年間ほどの月100時間超の時間外労働の後，うつ病を発症して自殺した事案で，Ｙは安全配慮義務違反については争わなかったが，Ａが超過勤務を申請しなかった点を過失相殺事由と主張した。
　判決は，
　Ｙは，
　Ａの申告時間と実態の乖離を認識していたのに，超過勤務の申請を求めたことも，実態把握に努めたこともなかったし，
　管理者が長時間労働は労働者自身の仕事の進め方の問題と労働者に伝えていたので，超過勤務申請が難しい職場環境になっていたとして，
　Ｙは，自ら労働時間把握を怠っておきながら，その責任を労働者に転嫁しようとしているとして，その主張を排斥した。

エ　大庄事件大阪高判平成23年5月25日労働判例1033号24頁

　飲食店の従業員Ｘが，入社後4ヶ月にわたり月100時間程度の時間外労働に従事した後，急性左心機能不全で死亡したことを受け，遺族が会社の安全配慮義務と共にその取締役ら個人の遺族への善管注意義務違反に基づく賠償責任が問われた事案につき，
　判決は，適切な労働時間把握と休憩休日付与を怠った点で会社の安全配慮義務違反を認めると共に，
　基本給に月80時間の時間外労働を組み込み，36協定で月80時間の時間外労働を許容していたこ

Ⅱ　運　用

とを前提に，

　取締役等は，悪意又は重大な過失により，労働者の健康障害防止のため会社が行うべき体制の構築と長時間労働の是正方策の実行につき任務を負うところ，それを懈怠したとして，個人としての損害賠償責任を認めた。

オ　狩野ジャパン事件長崎地大村支判令和元年 9 月26日労働判例1217号56頁

　麺製造販売会社の製麺工場で就業する労働者が25ヶ月間にわたり月90-160時間の時間外労働等を行い，具体的疾患は生じていないが，慰謝料請求を行った事案で，

　判決は，会社が36協定を締結していなかったか，しても無効なものだったこと，原告らの作業状況を窺わせる事情があったのに労働時間把握を怠り，改善指導も行わなかったこと等を踏まえ，

　原告の人格的利益を侵害したとして，金30万円の慰謝料の支払いを会社に命じた（同様の判断例として，無洲事件東京地判平成28年 5 月30日労働判例1149号72頁）。

2.65　第66条の 8 の 4 （高プロ適用対象者への面接指導）

【事業場での実施状況】

　先ず，厚労省が高プロ制度の決議届と定期報告を集計したデータでは，

2022年（令和 4 年） 3 月時点で，

制度の導入企業は21社（22事業場），

対象労働者数合計は665人（2021年〔令和 3 年〕：552人），

であり，特にコンサルティング業務従事者が550人と多くなっている。

高プロ対象者のうち，月当たりの最長健康管理時間数は，

200時間以上300時間未満が15事業場，

300時間以上400時間未満が 7 事業場，

400時間以上500時間未満が 2 事業場，

であった。

導入されている選択的措置は， 2 週間の連続休日が最多で15事業場，

健康確保措置では，相談窓口の設置が最多で17事業場だった。

「令和 2 年労働安全衛生調査（実態調査）」によれば，

高プロ対象者がいる事業所のうち，100時間超の時間外・休日労働をした者がいる所が約 2 割だった。

　そのうち面接指導を申し出た者がいたと回答した所が約 2 割あり，

　申出を受けた所では，全て面接指導が実施されていた。

2 関係判例と監督指導状況（個別）

2.66　第66条の10（ストレスチェック制度）

【事業場での実施状況】

　事業場での実施状況からみると，

　2021年度（令和3年度）の労働安全衛生調査では，法的義務のある従業員数50人以上の事業所での SC 実施割合は，ほぼ100％であり，50人未満でも，5～6割が実施（10-29人：約53％，30-49人：約63％）していた。

　SC 実施事業所のうち，集団分析実施事業所割合は約75％と高く，そのうち分析結果を活用した割合も約8割に達しているが，

　人員体制・組織の見直しや業務配分の見直しは，いずれも34％であり，人事労務／業務管理の中枢への影響は十分でない。

　厚生労働省が2017年（平成29年）7月に公表した「ストレスチェック制度の実施状況（概要）」によれば，

　SC 受検者のうち，医師の面接指導を受けた労働者は0.6％であり，

　ニッセイ基礎研究所「2018年度 被用者の働き方と健康に関する調査」（2019年3月）でも，「高ストレスと評価され，専門家との面談を勧められた」者が受検者全体の約1割おり，それを受けて「何も行わなかった」約6割いた。

　その理由の最多は，「それほど深刻ではないと思った」だったが（約3割），自由記載欄で，「どうせ何も変わらない」，「職場にばれる・不利益を被る」も散見された。

【監督指導状況】

　是正勧告を典型とする違反の指摘件数を記した「令和2年労働基準監督年報」の定期監督等実施状況・法違反状況（令和2年）では，

　定期監督における SC 実施等義務違反の件数は，95件であり，あまり多くない。

　現に実施割合が高いための数字だろうが，監督官が他の事項を優先し，そもそもチェックしていないか，違反指摘を行っていない実情がないか，あるとすれば理由を確認する価値はあるだろう。

　なお，SC 制度自体の効果の評価は少ないが，一例として，2492人の労働者を対象とした後ろ向きコホート研究で，SC と共に心理社会的な職場環境の改善を経験した職場の労働者で，心理的な苦痛が，効果量は多くないが，統計学的に有意に改善していたことを示すものがある。[52]

　また，集団分析に基づく職場環境改善等が，心理的ストレス反応の改善や労働生産性の向上と有意な関連性を示したとの報告もある。[53]

---

(52)　K.Imamura, Y.Asai, K.Watanabe, A.Tsutsumi, A.Shimazu, A.Inoue, H.Hiro, Y.Odagiri, T.Yoshikawa, E.Yoshikawa, N.Kawakami. "Effect of the National Stress Check Program on mental health among workers in Japan: A 1-year retrospective cohort study". *Journal of Occupational Health*, 60 (4): 298-306, 2018.

(53)　N.Kawakami, A.Tsutsumi. "The Stress Check Program: a new national policy for monitoring and

151

Ⅱ 運　用

　総じて，本制度による人事労務・業務管理等の本質的な改善策は不十分と言わざるを得ないが，三柴は，SC制度のような心理的な尺度による測定結果は，一律的な基準で善悪の判断をせず，個人と組織が自身の個性を知るためのツールと理解することが重要と考えている。

【関係判例】

ア　NHKサービスセンター事件横浜地判令和３年11月30日労働経済判例速報2477号18頁

　コールセンター業務に従事していた原告が，顧客からのわいせつ発言，暴言・不当な要求等のハラスメント（いわゆるカスタマーハラスメント）により精神的苦痛を受けたとして，被告会社に安全配慮義務違反による損害賠償（慰謝料）請求をしたという事案で，

　被告会社が，

　①コミュニケーターがわいせつ電話と判断したら，即座に上役に転送したり，保留できるよう，ルールを策定して周知していたこと，

　②労働者への専門カウンセラーによるメンタルヘルス相談を実施していたこと，

　③ストレスチェックを実施し，所定要件を充たす者に面接指導を受けられるようにしていたこと，

　等を考慮し，安全配慮義務違反を否定した。

　ここから，事情によっては，法定SC制度の適切な運用が，使用者による安全配慮義務の一要素となり得ることが窺われる。

イ　東京福祉バス事件東京地判令和３年６月17日LEX/DB 25590527

　不安障害で休職し，復職した原告に対し，被告会社が，通勤に約２時間かかる営業所への出勤日を設け，業務を命じたこと等が安全配慮義務違反に当たるかが争われた事案で，

　原告が，SCで高ストレス判定を受けたり（＊医師による面接指導と事業者への意見が実施されたかは不明だが，少なくとも医師意見は行われていないと察せられる〔三柴注記〕），遠方の営業所への出勤日に体調不良を訴えたり救急搬送されたこと等を認めつつ，

　原告より診断書等の提出がなかったため，それらの提出まで，被告会社からの業務命令等で体調不良となることに医学的裏付けがないと捉えてもやむを得ないとした。

　高ストレス判定は医学的判断ではなく，そこから直ちに就業上の措置を講じるべき安全配慮義務が生じるとは限らないことが窺われるが，

　音更町農業協同組合事件釧路地帯広支判平成21年２月２日労働判例990号196頁のように，労働者に長時間労働や心身の変調を窺わせる事情がみられたことから，

　たとえ脳神経外科で異常なしとの診断が出ていたとしても，

　使用者が，その仕事ぶりや言動の観察により，精神的疾患の可能性を疑わなかったことに落ち度があるとして，安全配慮義務違反を認めた例もある。

---

screening psychosocial stress in the workplace in Japan." *Journal of Occupational Health*, 58 (1): 1-6, 2016.

2　関係判例と監督指導状況（個別）

2.67　第67条（離職後の健康管理のための健康管理手帳制度）

【行政による交付状況と対象者による取得状況】

　本条は，昭和47年の現行法制定の際に設けられた。以後，本条に基づく健康管理手帳の累積交付数は約7万件である。

　手帳の取得の経緯については，高松大学の研究チームが手帳取得者（78名）を対象にアンケート調査（1997年～2005年）を行っており，この手帳制度を知らなかった者（回答者38人）の取得の経緯では，（元）同僚からの情報入手が最多（20人）だった。

　制度を知っていたが取得しなかった者にかかる最多の理由は，手続きが面倒くさい（12人）で，取得手続きにつき難しいとの回答が6割を超えていた。

【関係判例】

ア　損害賠償請求事件山口地判令和4年2月25日LEX/DB 25591966

　Y社の下請（？）に雇用され，船舶の木艤装（木材を用いた各種装備の取付け）や溶接等の作業に従事していてアスベストにばく露し，じん肺に罹患したなどとして，亡Gらの遺族らが損害賠償請求したところ，Y社が，亡GがY社造船所以外でも粉じんばく露しているとして因果関係を否定する主張を行った事案において，

　判決は，健康管理手帳に記載された職歴欄を参照し，アスベスト粉じん職場であるY社造船所での勤務期間が長期にわたること（昭和39年から平成21年）を認定し，そこでの業務とじん肺との因果関係を肯定した。

　なお，遺族補償給付不支給処分取消訴訟事件大阪高判平成28年1月28日判例時報2304号110頁のように，

　石綿ばく露作業従事期間が対象業務の要件である10年の倍以上であったこと等に加え，

　被災労働者と同じ場所で就労していた従業員の多くが石綿起因疾患を発症して健康管理手帳を交付されていたことを理由の1つとして，1審判断を覆して業務起因性を肯定した例もある。

イ　ニチアス（石綿ばく露・文書提出命令）事件大阪高判平成25年6月19日労働判例1077号5頁

　石綿ばく露による石綿関連疾患にかかる複数の元労働者XらからY社に対する損害賠償請求訴訟において，

　1）粉じんが飛散した作業場所と時期の特定，2）補償金等を得る権利の有無の確認，等のためとして，

　民事訴訟法第220条第4号等に基づき，同僚労働者の石綿健康管理手帳交付申請書の写し等（同申請書添付の職歴証明書の写し）の提出を求めたところ，Y社側が，当該文書内には「技術又は職業の秘密」が含まれる等（民訴法第220条第4号ハ，第197条第1項第3号）として争った事案につき，

　判決は，

153

Ⅱ　運　　用

　民訴法所定の「技術又は職業の秘密」とは，その公開により，当該技術の社会的価値が下落し，それによる活動が困難になったり，当該職業に深刻な影響を与え，その遂行が困難になるもの，とする最高裁の決定（最1小決平成12年3月10日民集54巻3号1073頁）や，

　たとえ文書提出命令の対象文書に職業の秘密情報が記載されていても，所持者に与える不利益の内容，程度等と，当該民事事件の内容，性質，当該民事事件の証拠として当該文書を必要とする程度等の諸事情を比較衡量して決すべき，とする最高裁の決定（最3小決平成18年10月3日民集60巻8号2647頁，最3小決平成20年11月25日民集62巻10号2507頁）

　を踏まえつつ，

　確かに対象労働者がみだりに開示されることを望まない文書だが，

　1）記載内容により，石綿飛散の時期や場所，Y社による製造工程の管理方法等を基礎づける事実認定の証拠資料となり得るし，

　2）法令に基づき作成された文書であり，

　3）既に石綿製造が禁止されていて，同文書の提出により，Y社の労働安全衛生等の人事労務管理が著しく困難になるとは考え難いこと，

　から，保護に値する「職業の秘密」に該当しない，と判断した。

2.68　第68条（感染症や増悪リスク疾患等に罹患した者の就業禁止）

【監督指導状況】

　監督実務経験者（玉泉孝次氏）によれば，本条は監督指導上，あまり適用されておらず，通常は，主治医，産業医等の意見を踏まえ，労使合意の上で療養させ，健康保険法上の傷病手当金を受給させる会社が多い。

　これは，就業禁止対象となる伝染病の範囲の不明確さ，就業禁止期間に所得が保障されるとは限らないこと等によるという。

【関係判例】

ア　田中鉄工休職事件神戸地判昭和33年8月13日労働関係民事裁判例集9巻5号791頁

　肺結核と診断された電気溶接工に使用者が下した休職（就業禁止）命令の効力が争われ，それとの関連で安衛則の関連規定の解釈が問われた。

　判決は，結核にかかる就業禁止について，

　伝染病にかかる当時の安衛則第47条第2号は，「病毒伝播のおそれのある結核」

　と定め，

　本人の病勢増悪にかかる同第4号は，「結核にかかっている者であって労働のために病勢が著しく増悪するおそれのある者」

　と定めているので，単に結核にかかっているのみでは不十分であること，

また，外見上痩せていく等の身体的外観のみでは不十分で，使用者は，医師の専門的知識に基づく判断等の客観的根拠を把握する必要があるとして，本件休職命令を無効とした。

イ 城東製鋼事件大阪地判昭和46年3月25日判例時報645号96頁

被告会社は，定期健診で肺結核感染と治療や精密検査の必要性を把握していたのに，当時の労基法第51条（所定の対象者につき「就業を禁止しなければならない」と定めていた）に基づく就業禁止等の措置を講じず，その結果，外科手術を要するまで病勢が悪化した等として，原告労働者が同社を相手取り損害賠償請求した事案について，

判決は，被告会社は，現に原告労働者に医師への受診等を指示しており，その結果報告を踏まえて対応措置をとれば足り，

健診結果のみから直ちに就業禁止等を講じることまで右法令が要求しているわけではないとの趣旨を述べ，請求を棄却した。

これらの裁判例は，就業禁止は労働者の就業機会を奪うものでもあり，医師等の専門的判断に基づき慎重に判断する必要を示唆していると解される。

2.69　第68条の2（受動喫煙防止措置の努力義務）

【事業場での実施状況】

令和2年「労働安全衛生調査（事業所調査）」によれば，

敷地内全面禁煙は3割，

屋内全面禁煙とし，屋外喫煙所を設置が18.8％，

健康増進法上の施設区分に照らし，

第一種施設（学校・病院等）では，敷地内全面禁煙が63.1％で最多，

第二種施設（一般の工場・事務所等）では，屋内全面禁煙とし，屋外喫煙所を設置が49.2％で最多，だった。

加熱式たばこ喫煙専用室を設けて，嫌煙者がそこでの業務や飲食を避けられるよう配慮している事業場も一定割合あった（敷地内全面禁煙措置を採っていないが受動喫煙防止の取り組みを進めている事業所が54.1％あり，そのうちの27.2％）。

令和3年の「労働安全衛生調査（個人調査）」によれば，

職場で受動喫煙がある労働者の割合は，

殆ど毎日あるが8.4％，

時々あるが12.3％，

で，平成24年「労働者健康状況調査（労働者調査）」での，23.2％，28.6％から大幅な減少を見せている。

また，平成28年「労働安全衛生調査（労働省調査）」では，

II 運 用

喫煙室の設置による空間分煙措置を望む労働者が約6割,

敷地内全面禁煙を望む労働者が約26%

だった。

【関係判例】

ア 名古屋市教員(志賀中学校等)事件名古屋地判平成10年2月23日判例タイムズ982号174頁[54]

〈事実の概要〉

・原告の請求:[補償]損害賠償(慰謝料)。

・請求の法的根拠:[補償]使用者としての安全配慮義務,

労働安全衛生法第3条第1項所定の快適な職場環境の維持改善義務,第10条所定の安全衛生教育義務,

教育管理者としての,教育基本法第6条第2項,第7条第2項所定の義務

等の違反に根拠づけられた国家賠償法第1条所定の違法な職務執行及び不法行為,雇用上の債務不履行等。

・原告の訴えた被害:せき,頭痛等の急性影響のほか,タール,一酸化炭素,ダイオキシン等の有害物質の体内への吸収により,がんや循環器系疾患にかかり易くさせられたこと。

・企業等が講じていた措置:原告が勤務していた2つの中学校のうち,1つでは,サロンの設置,教職員へのサロンでの喫煙への協力要請,カーテンの設置,空気清浄機の設置等,

もう1つでは,換気扇の設置された喫煙コーナーの設置,教職員への同コーナーでの喫煙の要請,プラスチック板の入口部分への設置,職員室内禁煙の申し合わせ等。

〈判旨~原告請求棄却~〉

・裁判所の認定した影響:受動喫煙に関する一般的判断として,眼症状,鼻症状,頭痛等の急性影響は認められるが,慢性影響は明確には認められない。また,原告個人についても,これまで医師の診断を受けたことがないことからも,「要するに,比較的軽微な急性影響以上」のものではない。

受動喫煙による健康リスクに関する研究成果の公表や国際機関の勧告,国内での公共の場所での喫煙規制の進展等から,職場において分煙化が定着化しつつあり,

Yは,施設等の管理又は公務の管理に当たり,当該施設等の状況に応じ,一定の範囲において,受動喫煙の蔵する危険から職員の生命及び健康を保護するよう配慮がなされるべきである。

その際,

受動喫煙の身体への影響はばく露の時間及び量その他諸種の条件の違いにより変動すること,

喫煙が個人の嗜好として長く承認されてきたことも踏まえ,

「当該施設の具体的状況に応じ,喫煙室を設けるなど可能な限り分煙措置を執ると共に,原則

---

(54) 以下,アイエオの概要の殆どは,三柴丈典「職場の受動喫煙対策に関する法的検討~8か国の法制度調査を踏まえて~」(2008年)季刊労働法(労働開発研究会)221号138-141頁から転用した。

として職員が執務のために常時在室する部屋においては禁煙措置を執るなどし（……少なくとも、執務室においては喫煙時間帯を決めた上、これを逐次短縮する措置を執るべきである。）、職場の環境として通常期待される程度の衛生上の配慮を尽くす」ことが求められ、これをもって足りる。

本件では、市の講じた措置や被害の軽微さから国賠法上の注意義務や安全配慮義務違反は認められない。

イ　江戸川区（受動喫煙損害賠償請求）事件東京地判平成16年7月12日労働判例878号5頁

〈事実の概要〉

・原告の請求：［補償］損害賠償（医療費及び慰謝料の一部）。

・請求の法的根拠：［補償］主位的に安全配慮義務違反、予備的に不法行為または国家賠償法1条1項。

・原告の訴えた被害：副鼻腔炎、咽頭炎、喉頭炎等への罹患のほか、

自ら席上に設置した空気清浄機の方を向く不自然な姿勢や激しいせき込みなどによる頚部椎間板ヘルニアへの罹患。

・企業等が講じていた措置：原告が最初に配置された執務室については、室内に増設した換気扇付近に喫煙場所を設置し、職員にその場所での喫煙を指示していた。

ただし、喫煙場所に区画はなく、Xの席後方2、3m付近にも喫煙場所があり、自席で喫煙する職員もいる状態であった。

次に配置された事務室については、保健所全体用の中央式空気調和機と排風機を設置していたほか、

換気扇1機、空気清浄機能付きの空気調節装置1機の設置された喫煙場所を指定し、喫煙は同所ですべき旨の周知を図っていた。

また、原告の要請を容れ、彼の座席を、2カ所ある喫煙場所まで、各10m、19mの位置に設定した。その後、事務所内禁煙の方針を推進し、所内分煙及び禁煙の表示を行い、さらにその後、原告が同所の配属を外れる時期になって、室内全面禁煙措置を実施した。

〈判旨～原告請求一部認容～〉

・裁判所の認定した影響：眼の痛み、のどの痛み、頭痛等の継続、及び、これによる精神的肉体的苦痛。

・受動喫煙の慢性影響として、肺ガン等のリスクが認められる。

1992年（平成4年）の「事業者が講ずべき快適な職場環境の形成のための措置に関する指針」（平成4年7月1日労働省告示第59号）や1995年（平成7年）に厚生省がまとめた「たばこ行動計画」の記載、1996年（平成8年）の「職場における喫煙対策のためのガイドライン」における記載等から、原告が受動喫煙被害を訴えた当時（1995～1996年〔平成7～8年〕）、

被告には、「当該施設等の状況に応じ、一定の範囲において」、との限定付きながら、[55]「受動喫

---

(55)　この限定の根拠として、受動喫煙リスクは、そのばく露時間やばく露量を無視して一律に論じられない性

Ⅱ　運　用

煙の危険性から原告の生命及び健康を保護するよう配慮する義務」があった。

　原告が，大学病院の診断書を示して対策を求めた時点で，原告の座席を喫煙場所から遠ざけたり，職員の自席での禁煙を徹底する，などの措置を講じるべきであったのに放置した点で安全配慮義務違反があり，被告は慰謝料5万円を支払うべきだった。

ウ　積水ハウス（受動喫煙）事件大阪地判平成27年2月23日労働経済判例速報2248号3頁[(56)]

〈事実の概要〉

　本件原告は，本件被告に嘱託社員として障害者雇用（手関節や指の身体障害で採用当時は5級と認定）され，入社後，関節リウマチも発症していた。被告の工場内のミシン室に常駐し，作業服の修理作業等に従事していて，他の職員らのたばこ煙に晒されていた。

　工場の生産停止後は，会議室でカタログの台車への収集や箱詰め作業を行っていた。

　原告は，その双方で受動喫煙があったと主張した。

・原告の請求：［補償］損害賠償

・請求の法的根拠：［補償］安全配慮義務違反

・原告の訴えた被害：受動喫煙症及び化学物質過敏症（この他，持病の関節機能障害の増悪を訴えたが，主に作業内容の変更によると主張した）

・企業等が講じていた措置：平成15年の健康増進法第25条の施行，同年発出された厚生労働省のガイドライン（「職場における喫煙対策のためのガイドライン」〔平成15年5月9日基発第0509110号〕）等を踏まえた，

工場内主要事務所の禁煙措置と，建物内の喫煙所の設置，休憩所内に暖簾やカーテン等で仕切られた喫煙スペースの設置，従業員らへの指定場所での喫煙の指示等の分煙措置（現にミシン室での喫煙者は少数だった）。

　その他，原告と産業医の面談を踏まえたミシン室の禁煙措置，

会議室での従業員による自発的な喫煙後の換気，その後の全面的な禁煙措置，

原告から受動喫煙症の診断に基づく損害賠償請求を受けた，工場内の喫煙スペースのある室内での粉じん濃度の測定，喫煙者のいる警備室の禁煙措置等。

〈判旨～原告請求棄却～〉

・裁判所の認定した影響：特段の認定なし。

　確かに，原告入社当時，従業員の中に原告の就労する職場で喫煙する者がいたが，被告は，法改正等を踏まえ，原告らが受動喫煙状態にならないよう，申出を受ければ，その都度，相応の対策を講じており，原告が被告での勤務で受動喫煙状態を強いられていたとまでは言えない。[(57)]

　　質であること，当時の日本では，喫煙に寛容な社会的認識が残っていたこと，ガイドラインでも，即時に全面的な分煙対策の導入を図るべきとはされていなかったこと等が示されている。

(56)　本件も三柴独自に整理した。

(57)　なお，関節機能障害の悪化については，本人を従事させた作業（当初はミシンを使用した短時間の軽作業やキャスター付きの机や椅子の運搬作業等，その後，倉庫内でのカタログ等の台車での収集や箱詰め作業）

その他の事情からも，被告の安全配慮義務違反は認められない。

〈判決から汲み取り得る示唆〉

　これら３例だけをみても，本条（法第68条の２）所定の内容は，その制定前から安全配慮義務の内容と理解されていたこと，

　しかし，実際の判断では，

　①受動喫煙被害は，実際のばく露量に左右されること（相当のばく露量が認められない限り，法的救済に値する被害が認められ難いこと），

　②喫煙が嗜好として社会的に承認されてきたこと，

　③一般論はともかく，具体的事案における実際の被害の内容が急性影響にとどまり，がん等の慢性影響までは認められ難いこと，

　等から，（医師の診断書が出ても適当な措置を講じない等の事情がない限り，）裁判所が事業者らの過失責任の認定に慎重なことが窺える。

　職場の禁煙措置等の履行請求がなされた事案として，

エ　京都簡易保険事務センター（嫌煙権）事件京都地判平成15年１月21日労働判例852号38頁

オ　JR西日本（受動喫煙）事件大阪地判平成16年12月22日労働判例889号35頁

　が挙げられる。

エ　京都簡易保険事務センター（嫌煙権）事件京都地判平成15年１月21日労働判例852号38頁

〈事実の概要〉

　・原告らの請求：［予防］庁舎内部の禁煙措置，［補償］損害賠償。

　・請求の法的根拠：［予防］主位的に安全配慮義務違反，予備的に人格権の侵害または不法行為，［補償］主位的に安全配慮義務違反，予備的に不法行為。

　・原告らの訴えた被害：原告ら２名のうち１名（X１）は，受動喫煙による人格権である嫌煙権の侵害，肺がん等の病気に罹患する危険性が増大したことによる精神的苦痛を被害とし，

　もう１名（X２）は，化学物質過敏症に罹患するなどの肉体的苦痛のほか，X１と同様の精神的苦痛を被害と主張した。

　・企業等が講じていた措置：電子計算機室の終日禁煙措置，その後，食堂内，更にその後，各階事務室等に禁煙室を設置，他の場所では喫煙をしないよう呼びかけていた。

〈判旨～原告請求棄却～〉

　受動喫煙とは，「自己の意思とは関係なく，その環境にいる限りは不可避的に他人の喫煙によるたばこ煙を吸引させられること」と定義され，それによる被害の可能性については，一般論として，急性影響，慢性影響共に，その蓋然性が認められる。

――――――――――――

　　の性質上，被告に予見可能性はなかったし，原告から，手関節に負担のかかる作業を避けるよう記された医師の診断書を受領して以後は，原告とも相談しつつ，梱包作業のみの指示，清掃業務への配転等の配慮をする等，安全配慮義務を果たしていたとした。

Ⅱ　運　　用

受動喫煙の危険性を考慮すると，受動喫煙を拒む利益も法的保護に値する。「嫌煙権」という言葉の適否はともかく，その利益が違法に侵害された場合に損害賠償を求めるにとどまらず，人格権の一種として，受動喫煙を拒むことを求め得ると解する余地もある。

しかし，受動喫煙による健康被害は，ばく露量等によること，

喫煙は現時点で社会的に許容されていること，

厚生労働省のガイドラインも空間分煙を定めていること，

等から，少量ばく露で安全配慮義務違反となるわけではない。

この点，本件においては，喫煙室から漏れ出るETS（環境たばこ煙）の量，濃度からしても，

Ｘ１については，一時的な不快感にとどまる。

Ｘ２については，化学物質過敏症による症状を主張するものの，それが被告施設における受動喫煙と因果関係を有するか不明

であり，原告らによる請求は，予防，補償共に否定される。

オ　JR西日本（受動喫煙）事件大阪地判平成16年12月22日労働判例889号35頁

エとほぼ同様の事実関係で，同旨の判断が示されている。

〈事実の概要〉

・原告らの請求：［予防］目録記載の各施設（本件各施設）内を禁煙室とする措置，［補償］損害賠償（慰謝料）。

・請求の法的根拠：［予防］人格権に基づく妨害排除・予防請求権又は雇用契約に基づく安全配慮義務履行請求権，［補償］不法行為又は安全配慮義務違反。

・原告らの訴えた被害：受動喫煙によるストレス，がん等の重篤な疾患等に罹患する危険性へのばく露。

・企業等が講じていた措置：本件各施設のうち，男性更衣室，一部の（主要な）駅の乗務員詰所における禁煙措置，

一部の駅の乗務員詰所や休憩室，宿泊所等における緩やかな分煙（不完全分煙）措置（喫煙場所と非喫煙場所の間のパーティションでの区分と空気清浄機［屋内循環］の設置，こうした措置の従業員への告知，掲示，管理者による指導等）等。

〈判旨～原告請求棄却～〉

受動喫煙の慢性影響として，一定時間，一定濃度へのばく露を前提に，肺がん，副鼻腔がん，虚血性心疾患のリスクの上昇等が認められる。

現行法令等の解釈として，「被告としては，事業場において喫煙室を設置するのが望ましく，それが困難であるとしても，たばこの煙が拡散する前に吸引して屋外に排出する方式である喫煙対策機器を設置するという空間分煙を実施するよう努力することが要請されている」。

また，安全配慮義務違反の判断の一環として，厚生労働省の新ガイドライン（平成15年）に沿った履行状況が参考にされる。

しかし，法令等により直ちに全面禁煙措置が義務づけられることはなく，この理は安全配慮義

務についても同様である。

また，受動喫煙にかかる安全配慮義務の内容は，

(ⅰ)受動喫煙空間への滞在の義務づけの有無，

(ⅱ)ばく露レベル，

(ⅲ)発生した健康上の影響，

等により異なる。本件ではそのいずれも，存在が認められないか，あっても些少に止まる。

たしかに，原告らは，本件各施設でETS（環境たばこ煙）にばく露する可能性があった。そして，それにより，目の充血，咳，頭痛等の症状を覚えることがあったが，「何らかの疾病に罹患するなど現実に医師の治療を要するほど健康が害されたとまでは認められない」。

よって，履行請求の法的可能性を論じるまでもなく，安全配慮義務の履行請求権に基づく作為請求は理由がない。

人格権に基づく妨害排除・予防請求についていえば，一般に，人の生命，身体及び健康上の利益は，人格権としての保護を受け，違法に侵害された者は，損害賠償請求のほか，人格権に基づき，加害者に対し，現に行われている侵害行為を排除するか，将来生ずべき侵害を予防するため，侵害行為の差止めを求めることができるが，

本件で被告のなすべき措置が全面禁煙に及ばない以上，被告の負う責任範囲外で生じる受動喫煙被害の加害者は，喫煙者である他の乗務員であり被告ではない。

〈判決から汲み取り得る示唆〉

このように，受動喫煙対策の履行請求可能性や人格権に基づく妨害排除・予防請求可能性は，理論的には認められているが，

実際の認容に際しては，相当程度のばく露の質量を前提に，全面禁煙には至らない，当該事業場の実態に沿った現実的な措置に限られることになることが窺われる（三柴私見）。

健康増進法の改正で，法定措置の履行請求が認容される可能性はあるが，相当程度のばく露量を前提とすることに変わりはないだろう（三柴私見）。

製造業者に対する損害賠償請求例としては，

損害賠償等請求事件東京地判平成25年12月17日 LEX/DB 25516748

が挙げられる。

カ　損害賠償等請求事件東京地判平成25年12月17日 LEX/DB 25516748

本件は，タクシー運転手だった原告が，車内での受動喫煙で咽頭がん等の疾病に罹患した等として，たばこ販売業者である日本たばこ産業（JT）を相手方として，不法行為損害賠償請求と共に，人格権に基づき，主位的にたばこの製造・販売の差し止め，予備的に警告表示・不適切な広告の削除及び謝罪広告の掲載を請求した事案である。

判決は，直接の加害者は喫煙者であり，被告は間接的に関与しているに過ぎない，

受動喫煙被害防止のため紙巻きたばこの製造・販売停止を求めるには論理の飛躍がある等とし

Ⅱ　運　用

て，請求を全部棄却したが，

　その過程で，受動喫煙防止の中心的課題は公共施設や職場での分煙化や喫煙者のマナーの徹底等であったし，（当時の）健康増進法第25条の名宛人も施設管理者であったこと等を述べている。

　また，被告であるJTが，喫煙マナー啓発活動に取り組んだり，受動喫煙に関する注意文言をたばこの包装に表示してきたこと等も積極的に評価している。

　加えて，ここでも，社会全体に喫煙に寛容な風潮があったこと等を挙げ，被告の責任を否定した。

〈判決から汲み取り得る示唆〉

　化学物質等による職業性疾病対策では，製造業者が一定の義務を怠った場合，安衛法上も民事法上も一定の責任を負うことが予定されているのに対し，たばこについては異なる発想となることが窺われるが，本判決はJTの取り組み努力を積極的に評価しているので，仮に他の化学物質と同じ責任を負う前提をとっても結論は変わらなかったと解される。

2.70　第69条〜第71条（事業者による健康保持増進措置の努力義務と行政による指針の公表等の支援策）

【監督指導状況】[(58)]

　これらの規定のうち事業者を名宛人としたものは，いずれも努力義務規定であるため，監督官による介入は難しく，メンタルヘルス不調者，過労死・過労自殺者が生じた場合の事後対応に際して，労災認定したり，労働時間の面で取り締まりを図ったりするのが一般的である。

　確かに，体制整備や手続き面の監督指導はできる。

　事業者は，衛生委員会や安全衛生委員会で，健康保持増進対策や健康障害防止対策の基本や重要事項，実施計画の作成，メンタルヘルス対策の樹立（法第18条第1項）について調査審議することになっているので，監督官は，臨検等でその開催議事録（安衛則第23条第4項）を確認することができるし，現に時々行われている。

　しかし，内容を深く確認はできないし，そもそも中小事業場では，委員会の設置義務がない。だからマンネリ化し，安全衛生活動に必要な情報が委員会等で共有されないことにもなり易い。

　産業医や衛生管理者等の選任については，監督指導が行われているが，中小規模事業場では，産業医や衛生管理者等の選任義務もない。衛生管理者に代わるべき衛生推進者等の選任も形だけになり易い。

　否，大企業での衛生管理者（時には産業医）ですらその傾向があるし，医療や保健の専門家でありながら，企業に雇用ないし委託され，人事労務部門とも協力するには倫理的な矛盾（個人の保

---

(58)　以下，監督指導状況，行政関係団体による事業者らへの支援，企業の取り組みは，主に，元労働行政官で，安全衛生教育者である藤森和幸氏と，元労働基準監督官である篠原耕一氏からの情報による。

護か組織の防衛か等）があり，企業側が，その点を理解した上で活用方法（先ずはできる限りの快復や職務定着を支援させた上で，奏功しない場合には人事労務部門が労務的対応を図るなど〔三柴〕）を考えないと，存在意義を発揮し難い。

メンタルヘルスについては，ストレスチェックの実施状況につき，事業者に結果等報告が義務づけられているので（安衛則第52条の11），未実施につき監督指導が行われているほか，メンタルヘルス指針の内容について，関連するリーフレット等の資料を示しつつ，「ソフトな文書」である指導票を用いて注意を喚起することがある。

臨検の際に長時間労働者や高ストレス者が認められた場合，

「過重労働による健康障害防止について」

「メンタルヘルス対策に関する指導書」

という定型書式により，指導を行うようにもなっている。

両書式には，法令や指針に沿ったチェック項目が並び，監督署に改善事項を報告させるつくりになっている。また，その最後には，地域産業保健センター（ちさんぽ）や産業保健総合支援センター（産保センター）の案内が記され，相談先等として利用できることが示されている。

しかし，特に健康保持増進対策は開発的な前線課題なので，中小規模事業場での実施は困難なのが実情である。

結局，ガイドラインから著しく外れるような対応は，労災民訴において，被害の予見・回避可能性ありとして，企業の民事過失責任が認められることで，一定業種の一定規模の企業であって，経営者がそうした事柄に注意を向ける場合には，一定の抑止になっているものと解される（三柴の見解を含めた）。

【行政関係団体による事業者らへの支援策】

行政関係団体による事業者らへの支援策は，労働者健康安全機構の産業保健総合支援センターや中央労働災害防止協会（中災防）等で行われている。

労働者健康安全機構は，労働者健康安全機構法に基づく厚生労働省所管の認可法人であり，産業保健総合支援センター（産保センター）は，その傘下にあって，全国47都道府県に設置されている。紆余曲折を辿って今の体制となっており，現在は，産保センターが，従業員数50人未満の小規模事業を支援する地域産業保健センター（ちさんぽ）の運営も担っている。

産保センターでは，

①窓口相談・訪問指導（実施相談）

②研修会の実施・講師派遣

③WEBサイト等を通じた情報提供

④事業場向けの啓発

⑤調査研究

⑥ちさんぽの運営

等を担っている。

Ⅱ　運　用

　産業カウンセラーや社会保険労務士などの有資格者が，メンタルヘルス対策促進員に任命され，（回数制限があるが，）事業場での訪問指導（実施相談）等を担っており，心の健康づくり対策計画策定の支援等も行っている。

　ちさんぽは，健診での有所見労働者にかかる医師等からの意見聴取，長時間労働者対象の面接指導，ストレスチェックにより判明した高ストレス者対象の面接指導等（安衛法第66条の４，第66条の８，第66条の８の２，第66条の10第５項）を，概ねその地域の医師会に所属する医師を紹介して実施している。

　最大の特徴は，いずれも（ちさんぽ事業を含めた産保センター事業のすべてが）無料で実施されていることである。また，いずれも監督署が，是正勧告や指導を行った際等に活用を促している。地域密着性，法令対応事業を行っている（事業者が法令遵守のために利用できる）ことも特徴の１つである。

　課題の１つとして，周知・活用の不足が挙げられる。

　中災防は，労災防止団体法に基づく厚生労働省所管の認可法人であり，各事業場のメンタルヘルス推進担当スタッフの養成，管理監督者や一般従業員向けのメンタルヘルス研修などを実施している。また，全国約5000の賛助会員を中心に，依頼のあった事業場にトレーナー（講師）を派遣して，心身両面の健康づくりを支援している。基本的には有償である。

　また，諸種のチェックリストを作成し，普及を図っている。

　課題の１つとして，産業保健総合支援センターほか，他の事業場外資源との連携不足が挙げられる。

【事業場での実施状況】

　事業場での実施状況として，これらの条規の趣旨を踏まえた積極的な実施例が見られる。

　労働者の病死等の経験を踏まえ，あるいは積極的な経営戦略として，

　経営者が，生産性や企業イメージ，社員のモチベーションの向上，健康保険料・傷病手当の削減，労災リスク，離職率の減少等のメリットを強調し，健康と経営の一体性を従業員に周知し，

　経営トップクラスがリーダーとなると共に，各部署ごとに推進担当者を任命するなどして，トップダウンとボトムアップの情報流通や働きかけを行い，

　適正体重，朝食，飲酒，間食，禁煙，運動，睡眠，ストレス

　等の指標を設定して，数値による個別的・集団的な健康管理を行うような例である。健康管理のためのスマホのアプリの開発なども行われている。

　組織的取り組みの目標として，健康経営優良法人の認証を設定する等も行われている。[59]

---

(59)　「健康経営®」は，NPO法人健康経営研究会の登録商標である（https://kenkokeiei.co.jp/kenkokeiei_executiveoffice_info/）。
　　　健康経営については，日本労働研究雑誌2024年１月号（No.762）が，多角的な検証を加えた。
　　　ここで，三柴丈典「個人と組織の健康測定・情報管理と法」は，健康経営について，従業員の健康管理を通じて労働生産性の向上を図るよう，経営層に訴求するための概念であって，特に労働生産性に影響する精神・

2　関係判例と監督指導状況（個別）

ただし，健康という課題の質的性格ゆえに，成功例を定義しにくいという問題もある。健康経営優良企業の認証も比較的手続きを重視した仕組みであり，その認証を受けているから実質を伴っているとは限らない。逆もまた然りである。

一般論として，アピールの上手な企業が前面に出易いという問題も生じる（三柴追記）。

総じて，法政策による健康保持増進対策は難航しており，勤務に関係する自殺者の減少も，予防施策というより，景気動向と連動しているように見える（三柴追記）。[60]

過労死・過労自殺者数や，職場で強い不安・ストレス・悩みを抱えている労働者の割合も高止まりしている。[61]

【関係判例】

1）健康保持増進指針に関する裁判例

ア　療養補償給付不支給処分取消請求事件東京地判平成20年11月28日判例集未登載

重度で要治療の高血圧症を持つ原告が，店舗での勤務後，工場に配転され，箱詰め作業等に従事していたところ，脳疾患である右被殻出血（ひかく）（本件疾病）を発症し，その後脳梗塞を合併して左片麻痺となったため，

被告会社が，健診，保健指導等の健康保持増進措置を講じなかった，また，工場への配転が不適切だったとして，労災申請した事案において，

判決は，被告会社は，

①定期健診を実施し，

②保健指導で血圧測定，ストレス管理，休養・睡眠，禁煙等を指示していたし，

配転後の工場での作業の業務の質量は過重でなかったので，

本件疾病と原告の業務に相当因果関係はないとした。

重度の高血圧症罹患者に健康保持増進指針所定の措置（特に健診とその結果に基づく保健指導，受診勧奨等）が履行されていたことを評価し，

それが自然的経過を超えて脳心臓疾患を生じたと評価しなかった例と言える。

なお，法定健診とその結果に基づく事後措置は，安衛法上の義務であると共に，民事上の安全配慮義務の内容と評価され易い。

脳心臓疾患（のリスク），心身の不調の測定に関心を持つことを述べる。国の産業保健に関するEBPM構想とも相まって，先ずは事業者による健康情報の取扱いの要求が高まっていることを指摘する。

その上で，事業者がいかなる点に留意して健康情報を取り扱うべきかを整理している。

すなわち，①偏見を受け易い情報か，②職場で管理できる事柄か，③労働能力や職場秩序に影響する事柄か，の3点を基本的な基準として，一定の体制整備と手順を踏んだ上，職場での情報の取扱いの是非を判断すべき旨を述べている。

(60)　警察庁作成資料（https://www.npa.go.jp/safetylife/seianki/jisatsu/H24/H24_jisatunojoukyou_04.pdf　最終閲覧日：2024年1月9日）。

(61)　厚生労働省作成資料（https://www.mhlw.go.jp/content/11200000/001001667.pdf　最終閲覧日：2024年1月9日）。

Ⅱ 運 用

イ 真備学園事件岡山地判平成 6 年12月20日労働判例672号42頁

法第66条の関係判例を参照されたい。

なお，本件が生じた当時は，健診結果を受けた事後措置（現行安衛法第66条の 5 ）や保健指導等の措置（現行安衛法第66条の 7 ）は定められていなかったが，この時点で既に安全配慮義務の内容と評価されていたことは特筆される。

メンタルヘルス対策（若手医師の自殺防止）につき，長時間労働者対象の面接指導，メンタルヘルス専門部会の設置等の制度整備のほか，業務軽減・担当替え等の措置を講じることが安全配慮義務の内容だったとした例として，

公立八鹿病院組合ほか事件・広島高松江支判平成27年 3 月18日労働判例1118号25頁
がある。

2 ）後の過労（死）やメンタルヘルス関係判例のリーディングケースとなった判例

電通事件最 2 小判平成12年 3 月24日民集54巻 3 号1155頁（ 1 審：東京地判平成 8 年 3 月28日労働判例692号13頁，原審：東京高判平成 9 年 9 月26日労働判例724号13頁）

〈事実の概要〉

亡Aは，大学卒業後，Y社（被告，控訴人，被上告人）に採用されてラジオ推進部に配属され，40社ほどのスポンサーを担当していたほか，新人のため，朝方に来て机のぞうきん掛け等の雑務をこなしていた。

明朗快活，真面目な性格で，業務に意欲的だったので，上司や顧客等からも好意的に受け止められていた。

Y社の給与水準はかなり高かったが，時間外労働の過少申告が恒常化していた。亡Aは，入社年 8 月頃から翌日 1 － 2 時頃の退社が増え，11月末には帰宅しない日が生じるようになり，翌年 1 月からは，290時間強／月（年間換算で3500時間程度）の労働時間となり，心身とも疲労困憊した姿が同僚や上司にも認められたが，上司は早く仕事を切り上げて帰宅するよう述べる以上の措置を講じず，同年 8 月末頃に，自宅で縊死した。

そこで，父母であるXらが，Y社を相手取り，その過失責任（契約責任及び不法行為責任）ないし上司の過失にかかる使用者責任に基づく損害賠償請求を行った。

1 審はXらの請求をほぼ全面的に認容したが，原審は，基本的に 1 審判断を支持しつつ，本人の過少申告，労働時間の適切な配分の問題，医療受診をしなかったこと，両親が仕事を止めなかったこと等につき，過失相殺の類推適用により， 3 割を差し引いた。そこで，XらとYの双方が上告した。

〈判旨～原判決中Xらの敗訴部分を破棄差戻し～〉

長時間労働により疲労や心理的負荷等が過度に蓄積すると，心身の健康を損なう危険がある。

労基法の労働時間制限，安衛法の作業管理規定（第65条の 3 ）は，そうした危険の発生防止を目的とするものと解される。

使用者は，業務遂行に伴う過度な疲労や心理的負荷等の蓄積による労働者の心身の健康障害を防止する注意義務を負う。上司（使用者に代わり労働者に指揮監督権限を有する者）は，その注意義務

に沿ってその権限を行使すべきである。

身体加害行為による損害賠償請求につき，裁判所は，過失相殺規定を類推適用して，損害の発生又は拡大に寄与した被害者の性格等の心因的要因を一定程度斟酌できるが，

ある労働者の性格が，同種業務に従事する労働者の個性の多様さの通常想定範囲内にある限り，その性格とそれに基づく業務遂行の態様等が損害の発生や拡大に寄与しても，使用者や上司は，適材適所も図れることもあり，使用者の予見範囲内といえ，賠償額算定上心因的要因として斟酌できない。

亡Ａの性格は，同種業務に従事する労働者の個性の多様さの通常想定範囲内にあったので，斟酌できない。

〈判決の意義〉

本判決は，最高裁として初めて，使用者の業務管理を通じた過重な疲労・ストレス防止義務を宣言し，過重負荷によるメンタル疾患（や過労による脳心臓疾患）の賠償や補償にかかるリーディングケースとなった。

事案としては長時間労働を前提にしていたが，精神的な理由による精神的な障害（やそれによる自殺行動）について，使用者の責任を認めた点に意義があり，現に多方面に影響を与えた。

また，従前は自殺は本人の故意によるものと考えられていたところ，業務上の過重負荷により精神障害が発症し，それにより行為選択能力を著しく阻害されて自殺に至る旨推定された。同種業務に従事する労働者の個性の多様さの通常想定範囲内にある性格傾向につき，損益相殺ができない旨述べたことと合わせ，予防と補償の政策や裁判例に多大な影響を与えた。

例えば，安衛法第70条の２に基づくメンタルヘルス指針の発出の契機となったほか，精神障害の労災認定に関する「心理的負荷による精神障害の業務上外に係る判断指針について」（平成11年９月14日基発第544号[(62)]）の発出にも影響を与えた。ここでは，精神障害によって正常な行為選択能力が著しく阻害され，自殺が引き起こされるとの推定が採用されている。

3）メンタルヘルス指針に言及した裁判例

ア　さいたま市（環境局職員）事件東京高判平成29年10月26日労働判例1172号26頁（１審：さいたま地判平成27年11月18日労働判例1138号30頁）

〈事実の概要〉

さいたま市職員だった亡Ｃは，市立小学校で業務主任として勤務していた際に「うつ病，適応障害」の病名で89日間病気休暇を取得し，職場復帰後約半年で，環境局所管のaセンターの業務主任に配転されたところ，

指導係Ｄから暴行などのパワハラを受け続け，うつ病を発症して自殺したなどとして，

その両親であるＸ（１審原告，被控訴人）らがＹ（１審被告，控訴人。さいたま市）を相手取り，安全配慮義務違反の債務不履行又は国家賠償法第１条第１項に基づき損害賠償請求した。

---

(62)　平成23年12月に「心理的負荷による精神障害の認定基準」（平成23年12月26日基発1226第１号）に改められて指針は廃止され，最終改正は，令和５年９月１日基発0901第２号により行われている。

Ⅱ　運　用

　原審は，Yの損害賠償責任を認めつつ，亡C本人にはうつ病の既往症があったこと，Xらには，亡Cが受けていたパワハラや精神状況の悪化を認識しながら医師と連携して休職させる等しなかったことを理由に，8割を過失相殺した。

　両当事者共に控訴した。

〈判旨～原判決一部変更～〉

　安衛法第70条の2に基づくメンタルヘルス指針により，メンタルヘルス問題で休業した労働者への職場復帰支援が求められていることから，

　Yが負う安全配慮義務には，そのような職員に対し，その特性を十分理解した上で，

　①休業中の配慮，

　②復帰の判断，

　③復帰の支援，

　④復帰後のフォローアップ，

　を行う義務が含まれる。

　Cは，採用直後に職務ストレスによる長期のストレス障害，その後反復性心因性抑うつ精神病と診断され，小学校への転任直後に「うつ病，適応障害」の病名で，ほぼ上限の89日間の病気休暇を取得した。

　復帰後のフォローアップの観点では，勤務先の校長が，本人同意を得るなどした上，本庁の人事担当者から異動先（環境局のaセンター）の上司らに病気休暇等の情報を引き継ぐよう求めるか，自ら彼らに情報提供することが望まれたが，その懈怠がただちに安全配慮義務違反とは言えない。

　他方，aセンターのF所長は，体調不良，その後重症うつ状態で90日間の休職を要する旨の診断書の提出を受け，自殺念慮を訴えられ，Cの精神状態の危険性を十分に認識できたのだから，主治医等から意見を求め，産業医等に相談するなど適切に対処する義務があったのに，自己判断で勤務を継続させ，その精神状況を悪化させ，うつ病の症状を増悪させたから，パワハラを放置した点と共に，安全配慮義務に違反した。

〈判決の意義〉

　最大の意義は，メンタルヘルス指針に言及し，その内容に則した職場復帰支援やフォローアップを事業者の安全配慮義務と明言した点にある。

　特に，その6(4)「職場復帰における支援」に照らして，重症症状を呈したCへのF所長の対応，6(2)「職場環境等の把握と改善」に照らして，パワハラの放置が問題視された。

　また，7「メンタルヘルスに関する個人情報の保護への配慮」では，不調者への対応にあたり，労働者の上司や同僚の理解と協力のため，労働者のメンタルヘルスに関する情報を適切に活用する必要が生じ得る旨が記されていることに照らし，

　元の勤務先の校長が，異動先の上司らに病気休暇等の情報を引き継ぐ措置を講じなかったことも問題視しつつ，安全配慮義務違反にまでは当たらないと評価している。

イ　ティー・エム・イーほか事件東京高判平成27年２月26日労働判例1117号５頁（原審：静岡地判平成26年３月24日労働判例1117号12頁）

　入社前から不安障害や不眠症の診断を受け，投薬治療を受けていた派遣労働者が，さほど過重な負荷のない業務（空調設備のメンテナンス業務。死亡前約１年間の平均残業時間は26時間／月程度）に従事していたが，

　かかりつけ医でうつ病の診断を受けながらその旨の診断書を派遣元・派遣先のいずれにも提出しないまま自殺した事案につき，

　メンタルヘルス指針が２次予防（不調の早期発見・早期対応）の必要性を説いていることに触れた上，

　派遣先と派遣元共に，派遣労働者の休暇取得状況などから当該労働者の不調を認識していた（体調不良等での早退・休暇が月に１‐３回あり，派遣先の所長が派遣元の代表取締役に不調情報を伝え，同人が本人から睡眠薬の服用を伝えられた。その後，メールでの体調等の確認が複数回あり，服薬なし，再健診結果異常なし等を確認していた）以上，両者に，

　①不調の具体的内容等（診断名，処方薬，通院先等）を調査する義務，

　②適宜，産業医等に受診させ，就業上の配慮や指導を行う義務

　があり，その義務違反があったとしたが（この際，本人が健康情報等を派遣元・派遣先共に伝えていなかった原因として，両者の本人への日頃の対応により，解雇等を恐れたためと推認し，それも両者による安全配慮義務の履行の不十分さゆえと推認している），客観的な過重労働がなかったことを踏まえ，当該義務違反と自殺との相当因果関係は認められないとして，当該義務違反を理由とする慰謝料（200万円）の支払いのみを命じた。

　すなわち，安全配慮義務違反は認めつつ，それが自殺を導いたと言えないとして，その義務違反のみを根拠に精神的慰謝料のみの支払いを命じた。

　本判決も，さいたま市事件東京高判と同様に，メンタルヘルス指針に照らして安全配慮義務違反を論じた。

　２次予防（不調の早期発見・早期対応）にかかる指針の示唆を汲み，通院先や診断名，処方薬の確認，適宜の産業医への相談等，かなり踏み込んだ措置を安全配慮義務の内容としたこと，

　本人がうつ状態等の不調を正直に申告できなかった背景に，派遣先や派遣元の本人への日頃の対応があり，それ自体が安全配慮義務の履行の不十分さを窺わせる旨述べたこと，[63]

　派遣元と派遣先の双方に安全配慮義務違反を認めたことも特筆される。

---

(63)　東芝（うつ病・解雇）事件最２小判平成26年３月24日労働判例1094号22頁は，メンタルヘルス情報に対する社会的偏見，申告による不利益のリスク等を理由に，労働者からの申告がなかったことを過失相殺の根拠とできない旨述べている。

Ⅱ　運　用

4）メンタルヘルス指針に言及していないが，その示唆と共通する事項を安全配慮義務等の内容として示した例

ア　国・静岡労基署長（日研化学）事件東京地判平成19年10月15日労働判例950号5頁[64]

〈事実の概要〉

　大学卒業後に製薬会社である訴外A社に入社してMR（医療情報担当者）として勤務していた被災者（Z）は，入社7年目に静岡に転勤後，そこに新たに赴任して来たF係長に，仕事上の能力に問題ありとみなされ，「存在が目障りだ，居るだけでみんなが迷惑している」，「どこへ飛ばされようと……Zは仕事しない奴だと言い触らしたる」，「お前は会社を食い物にしている，給料泥棒」などの厳しい言葉を浴びせられるようになり，約2年後に仕事上のトラブルも重なって縊死した。そこで，X（Zの妻）が，遺族補償年金等を申請したが不支給決定を受け，審査請求・再審査請求も棄却されたため，取消訴訟を提起した。

　なお，F係長は，ものの言い方がきつく，決めつけたような言い方をし，自分の仕事はよくできるが，部下らから慕われていなかった。

〈判旨～X請求認容～〉

　一般に，上司－部下間で軋轢が生じることは避け難いが，その内容が，通常予定される範疇を超える場合，精神障害を発症させる程度に過重といえる。

　本件は，①組織でZより上位の立場にあるF係長の言葉がZの人格やキャリアを否定する苛烈なものだったこと，②その態度に嫌悪の感情の側面があったこと，③過度に直截な言い方をしていたこと，④職場に上司とのトラブルについて部下をフォローする体制がなかったこと（従業員は営業先に直行直帰し，日頃，F係長より上位の社員との接点がなく，同係長からの厳しい言葉をはけ口なく受け止めねばならなかった上，会社が所属部署の人間関係や従業員の異常に気づき難い職場環境だった），の4点から，F係長の態度によるZの心理的負荷は，精神障害を発症させる程度に過重なものと評価できる。

〈判決の意義〉

　メンタルヘルス指針に直接言及していないが，その6（2）が述べる，ハラスメントやそれによる心理的負荷を阻止・軽減するための勤務形態や管理体制（ハラスメント後のフォローの体制を含む）の問題点を指摘したものと評価できる。

イ　名古屋南労基署長（中部電力）事件名古屋高判平成19年10月31日労働判例954号31頁[65]

〈事実の概要〉

　被災者（Z）は，工業高校を卒業して中部電力に入社後，約15年ほどは特定の部署で技術職として勤務していたが，別の部署に配置後に主任に昇格し，慣れない業務で，なおかつ部下の管理，

---

(64)　本件の整理は，三柴丈典「講座：産業保健と法10―ハラスメントの失敗学～判例を主な素材として～（2）」産業医学ジャーナル（産業医学振興財団）41巻3号（2018年）28頁以下による。

(65)　同上。

予算・計画など，責任の重い職務を任されて許容の限界を超え，評価も最低となり，追い詰められていった。

　法定時間外労働は月30－100時間程度に達したほか，苦心して遂行し，やっと直属の上司の了解を得た業務について，更に上位の上司（F課長）から繰り返しやり直しを命じられる，他の課員の前で「主任失格だ」，「お前なんか，いてもいなくても同じだ」等の発言を受ける，Zのみが結婚指輪を外せと指示される，自らを責める内容の反省文の執筆を強要される等の出来事を経て，うつ病に罹患し，自家用車内で焼身自殺した。

　そこで，遺族が遺族補償年金等を申請したところ，労基署長から不支給決定を受けたため，取消訴訟を提起した。

〈判旨～X請求認容～〉

　行政の策定した判断指針（労働省労働基準局長通達平成11年9月14日基発544号〔当時〕）は，上級行政庁が下部行政機関に運用基準を示した通達に過ぎず，内容的にも十全とは言えないので，業務起因性の判断に際しては，判断指針を参考にしつつ，個別の事案に即して相当因果関係を判断する。

　本件認定事実によれば，上司（F課長）の言動は，何ら合理的理由のない，単なる厳しい指導の範疇を超えた，いわゆるパワーハラスメントとも評価されるものであり，それが一回ではなく，主任昇格後からZの死亡直前まで継続して行われており，大きな心理的負荷を与えた。

　また，業務に量的，内容的にも大きな変化があり，上司の支援体制も不十分であり，死亡直前の数ヶ月は月に100時間程度の時間外労働を強いられていた。

　Zが晒された業務等による心理的負荷は，一般的平均的労働者に対し，社会通念上，うつ病を発生させるに足りる危険性を有するものだったので，当該業務とZのうつ病発症には相当因果関係が認められる。そして，Zの自殺前の言動から，Zの自殺と業務には条件関係があり，Zはうつ病によって正常な判断能力が阻害されるなどして自殺に及んだと推定できるので，Zのうつ病発症と自殺の間にも相当因果関係が認められる。

〈判決の意義〉

　これもメンタルヘルス指針に言及はしていないが，その6（2）が指摘する，上司の継続的パワハラ，過度な長時間労働，仕事の質量，職場の組織や人事労務管理体制（不十分な支援体制）等の問題を業務上の過重負荷として労災認定した例である。

　本判決は，1999年（平成11年）の「心理的負荷による精神障害等に係る業務上外の判断指針」（平成11年9月14日基発第544号）を「心理的負荷による精神障害の認定基準」（平成23年12月26日基発1226第1号。最終改正：令和5年9月1日基発0901第2号）に改編させることにもなった。

ウ　建設技術研究所事件大阪地判平成24年2月15日労働判例1048号105頁

　法第13条の関係判例を参照されたい。

　本判決は，メンタルヘルス指針に言及しなかったが，その6（4）「職場復帰における支援」に沿った支援がなされず，療養・寛解後，定時・軽減勤務の条件付きで復帰したのに，月100時間

Ⅱ　運　用

超の時間外労働等をして症状が再燃した経過を踏まえ，

　　衛生委員会等での調査審議，産業医等の助言を踏まえた職場復帰支援プログラムの策定

　が使用者の安全配慮義務の内容だった（が果たされなかった）としている。

エ　公立八鹿病院組合ほか事件広島高松江支判平成27年3月18日労働判例1118号25頁[(66)]

〈事実の概要〉

　新人医師である亡Bは，Y1（被告病院）での勤務開始後，新人としては多い患者数の診察や当
直等により，月150時間を超える時間外労働を行う一方，

　上司である医師のY2（整形外科医長）からは身体的な暴行のほか，仕事ぶりが給料に相当しな
い，それを「両親に連絡しようか」等の発言，同じくY3（整形外科部長）からは「田舎の病院だと
思ってなめてるのか」等の発言を受けた後，

　勤務開始の2ヶ月後にはうつ病を発症して自殺した。

　そこで，亡Bの両親（Xら）がY1につき債務不履行若しくは不法行為又は使用者責任，Y2及
びY3につき不法行為に基づき損害賠償請求した。また，2審でY1に対する国賠法に基づく請
求を追加した。

〈判旨～Xら請求一部認容～〉

　Y2・Y3が，社会通念上許容される指導又は叱責の範囲を超える言動を行っていたことは，
亡Bの前任までの複数の医師が，彼らに相談すると怒鳴られたり，無能扱いされるなどしたため
委縮した旨証言し，うち3名が半年で退職していたこと等からも裏付けられる。

　本件病院で亡Bが従事していた業務は，質量共に相当過重であったばかりか，Y2とY3から
「パワハラを継続的に受けていた」。これらが重層的かつ相乗的に作用して一層過酷な状況に陥っ
た。

　亡Bに特に素因は認められないが，遅くとも自殺した月の上旬にはうつ病を発症した。

　Yらは，亡Bの能力不足による自信喪失が自殺の原因との趣旨の主張をするが，同程度の職務
経験者と比べて，特別にミスが多いとか，格別能力が劣っていたとはいえないし，自殺前には，
心身の疲弊により余計にミスが誘発されたと察せられる。

　Y1は，亡Bの赴任前から，Y2らの下にいた医師からの異動願等によって彼らによるパワハ
ラを認識し，その後院長への暴行の報告等から亡Bへのパワハラも認識し，時間外手当の支払い
から時間外労働について認識していた以上，

　亡Bの自殺後に開催された安全衛生委員会で提言された方法（歓迎会，診療科を跨いで繋がる機会
の提供，産業保健スタッフによる面接指導等）などにより，新人医師らの労働環境整備に努めるべき
だったし，

　遅くとも自殺の前月下旬頃には，その勤務状況を把握し，Y2らにパワハラの是正を求めると

---

(66)　本件の整理は，三柴丈典「講座：産業保健と法11―ハラスメントの失敗学～判例を主な素材として～(3)」
　　産業医学ジャーナル（産業医学振興財団）41巻4号（2018年）46-48頁による。

共に，本人を<u>休職させる</u>等の措置をとるべきであり，そうしていれば自殺を防止できる蓋然性があった。

　しかし，勤務時間の把握自体充分にせず，パワハラを認識しながら，本人にしばらく我慢してもらうか，派遣元の大学病院への転属を申し出るのを待てばよいとの認識で放置していた以上，安全配慮義務違反が認められる。

　Y1は，院長及びY3がその義務に従った権限行使を怠った以上，国賠法上の責任も負うが，Y2らのパワハラは，公立病院であるY1の職務を行うについて行われたので，彼らは個人的な責任は負わない。

〈判決の意義〉

　やはり，メンタルヘルス指針に言及してはいないが，同指針6「メンタルヘルスケアの具体的進め方」にある

　　①<u>教育研修・情報提供</u>，
　　②労働者による自発的な<u>相談とセルフチェック</u>，
　　③管理監督者，事業場内産業保健スタッフ等による<u>相談対応</u>，
　　等に該当する事項が，安全配慮義務の内容として示されている。

5）公務員の懲戒免職処分を裁量権濫用とする際にメンタルヘルス指針に言及した例

懲戒免職処分取消等請求事件名古屋高判平成30年3月14日裁判所WEBサイト

〈事実の概要〉

　X（原告，控訴人）は，Y（愛知県。被告，被控訴人）に任用されたが，次第に<u>仕事が嫌</u>になり，<u>9日連続で休暇</u>をとったが，そのうち7日は，通常の始業時刻（午前8時45分）より早い<u>7時台に出勤</u>しながら，<u>気持ちが焦って落ち着かずいたたまれない状態</u>で，パソコンでメール返信等を行った後，8時に可能となるシステム登録を行い，<u>上司のJ課長補佐の許可を得て職場を離れる</u>という<u>特異な休暇の取り方</u>を続けていた。

　この間，J課長補佐は，Xのそうした休暇取得方法について理由を確認したり，<u>精神状況を確認しないまま</u>，漫然と休暇取得を許可し，上席のB課長にも報告しなかった。

　その後は無断欠勤が続き，その間，上司らが本人に連絡をとろうとしたが叶わず，欠勤日数が47日に及んだところで，それ（無断欠勤）を理由にYが懲戒免職処分及び退職手当支給制限処分としたところ，Xがそれらの取消しを求めて本訴を提起した。

　原審はXの請求を棄却した。

〈判旨～原判決取消し・X請求認容～〉

　メンタルヘルス指針では，不調者の早期発見早期対応を示唆している。また，管理監督者による部下への接し方については，「<u>いつもと違う</u>」部下への気づきが大切としており，遅刻・早退・欠勤増加は，その典型とされている。

　Xの休暇取得状況は，頻度，経緯共にそれまでの行動様式とずれており，メンタルヘルス<u>不調を疑うべき明瞭な兆候</u>を発しており，この頃からうつ病等に罹患していたと認められる。

Ⅱ　運　用

　Yは，不調を発見し，Xから話を聞き，適切な情報を提供し，適宜，事業場内産業保健スタッフ等や事業場外資源への相談や医療機関受診を促すよう努めるべきだった。

　Yは，無断欠勤に至る前にXが発していた兆候を見逃し，適切な対応を怠った上，無断欠勤後もその精神状態を正しく認識しないまま，その欠勤日数のみをことさら重大視して本件免職処分を行ったのであり，その判断の基礎となる事実の評価において明白に合理性を欠き，裁量権濫用に当たる。

〈判決の意義〉

　メンタルヘルス指針が示唆する「いつもと違う」様子に早く気づいて，相談にのる，適切な情報を提供する，産業保健スタッフに繋げる，医療受診させる等の対応を行うことは，精神的不調者への対応上重要な意味を持ち，それを怠って懲戒免職処分を行えば，裁量権の逸脱と判断される可能性があることが窺える。

　同旨を述べた判例として，

　日本ヒューレット・パッカード事件最2小判平成24年4月27日裁判所時報1555号8頁等がある。

6) 職場復帰手引きに言及しつつ法的意義を否定すると共に，療養休職期間中の労働者への接触方法にかかる使用者の配慮義務違反を認めた例

ワコール事件京都地判平成28年2月23日LEX/DB 25542312

〈事実の概要〉

　Y（会社）と有期契約を締結して，販売員として就労していたX（原告）が，適応障害及び軽症うつ病エピソードを発病して休職したことを踏まえ，Yが適切な職場環境の改善を行わなかったために適応障害等を発病し，これによる休職後，適切な職場復帰支援を実施しなかったためにその精神障害が遷延化したなどとして，不法行為等に基づく損害賠償請求した。

　その際，法的根拠は定かではないが，Yには，厚生労働省が公表した新職場復帰手引き（「改訂版『心の健康問題により休業した労働者の職場復帰支援の手引き』」〔平成21年3月23日送付案内：基労安発第0323001号〕）に沿った復職支援（事業場内産業保健スタッフの支援を得た職場復帰支援プログラムの策定等）を実施する義務があり，これを怠ったことも，不法行為等に該当する旨主張した。

〈判旨～X請求一部認容～〉

　新職場復帰手引きは，法的義務を設定したものではないので，使用者に，それに沿った職場復帰支援を行う義務はない。

　もっとも，使用者には，労働者の療養休職中，当該労働者を療養に専念させる義務があり，主治医から被告会社関係者との接触を制限すべき旨の診断書が出された後，主治医を介さず，又は主治医に接触方法を確認せずに直接本人に連絡をとったことは，安全配慮義務違反に当たる。

　また，（Xが有期契約者であったため）休職期間中に満了を迎える労働契約を短期間化して更新する旨を，合理的な説明なしに伝えたことも，このような状態にある者への配慮を欠く点で過失に当たる。

よって，YはXに精神的慰謝料を支払う義務がある。

〈判決の意義〉

本判決が，療養休職中の労働者に対する接触方法につき，使用者の療養に専念させる配慮義務の一環として，主治医からの示唆を前提として，主治医を介する等せずに接触することを当該配慮義務違反とした判断はかなり前衛的である。

他方，使用者には職場復帰手引きに沿った措置（職場復帰支援プログラムの策定等）の義務がないとした点は，事例に則した判断であり，事案によっては安全配慮義務の内容となることがあり得よう。

2.71　第71条の２〜第71条の４（快適な職場環境の形成関係〔事業者の努力義務と国による支援〕）

【監督指導状況】

罰則付きの労基法違反や危害防止基準違反が多すぎて，快適職場指針の指導までとても手が回らないことが多いのが実相と思われる。

指針等で定められた，最低基準を超える要求は，概ね中央労働災害防止協会等の関係団体による指導，援助，相談等，認定制度や助成金等による事業者の自主的取り組みの推進に拠ってきたと言えよう。

【事業場での実施状況】

３K（きつい，汚い，危険）を避け，収入以上に働きやすさ等を求める若年層の傾向[67]からも，快適職場形成は，事業者にとって経営問題でもある。

快適職場形成促進事業は平成４年度から平成22年度まで実施されたが（平成22年度には，快適職場推進計画の認定，低利融資や助成の他，中央労働災害防止協会による快適職場推進センター事業も廃止された），労働基準局労災補償部労災管理課作成資料によると，事業廃止の直前でも，推進計画認定件数は設定目標（3200件程度）を上回る件数（3400件程度）に達していたという。

中災防が2004年（平成16年）頃に実施した，推進計画の認定を受けた事業場向けのアンケート調査によると，認定後も取り組みを継続している事業場が８割を超え，また約８割弱が安全衛生活動の一環として快適職場形成に取り組んでいたという。

計画実行の効果としては，

---

(67)　確かに，近年の各種社会調査の結果は，若年層が残業が少ない（プライベート時間を多く確保できる）こと，給与を含む労働条件を重視する傾向を示しているが（例えば，姜英淑「若者が考える働きやすい・働きがいのある職場」東洋大学社会学部紀要 第53巻２号〔2016年〕17-31頁），仕事のやりがいを求める割合は高く，仕事にやりがいを感じさせる人（経営者，上司，顧客等）やきっかけが存在する場合にも同じ回答になるか，疑問である（三柴による）。

Ⅱ　運　　用

①従業員の安全衛生への関心の向上（73％），

②職場の整理整頓の推進（64％），

③職場での安心感・満足感の向上（49％），

④労働生産性の向上（44％），

⑤企業イメージの向上（35％），

等が高い数値になったという。

　その後，労働生産性と企業による健康保持増進の関係を重視する健康経営という概念[68]が現れ，経済産業省のイニシアチブで推進されて，多くの企業による健康保持増進の取り組みを誘っている。

【関係団体の取り組み】

　中央労働災害防止協会は，国の委託を受けて，職場環境のソフト面での快適化の重要性に注目した調査票「快適職場調査（ソフト面）」を開発し，公表している[69]。

　ここでは，継続的・計画的な取り組みの必要性を謳った上で，ソフト面の7領域として，

①キャリア形成・人材育成

②人間関係

③仕事の裁量性

④処遇

⑤社会とのつながり

⑥休暇・福利厚生

⑦労働負荷

が挙げられている。概ね人事労務管理的な事項といえる（三柴による）。

【関係判例】

　本章の関係判例は受動喫煙に関するものに集中しており，それらは法第68条の2の解説で取り上げたので，そちらを参照されたい[70]。

---

(68)　「健康経営®」は，NPO法人健康経営研究会の登録商標である。https://kenkokeiei.co.jp/kenkokeiei_executiveoffice_info/

　　　法第68条の2の逐条解説について述べた通り，健康経営については，日本労働研究雑誌 2024年1月号（No.762）が，多角的な検証を加えている。

　　　ここで，三柴丈典「個人と組織の健康測定・情報管理と法」は，健康経営について，従業員の健康管理を通じて労働生産性の向上を図るよう，経営層に訴求するための概念であって，特に労働生産性に影響する精神・脳心臓疾患（のリスク），心身の不調の測定に関心を持つ旨を述べている。

(69)　中央労働災害防止協会のWEBサイト（https://www.jisha.or.jp/health/kaiteki/soft/index.html　最終閲覧日：2024年1月20日）。

(70)　受動喫煙に関する裁判例の解説として下記の文献を参照されたい。

　　　三柴丈典「改正労働安全衛生法解説―メンタルヘルス対策の充実・強化，受動喫煙防止対策の推進等職場環境の改善へ―」2015年3月1日労働法学研究会報（労働開発研究会）2592号4-23頁，三柴丈典「職場の受動

付言すれば，以下の通り。

受動喫煙の健康影響のうち急性影響は早くから明らかだったが，がん等の慢性影響については，最近まで確実な裏付けを得られなかった。それも，試験室等の限定された条件で一定の実証を得られても，概ね一定のばく露レベルを前提としており，複合的な条件から成立する実際の職場でそのレベルに達するとは限らない。

また，仮に一定の健康影響が確認されても（まして，確認されない条件では），社会的に認容されてきた経過から，「人間として社会生活・職業生活を送っていれば，避けられない被害」という評価がなされてきた（いわゆる受忍限度論）。

そうした条件下，政策も裁判例も，近年は，一般論としての受動喫煙の健康影響につき，慢性影響を含めて認め，まさに一般論として職場事情に応じた一定の受動喫煙防止措置（主に空間分煙）を安全配慮義務等の内容として認めるようになってきたが，

個別具体的な事件では，そうした事情を前提に，まさに慢性影響を生じるほどのばく露はなかったとか，慢性影響は認められないとか，使用者の対策の不備（＝過失）と労働者の健康障害に（相当）因果関係が認められない等の理由づけをもって，使用者らの過失責任や対策履行責任を否定してきた。

原告につき，より強度な受動喫煙防止措置を講じるべき旨の医師の診断書が出されているのに，喫煙者から十分に距離を離さなかったこと等を過失と認め，5万円の慰謝料の支払いを任用者に命じたケース（江戸川区受動喫煙訴訟東京地判平成16年7月12日労働判例878号5頁）がある程度である。

要するに，司法は職場における受動喫煙の法的救済に消極的だった。

政策としての受動喫煙防止対策は，上記の通り，受動喫煙の健康影響に関する医学的・疫学的知見の蓄積，社会認識の変化等に応じ，格上げされてきた。

すなわち，当初は業務上疾病には結びつかない積極的・開発的方策としての快適職場形成（法第7章の2）の位置づけだったが，作業関連疾患を中心に業務上疾病を招くこともある健康保持増進対策（法第7章）の位置づけに格上げされた（もっとも，現在もなお快適職場形成の課題でもあり，両者の課題となったということである）。

そのため，受動喫煙に関する裁判例は，そのいずれにも位置づけられるが，時代の進歩によって受動喫煙対策が健康保持増進対策と扱われるようになった経過からは，本書でも法第68条の2の関係判例として取り扱うのが適当だろう（以上の整理は三柴による）。

本章（第7章の2）の関係判例として挙げられる受動喫煙関係以外の例に，建設アスベスト訴訟

喫煙対策に関する法的検討〜8か国の法制度調査を踏まえて〜」2008年6月13日季刊労働法（労働開発研究会）221号136-148頁。

前者は，2010年頃までの受動喫煙に関する国内の法令と判例水準，後者は，諸外国の法令と国内の判例の水準を示したものであり，いずれも，三柴が主導し，2014年（平成26年）の法改正や指針整備の参考資料とされた研究成果（中央労働災害防止協会『受動喫煙の健康への影響及び防止対策に関する調査研究委員会報告書』〔平成19年度〕）をまとめたものである。

Ⅱ　運　用

(神奈川) 事件最判 (最1小判令和3年5月17日民集75巻5号1359頁) がある。

　国は，2006年 (平成18年) 9月に至り，アスベストを施行令に基づく製造等禁止の対象物質としたが，それまでに建築物の建設や解体工事等に従事して中皮腫や肺がん等のアスベスト関連疾患を発症した建設作業従事者 (労働者及び一人親方等の非労働者) が，全国8つの地裁に，国とアスベスト建材のメーカーを相手方として集団訴訟を起こした事件であり，国に対しては，規制権限不行使を理由に国賠法上の損害賠償請求がなされた。

　重要な論点の1つが，少なくとも本件への安衛法上の適用法条は，保護対象に一人親方を含むかであったところ，

　2021年 (令和3年) 5月17日に神奈川訴訟について下された最高裁判決 (最1小判令和3年5月17日民集75巻5号1359頁) は，

　国は，事業者に保護具を準備させるのみならず，労働者らに保護具を「使用させる」ことを省令で義務づけ，指導監督により確保すべきだった，

　リスクの内容と管理方法等の具体的内容を記したラベルによる表示 (現行法第57条)，掲示 (現行の特化則第38条の3等) については通達等で示し，指導監督すべきだったのに行わなかったことから，

　被災者らに対して国賠法上の損害賠償責任を負う旨と共に，

　物的な措置義務は，いわば集団的な措置，環境整備の措置であって，保護対象は労働者に限らず，一人親方等にも及ぶ旨を述べた。

　その際，判決は，本法は，「快適な職場環境 (平成4年5月22日法律第55号による改正前は「作業環境」)」の形成促進も目的に掲げているので，非労働者が，労働者と同じ場所で働き，健康障害を生ずるおそれのある物を取り扱う場合に，所定の危険有害物の譲渡提供者に容器へのラベル等によるハザードやリスクの表示義務を課した安衛法第57条が，非労働者を「当然に保護の対象外としているとは解し難い」と述べた。

　すなわち，法第1条が快適な職場環境の形成を目標に含めていることをもって，本件への適用法条が一人親方等の非労働者も保護対象とする旨を述べた。

　原審は，快適な職場環境 (事件発生当時は「作業環境」) の形成という法目的は，安全と健康の確保という最終目的を達するための手段に過ぎず，独立の目的ではないので，その文言ゆえに安衛法の保護対象を広く捉えるべきではないとしていたが，最高裁は異なる見解を採った。

2.72　第78条 (特別安全衛生改善計画制度 〔勧告に従わない事業者の公表制度を含む〕)

【監督指導状況】

　2022年 (令和4年) 1月時点で，特別安全衛生改善計画の作成及び提出の指示が発出された例は見当たらなかった。

2　関係判例と監督指導状況（個別）

　元より，本制度創設時の国会審議に際して，重大な労災を 3 年以内に 2 回繰り返した事例は，当時18社にとどまっており，制度新設の効果をあまり期待できない旨が指摘されていた（平成26年 6 月11日衆議院厚生労働委員会〔井坂信彦委員発言〕）。

　参考人（有識者）の三柴は，制度の存在自体に意味はあるが，柳生流の抜かずの剣とするのが良い旨を述べていた（平成26年 6 月13日衆議院厚生労働委員会）。

2.73　第79条（安全衛生改善計画制度）

【監督指導状況】

　元監督官から以下の情報が得られた。

　 1 ）都道府県労働局長による本計画の作成指示は，安衛法違反を要件としていないので，現に，優れた取り組みを促す目的で，それが可能な事業場になされることがある。

　 2 ）以前，資金に乏しい中小企業の労災防止基盤整備等の支援のための長期の低利融資制度（労働安全衛生融資制度。2001年〔平成13年〕の特殊法人等整理合理化計画により廃止された）が実施されていた頃は，計画の作成を指示した事業場に対して，同制度を用いた設備投資を促していた。

　 3 ）やはり以前は，計画の作成を指示した事業場に，その旨を掲示させていた例もあった（ただし，対象とする上で違反が要件とされていないので，現在では不適当と解される）。

　 4 ）近時は，本条に基づく計画作成指示は少なくなっているが，介護事業等の第 3 次産業の事業場への適用例が出てきている。

　衛生改善計画の実施には大きなコストがかかるため，作成指示が困難な実態がある。

　 5 ）法第80条により，都道府県労働局長は，本条により計画の作成を指示された事業場に，労働安全・衛生コンサルタントによる安全衛生診断を受けさせ，計画作成等についてその意見を聴くよう勧奨できる。そこで，以前は，その作成を指示された事業者を一同に集めて合同説明会を開催し，コンサルタントによる説明を受けさせることで，事業者が彼／彼女らに依頼することもあったが，現在はそうした機会も失われ，両者の繋がりが弱くなっている可能性がある。

【関係判例】

長野地判昭和61年 6 月27日判例タイムズ616号34頁

　石綿製品の製造作業に従事していた複数の労働者がじん肺に罹患したことにつき，使用者の安全配慮にかかる損害賠償責任のほか，国の安全基準設定やその履行確保などの規制・監督権限不行使による国家賠償責任が争われた事案で，

　国は，そもそも原告労働者らが主張するような規制・監督義務は負っていないし，

　例外的に行政裁量が収縮して権限不行使の責任が認められる場合があるとしても，

---

(71)　同議員が厚生労働省に照会したデータによる情報と思われる（三柴）。

II　運　用

　本件で管轄の県労働基準局長は，当該事業場を衛生管理特別指導対象に指定し，改善計画の作成を指示して報告書の提出を受けるなどの措置を講じていた以上，その責任を負わないとした。

　本制度の適用が，国の適正な監督権限の行使の裏付けとなることが窺われるが，

　本計画の不遵守にかかる労使の民事責任等について述べた裁判例は見当たらない。

2.74　第88条（危険有害な工事，機械の設置，作業等の計画の事前届出制度）

【監督指導状況】

　本条違反の送検事例として，以下のような例がある。[72] すなわち，

　労基署の臨検で，Ａ社が施行する高さ30m超のマンションの建設工事につき，本条（法第88条）第4項（現在の第3項）所定の建築工事計画届及び第2項（現在の第1項）所定の足場設置届が提出されていないこと，やはりＡ社が施工する別のビル建築現場でも足場設置届が提出されていないことが確認され，各現場代理人Ｘ，Ｙに是正勧告書を交付したが，その後も双方で足場設置届が提出されなかったため，悪質と認め，

　Ａ社，Ｘ，Ｙの三者を本条第2項違反の疑いで送検したもの。

2.75　第91条〜第94条（労働行政官の権限（第91条：監督官の行政権限（立入，物件検査，収去等），第92条：監督官の司法警察権限，第93条：産業安全・労働衛生専門官の職務，第94条：同専門官の行政権限（立入，物件検査，収去等）））関係

【関係判例】
川崎民商事件最大判昭和47年11月22日判例時報684号17頁

　労働基準監督官による令状なしの立入，検査，収去等の合憲性について参考になる例であり，被告人が令状なしの税務調査（書類呈示の要求）を拒否したために起訴された事案で，同調査の合憲性が争われた。

　判決は，

　侵入，捜索，押収等における令状の必要性（令状主義）を定めた憲法第35条第1項は，刑事責任の追及手段としての強制に対する司法権による抑制を保障した規定だが，

　旧所得税法に基づく検査のような目的を異にする類似の手続にもその保障は及び得ること，

　他方，本件質問調査は，刑事責任の追及を目的としておらず，刑罰も間接強制的な性格のもの（：調査を拒めば罰則が適用されるが，調査の受け容れ自体が強制されるわけではない）で，

　強制度合いは直接強制的なものほど強くなく，

（72）　労働調査会編著『建設業編・安衛法違反による送検事例集第1集』（労働調査会，2001年）100-101頁。

重要な公益目的の実現に不可欠で，

その目的との関係は不均衡ではないことなどから，

令状がなくても違憲ではないとした。

2.76　第96条の2（労働者健康安全機構による立入検査，労災原因調査等）

【実施状況】

　実際のところ，本条による立入検査は，労働安全衛生研究所の頃より，安衛法規違反が窺われ，重篤な被害が予想されるような条件でなければ，適用され難かった。

　他方，調査（労働災害調査）は，比較的よく実施されてきた。

　すなわち，その規模や性質から，災害原因の調査に高度な専門性が求められ，監督官等では難しい場合，機構（以前は労働安全衛生総合研究所）に調査が委ねられて来た。

　機構における災害調査の流れは以下の通り。[73]

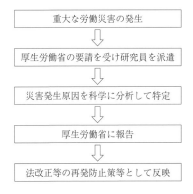

　2017年（平成29年）度の本条に基づく（：厚生労働省の要請による）調査実施件数は9件，調査結果等報告13件だった。その他，鑑定等12件，労災保険給付に係る鑑別，鑑定等7件，行政機関依頼調査1件となっている。[74]

2.77　第97条（本法令違反にかかる労働者の申告権）関係

【関係判例】

東京労働基準局長（青梅労基署）事件東京高判昭和56年3月26日労働経済判例速報1088号17頁（上告後，

---

(73)　厚生労働省のWEBサイト（https://www.mhlw.go.jp/content/12601000/000343314.pdf　最終閲覧日：2022年10月8日）。
(74)　尾添博『改訂第2版　楽に読める安衛法　概要と解説』（労働新聞社，2019年）342頁。

Ⅱ　運　用

最 3 小判昭和57年 4 月27日判例集未登載で棄却)，池袋労基署長事件東京高判昭和53年 7 月18日判例時報900号68頁

　法第97条が定める安衛法令違反事実に関する労働者の申告権は，労働行政に権限の発動を促すことをもって労働安全衛生行政の実効性を確保するために保障されたものであって，労働行政に権限発動の作為義務を課したものではない旨を述べた。

　ただし，学説の中には，放置することで，労働者の生命・身体・健康に重大な侵害が予想される場合，少なくとも申告に基づき，事実調査等の作為義務が生じるとするものもある。

　また，本条は強行規定なので，第 2 項に反する不利益取扱いは，事業者の報復的意思の存在（実際の認定は，概ね間接的な事情からの推認となる）を要件として，解雇等の法律行為であれば民事上無効となり，いじめ等の事実行為であれば不法行為となり得る。

2.78　第98条（使用停止命令等）関係

【関係判例】

1 ）国による権限発動の義務に関するもの

大東マンガン事件（植田満俺精錬所・守口労基署長事件）大阪高判昭和60年12月23日判例時報1178号27頁

　事業者などの法令の名宛人が本条（法第98条）所定の法令に違反する場合に，労働基準監督行政がその権限を発動する義務を負うか（その義務違反につき国家賠償責任を負うか）に関するリーディングケースであり，

　マンガンの粉じん等が飛散する工程で就業していてマンガン中毒等に罹患した労働者が，当該被害は，事業者による従前からの関連法令違反があり，労働者の生命身体健康が侵される危険を認識し得たのに，臨検，指導勧告等，適切な監督措置を講じなかったことにより生じたとして（ただし，本件で労働者は，法第97条に基づく申告を行った形跡はない），国の国家賠償責任を問うた事案について，

　労働基準監督行政の権限行使は直接労働者に責任を負うものではなく，基本的にはその裁量に委ねられている。労働安全衛生に関する諸規定は，使用者に第一次的かつ最終的義務者であることを前提とし，行政官庁の権限はそれを後見的に監督するものであるが，

　①切迫した重大な危険の発生が予見される，

　②監督権限行使によらねば危険の発生を防止できない，

　③現に権限行使によりそれを防止できる，

　という条件を充たすのにその権限を行使しなかった場合には，国家賠償責任が生じるとした。

　なお，労働者が積極的に労基法違反を申告した場合にも，監督機関は権限行使する作為義務を負わないとする判例もある（池袋労基署長事件東京高判昭和53年 7 月18日判例時報900号68頁）。

2）使用停止等命令の発令要件（法違反の判断基準）に関するもの

広島簡判昭和56年4月9日判例集未登載

　例えば，事業者に墜落防止措置を義務づけた法第21条第2項を具体化した安衛則第518条は，作業床設置の要件として，高さが2m以上であることのほか，労働者に危険を及ぼすおそれがある場合と定めている。

　そのため，具体的・形式的な高さ基準のほか，落下場所の態様，労働者の年齢技量等を実質的に総合考慮する必要があるとの見解があり得るが，

　足場からの墜落事案を審査した広島簡判昭和56年4月9日は，安衛法規は，危険を定型化して労災防止を図ろうとしたものなので，当該基準に反することは，すなわち労働者への危険の可能性があることであり，それをもって命令の発令要件たり得ると解している。

　この議論は，「危険を及ぼすおそれ」等の不確定法概念を含む基準の解釈を論じるものなので，基準違反に際しての刑事処分や，それにより災害が生じた場合の賠償責任等の判断でもなされ得るが，基準の予防的活用の場面だけに，より判断に迷い易いということであろう（三柴）。

2.79　第99条（急迫した危険・緊急の必要がある場合の（必ずしも法違反を前提としない）使用停止等命令〔緊急措置命令〕）

　法第99条は，

　第88条第6項や第98条第1項～第3項とは異なり，

　法令違反がないか，確定できない場合でも，

　労災発生の急迫した危険があり，かつ，緊急の必要があるとき（：労災発生が目前に迫っていて，放置すれば労働者の生命に危害が及ぶと予想されるような状態で，かつ，労災発生を防止するための措置を直ちに講じなければならない場合に），

　必要の限度で，都道府県労働局長，監督署長が，作業停止，建築物等の使用停止等を命じられることとしている。

　これを緊急措置命令といい，実務上は，概ね，事業者にその旨の文書（緊急措置命令書）が交付されている。

　もっとも，活用例がきわめて少ないとのことである（玉泉孝次氏）。これは，本条が必ずしも法令違反を前提としない代わりに，急迫した危険で緊急の必要がある等の厳格な要件が課されていることによると解される。

　とはいえ，法令に囚われない労災防止対策の砦であり，もう少し積極的な活用が図られても良いように思われる。

Ⅱ　運　用

2.80　第100条（労使その他関係者への各種報告命令制度〔労働者死傷病報告制度を含む〕）

【監督指導状況】

　もめやすいのは，労働者死傷病報告（安衛則第97条）における「遅滞なく」の解釈である。

　安衛法令には，①「速やかに」（安衛則第14条の２第２項第２号等），②「直ちに」（安衛則第６条第１項，第11条第１項等）といった類似の文言がある。

　銃刀法違反に関する裁判例ではあるが，①②も「遅滞なく」も時間的即時性を表すが，最も即時性が強いのが②，次が①，「遅滞なく」は，正当又は合理的な遅延は許容する趣旨と解される旨述べたものがあり（大阪高判昭和37年12月10日判例時報327号46頁），参考になる。

　「遅滞なく」につき，監督実務では，概ね１ヶ月以内を目安としており，ストレスチェック制度における検査結果報告について，この文言を概ね１ヶ月以内と述べた通達がある（平成27年５月１日基発0501号第３号）。

　しかし，それもあくまで目安にとどまり，事情による判断が原則である。

　次に疑問を招き易いのは，報告の対象である。「負傷，窒息及び急性中毒」以外の傷病であれば，労災のみが報告義務の対象となるが，問題は，精神疾患，脳心臓疾患，有機溶剤中毒，腰痛などの作業関連疾患である。

　労災補償との関係では，給付申請書に死傷病報告の提出年月日の記載欄があるため，「念のため」も含め，報告が促されている面があり，行政実務としては，特に労災認定された健康障害については，一応労働災害と推定されるため，報告を促しているという。

　しかし，安衛則第97条は，原因を調査しても不明な場合を想定しておらず，実際にも適用は困難である。労基署は，「念のため報告」を「一応受理」し，労災認定状況等を踏まえて，労働災害統計への反映の可否等を判断する他ない状況とのことである（行政実務については，主に玉泉孝次氏による）。

2.81　第101条（法令要旨・産業医業務・化学物質のリスク等の労働者への周知義務）

【監督指導状況】

　労働基準局発行「労働基準監督年報」には本条（法第101条）のデータが掲載されていない。

　あまり適用されていないか，

　監督指導を行う条文としてあまり重視されていないか，

　データを出すことが不適当な条文と判断されたかのいずれかであろう（三柴による）。

　もっとも，本条と類似の労基法上の条規として，同法第106条第１項があり，労基法関係法令

の要旨のほか，（安衛法上は対象とされていない）就業規則や労使協定等の周知義務を課していて，違反指摘件数はかなり多い（令和2年で2476件。最も，周知義務違反の対象が法令か就業規則等の事業場内規制かは不明である）。

上述の通り，労使に条規の要旨≒趣旨を認識させることは，その遵守を大いに促進するので，本条は極めて重要な意味を持つ。仮に不十分な面があれば，監督指導の徹底が図られるべきと思われる（三柴）。

ただし，現状，法令等は，その要旨を含めてインターネットで容易に入手できるので，監督指導の重点は，第2項所定の産業医業務関係や，第4項所定のSDS情報関係に置かれて然るべきだし，現にそうされているようだ。

もっとも，法令等の内容には，要旨にしても複雑で専門的なものも多いので，分かり易いパンフレットやリーフレットを行政が作成してWEB公開する，配布する等は，現に行われているし，今後も継続されるべきだろう。

2.82　第104条・第105条（健康情報等の適正取扱い，法定健診・長時間労働面接・ストレスチェックの実施事務従事者の守秘義務）

【関係判例】

(1) 主に情報の収集に関する例

(1−1) メンタルヘルス情報に関する例

(1−1−1) 情報の収集制限を強調した例

1）富士電機E＆C事件名古屋地判平成18年1月18日労働判例918号65頁（損害賠償等請求事件，控訴後和解）[75]

疾病休職からの復職後，他の支社に異動したところ労働者が自殺した事案で，原告側が，現行安衛法令や，被告会社の就業規則（安全衛生規程）の定めに照らし，被告会社には，死亡した労働者の精神状態について踏み込んだ調査を行う安全配慮義務があった旨を主張したのに応え，以下のように述べた。

「確かに昨今の雇用情勢に伴う労働者の不安の増大や自殺者の増加といった社会状況にかんがみれば，使用者（企業）にとって，その被用者（従業員）の精神的な健康の保持は重要な課題になりつつあることは否めない」。

しかしながら，安衛法令上も，精神障害は定期健診項目に入っていないし，「精神的疾患については，社会も個人もいまだに否定的な印象を持っており，それを明らかにすることは不名誉であるととらえていることが多いことなどの点でプライバシーに対する配慮が求められる疾患であ

---

(75)　本件の詳細は，三柴丈典「うつ病り患者の復職と使用者の安全配慮義務―富士電機E＆C事件―」民商法雑誌（有斐閣）136巻1号（2007年）111-131頁を参照されたい。

Ⅱ　運　用

り，その診断の受診を義務づけることは，プライバシー侵害のおそれが大きいといわざるを得ない」，と。

　もっとも，本件では，本人がうつ病罹患を被告会社に報告していた。判決が被告会社の過失責任を否定した主な理由は，会社も一定の配慮措置を実施し，なおかつ異動先では寛解状態にあったと認めたことにある（ただし，控訴後，被告会社が一定額の金銭を支払うことで和解している）。

2）ボーダフォン（ジェイフォン）事件名古屋地判平成19年1月24日労働判例939号61頁

　長時間労働等により既にうつ病が発症していた被災者が，当該発症を認識しないまま配転措置をとろうとしてなされた使用者からの説得に憤激し，実際の配転の後，自殺したという事案につき，判決は以下のように述べた。

　Ｘらは，安全配慮義務の一環として，「健康管理義務，すなわち，必要に応じて，メンタルヘルス対策を講じ，労働者の精神的健康状態を把握して健康管理を行い，精神障害を早期に発見すべき義務を負う旨を主張する。使用者が労働者の精神的健康状態に配慮すべき義務があることはＸら主張のとおりであるが，労働者に異常な言動が何ら見られないにもかかわらず，精神的疾患を負っているかどうかを調査すべき義務まで認めることは，労働者のプライバシーを侵害する危険があり，法律上，使用者に上記健康管理義務を課すことはできない」。

〈判決から汲み取り得る示唆〉

　富士電機Ｅ＆Ｃ事件名古屋地判と同様に，労働者に異常な言動等がみられないのに，その精神疾患罹患の有無を調査することはプライバシー権侵害に当たる危険があるとしているが，

　逆に言えば，それが疑われるような言動等があれば，精神科受診の指示・推奨やその結果の取得，それに応じた対応等を図ることも可能かつ安全配慮義務の内容となり得るとの示唆と解される。

（1－1－2）精神的不調を疑わせる言動を前提に，積極的な情報収集（精神科受診の促し等）の必要を示唆した例

日本ヒューレット・パッカード事件最2小判平成24年4月27日裁判所時報1555号8頁他（1審：東京地判平成22年6月11日労働判例1025号14頁，2審：東京高判平成23年1月26日労働判例1025号5頁）[76]

〈事実の概要〉

　Ｙ（会社）に中途入社して，システムエンジニアとして就労していたＸ（30歳代の男性）が，妄想により自身が監視を受けているなどと訴えてＹ（会社）に対策を求めたが，その調査の結果誤認と確認されたことを不服として，先ずは年休の取得後，休職制度の適用を求めたが認められず，40日間にわたり欠勤を続けたところ，無断欠勤に当たるとして懲戒解雇を受けたため，解雇無効による雇用契約上の地位確認等を求めた。

（76）　三柴前掲書（2018年）58-59頁を改編した。

〈判旨～上告棄却・X請求認容～〉

　「このような精神的な不調のために欠勤を続けていると認められる労働者に対しては，精神的な不調が解消されない限り引き続き出勤しないことが予想されるところであるから，使用者であるYとしては，その欠勤の原因や経緯が上記のとおりである以上，精神科医による健康診断を実施するなどした上で（記録によれば，Yの就業規則には，必要と認めるときに従業員に対し臨時に健康診断を行うことができる旨の定めがあることがうかがわれる。），その診断結果等に応じて，必要な場合は治療を勧めた上で休職等の処分を検討し，その後の経過を見るなどの対応を採るべきであり，このような対応を採ることなく，Xの出勤しない理由が存在しない事実に基づくものであることから直ちにその欠勤を正当な理由なく無断でされたものとして諭旨退職の懲戒処分の措置を執ることは，精神的な不調を抱える労働者に対する使用者の対応としては適切なものとはいい難い」（下線は筆者が添付した）。

（1－2）メンタルヘルス情報以外の健康情報等に関する例
（1－2－1）代表的判例

　上掲の電電公社帯広電報電話局事件最1小判昭和61年3月13日労働判例470号6頁である（以下，再掲）。

　頸肩腕症候群に罹患して公務災害補償を受け続けていた労働者に対して，

　公社が，職員の健康保持義務，健康管理従業者の指示に従う義務などを定める公社の健康管理規程及び公社就業規則の規定に基づき，法定外の精密検査の受診を命じたが拒否されたため，懲戒戒告処分に付したところ，受診命令がプライバシー権侵害に当たる等として，当該労働者が，同処分の違法無効の確認を求めた。

　判決は，以下のように述べ，身体疾患前提の事案ではあるが，就業規則規定の内容も，それに基づく法定外検診の指示も合理的と認められる場合，法定外検診の強制も可能との考えを示した。

　「就業規則が労働者に対し，一定の事項につき使用者の業務命令に服従すべき旨を定めているときは，そのような就業規則の規定内容が合理的なものであるかぎりにおいて当該具体的労働契約の内容をなしている」。

　公社の健康管理規程及び公社就業規則の該当規定は，「いずれも合理的なものというべきであるから，右の職員の健康管理上の義務は，公社と公社職員の間の労働契約の内容となっている」。

（1－2－2）一定条件下で就業規則の根拠規定なくなされた法定外検診[77]の指示を有効とした例
京セラ事件東京高判昭和61年11月13日労働判例487号66頁（上告審〔最1小判昭和63年9月8日労働判例530号13頁〕も上告を棄却し，同判決を支持した[78]）

（77）　検診は特定の疾患を疑って，ある程度項目を絞って行う診査であり，健診はより一般的に健康状態を検査するものであり，前者の方が医療的性格が強い（三柴による）。

（78）　三柴前掲書（2018年）56頁を改編した。

Ⅱ 運 用

〈事実の概要〉

　当初，主治医Aによる脊椎椎間軟骨症の診断書を提出して病気欠勤後，休職措置を講じられていた原申立人（1審原告〔原申立人の雇用企業〕の労働組合の分会長）が，

　主治医Bによる頸肩腕障害・腰痛症の診断書を提出して，業務上疾病との認定に基づく取扱いを申し入れたところ，

　1審原告から，その指定医に受診するよう求められたが拒否し，結果的に休職期間満了による退職措置を受けたことが不当労働行為に当たる等として労働委員会に申し立てた。

　労働委員会が不当労働行為と認定して救済命令を発したところ，1審原告が取消しを求めて訴訟を提起したが，1審が棄却したため控訴した。

〈判旨～原判決破棄，原命令取消し～〉

　確かに，1審原告には，指定医の受診命令を根拠づける就業規則規定はなかったが，同社にとって，1審原告「の疾病が業務に起因するものであるか否かは同人の以後の処遇に直接に影響するなど極めて重要な関心事であり」，

　本件のような事情の下で1審原告が原申立人「に対し改めて専門医の診断を受けるように求めることは，労使間における信義則ないし公平の観念に照らし合理的かつ相当な理由のある措置であるから，就業規則等にその定めがないとしても指定医の受診を指示することができ，原申立人はこれに応ずる義務がある」ものと解すべきである」。

　また，原申立人において，1審被告による指定医の人選に不服があるときは同社と交渉できるし，自ら選択した医師による診断をもって争い得るため，前記義務を肯定しても，直ちに原申立人の基本的人権や医師選択の自由を侵害するとは言えない（安衛法第66条第5項但書は，本件におけるような法定外検診への適用や類推適用の余地はない）。

（1－2－3）労働者が一定条件下で法定外検診の受診を拒否した場合，使用者の責任が免責ないし減責されるとした例

空港グランドサービス（AGS）・日航事件東京地判平成3年3月22日労働判例586号19頁[79]

〈事実の概要〉

　注文者（被告日本航空）と直接の雇用者（被告AGS）間の請負契約に基づき，注文者の機内のクリーニング作業に従事していた原告ら3名が，筋々膜性腰痛に罹患し，被告AGCの嘱託医よりその旨の診断を受け，作業の負荷による罹患として労災認定も受けたが，同医師より適切な指示がなされず，被告らも双方とも適切な事後措置を怠ったなどとして，注文者と直接の雇用者の両者を被告として損害賠償等を請求した。

〈判旨～一部認容・一部棄却～〉

　原告らの腰痛は，業務上の事由によるものと認められ，被告AGSには，原告らの状態を踏まえた就業調整等を怠った過失が認められる。

---

(79)　三柴前掲書（2018年）57-58頁を改編した。

2 関係判例と監督指導状況（個別）

　原告の過失相殺についてみると，先ず，「被告AGSの嘱託医による腰痛患者に対する診察は，被告AGSがその被用者に対する安全配慮義務を尽くすための一つの手段として行うものと評価することができ，したがって，嘱託医による腰痛患者の診察は，被告AGSの義務に属する……。

　それでは，被用者は，その嘱託医による診察を受診すべき義務を負うのかという点についてであるが，医療行為は，原則として，これを受ける者に自己の信任する医師を選択する自由があると解すべきである。なぜなら，医師による診察を受けるという行為は，診察に必要な限度において身体への侵襲を受けることになると共に，個人的な秘密を知られることにもなるのであって，患者のプライバシーあるいは自己決定権が侵害される可能性のある行為だからである。したがって，被用者が使用者の指定した医師を希望しない場合には，被用者は他の医療機関を選択しうると解すべきである。しかし，被用者の選択した医療機関の診断結果について疑問があるような場合で，使用者が右疑問を抱いたことなどに合理的な理由が認められる場合には，使用者は，被用者への安全配慮義務を尽くす必要上，被用者に対し，使用者の指定する医師の診察をも受けるように指示することができるというべく，被用者はこの指示に応ずる義務があるというべきである。

　そして，被用者が使用者の選択した医師による診察を受容することを拒否した場合には，前記のとおり被用者に右医師による診察を受けるべき義務が存在する場合はもとより，その義務が存在しない場合であっても，使用者は，被用者の受診拒否によって，安全配慮義務を尽くすべき手段を被用者自らの意思により退けられたのであるから，これにより使用者が安全配慮義務を尽くすことができなくなる限度において，義務違反の責任の全部または一部を免れるものと解するのが，損害の分担についての信義，公平の観点から相当というべきである」（下線は筆者が添付した）。

　本件では，原告が被告AGSの嘱託医へ，当初は受診して診断を得たが，その後の受診を拒否したことにより2割減額するのが相当である。

（1－2－4）本人同意のないHIV感染検査を行い，その結果を提供及び取得したことが，提供者側・取得者側双方のプライバシー権侵害となるとした例

Ｔ工業（HIV解雇）事件千葉地判平成12年6月12日労働判例785号10頁[80]

　Ｙ1に有期雇用され，就労を開始したばかりだった在日日系ブラジル人のＸが，外部健診機関（病院）であるＹ2で実施されていたＹ1の定期健診を受診した際，本人同意のないままHIV抗体検査を実施され，感染情報がＹ1に伝達された後に期間満了を待たずに解雇されたこと（正確には，Ｙ1総務課長がHIV検査の結果を示しつつ，表面的に経営難を理由に挙げて「辞めて欲しい」旨を告げたことを受け，Ｘが出勤を停止した経緯があるが，判決はその発言などをもって解雇と認めている）を受け，その両者に対してプライバシー権侵害を根拠に慰謝料を，Ｙ1に対しては，解雇無効を根拠に雇用契約上の地位の確認と所定賃金の支払を請求した事件である。

　なお，この抗体検査は，Ｙ1の依頼で新規雇用ブラジル人被用者のみに対して実施されて来た

（80）　三柴丈典「産業医に関する裁判例と産業精神保健」日本産業精神保健学会編『ここが知りたい職場のメンタルヘルスケア─精神医学の知識＆精神医療との連携法』（南山堂，2011年）24頁を改編した。

Ⅱ 運 用

経緯があり，Y2も意図的にXの同意を得ずに実施していたことなどの事情があったが，

Y1はY2から指南を受けて実施した，工場で機械を扱うため出血事故対策の必要があった，Xに欠勤が多かったため健康状態を知る必要があったなどと主張し，

Y2は，Y1において同意獲得済みと誤解していたなどと主張した。

判決は当然ながら両者によるプライバシー権侵害の責任を認めたが，雇用契約上の地位については，有期契約の満了により認められないとした。慰謝料については，本人がHIV感染の事実を以前から知っていたこと等を理由にY1につき200万円，Y2につき150万円にとどめた。

(2) 情報の取扱い全般に関する裁判例

(2−1) 健康情報等を含む個人情報等の収集，保管，利用行為がプライバシー権侵害に当たるとして損害賠償責任が認められた裁判例

JAL労働組合ほか（プライバシー侵害）事件東京地判平成22年10月28日労働判例1017号14頁[81]

〈事実の概要〉

Y社内のY組合が，Y社と一体となり，Xらを含むY社のCAらの個人情報（①社員番号，氏名，生年月日，性別，住所，電話番号等の個人識別情報のほか，②組合活動，人物評価，家族関係，思想信条等の人格的自律に関する情報，③病歴，健康状況等の健康情報等）を収集してデータファイルを作成，保管，使用していたことが内部告発から明らかとなり，

Y組合の組合員ではないXらがY社，Y組合及び当該ファイル作成等に関わったY組合の元幹部らを相手方として，不法行為による損害賠償請求をした。

Y社は，早々に一定の金員を支払う旨の和解で本件を終結させたが，Y組合及び元幹部らが争い，判決に至った。

〈判旨〜Xら請求一部認容〜〉

少なくとも，個々の労働者と同人らは加入していない使用者と近しい労働組合等の関係では，

健康情報などのセンシティブ情報（上記③），

人事・組合活動情報のような人格的自律に関わる情報（上記②）

共にプライバシー情報として法的保護を受け，本人同意を経ない収集は，当該情報を取り扱う者の活動に必要である等の正当な目的がない限り，プライバシー侵害として違法となる。

氏名・社員番号のような個人識別情報（上記①）も，プライバシー情報であり，

本人が欲しない第三者にみだりに収集，保管又は使用されたくないという期待を侵害すれば，プライバシー侵害として違法となる。

他方，Y社がY組合に公式に提供した情報（公式提供情報：氏名，採用，職位，職級，配置，休職，退職などの情報。個人情報保護法の施行後，採用，休職，退職などの情報に制限された）については，Y組合の組合員の勧誘等の組合活動や欠勤した組合員の代替要員の手当て等のために提供されており，提供当時，Y組合の組合員であったか否かを問わず，その収集につき，定型的に推定的同意

---

(81) 判旨は三柴前掲書（2018年）81-88頁を改編した。

があると解される。

　①②③情報のうち，収集に（推定的）同意があるものについては，収集者の内部にとどまる限り，保管及び使用にも定型的に推定的同意があると解されるが，

　同意がなければ当該保管及び使用はプライバシー侵害に当たる。

　また，本人同意のもとに収集された情報についても，漏えいリスクのある保管がなされている場合は本人同意の範囲を超える態様なので，プライバシー侵害に当たる。

　Ｙ組合内部でも，情報の入力等を行った者以外の者にプライバシー情報の閲覧を許すことは，同人らへの開示に当たり，公式提供情報等でない限り，本人同意がないためプライバシー侵害に当たる。

　個人的印象情報の場合，収集に制限はないが，開示には本人同意が求められ，それがなければプライバシー侵害に当たる。

　公式提供情報の場合でも，本人は収集者（ここではＹ組合）の内部にとどめる希望だったと解されるので，開示目的が不明確で，収集者（本件ではＹ組合）の内部にとどめない場合，本人同意を超える使用に当たり，プライバシー侵害に当たる。

〈判決の分析：個人情報保護法との比較〉

　では，この解釈を個人情報保護法と比較すると，どう言えるか。[82]

　先ず，本判決がいう個人識別情報は，組み合わせにより個人を特定させるものではない限り，個人情報保護法上の個人情報（第２条第１項，第２項等）には当たらないため，同法の規制は受けないが，本判決は，本人が欲しない第三者にみだりに取り扱わせればプライバシー侵害になるとしている。

　次に，本判決が，公式提供情報のＹ組合による収集には原則として本人同意を推定できるとした点は，個人情報保護法の解釈にも影響を与え得る。

　公式提供情報には，採用時期，職位等の人事情報のほか，休職等の健康に関わる情報も含まれており，健康関連情報の一部をのぞき，要配慮個人情報とまではいえないが，同法の規制対象となる個人データである。

　また，Ｙ社とＹ組合は別法人である以上，前者から後者への情報提供に際しては，

　Ｙ組合につき，少なくとも同法第15条（利用目的の特定），第17条（適正な取得）及び第18条（特定した利用目的の通知，公表等）が，

　Ｙ社につき，第23条（第三者提供の制限）が適用され得る。

　とすれば，判決は，使用者がその事業場の労働組合に対して，公式にそうした情報を提供する場合，第17条や第23条との関係でも，本人同意が擬制され，第15条や第18条との関係では，組合員の勧誘，欠勤した組合員の代替要員の手当てなどを利用目的とする旨，特定のうえ通知されていたと解していたことになろう。[83]

（82）　JAL労組事件東京地判に関するここからの記述は，三柴前掲書（2018年）87-89頁に拠った。

（83）　個情法ガイドライン２−12，３−４−１も，個情法が定める本人の同意を個別具体的なものに限定してはいない。もっとも，「事業の性質及び個人情報の取扱状況に応じ，本人が同意に係る判断を行うために必要と

Ⅱ 運 用

　次に，本判決が，①②③情報のうち，収集に推定的同意があるものの収集者（この場合，Y組合）の内部での保管及び使用には推定的同意を認めつつ，そうして収集された情報の安全管理措置の懈怠を当該同意の範囲外として違法と解した点は，個人情報保護法の規制内容に概ね一致する。

　他方，本判決が，収集した情報をパソコンに入力した人物以外に閲覧させたことにつき，同人らへの開示であり，原則として本人同意を要するとしたこと，個人的印象情報でも当該開示に本人同意が求められるとした点は，個人情報保護法の規制よりも厳しい。

　上述した通り，個人情報保護法は，そもそも個人的印象情報を規制対象としていないし，規制対象となる個人情報についても，同じ個人情報取扱事業者内での流通は，利用目的による取扱い制限を除き，規制していないからである。

　このように，本判決は，本人の望まない個人識別情報の取扱いに制限を加えたり，個人情報一般に加え，個人的印象情報についても，同じ法人内でも特定の情報取扱者以外の者に閲覧させる際に本人同意を求めたりした点では，個人情報保護法の規制を超えるプライバシー（権）法理独自の意義を示した。

　他方，使用者から労働組合に対し，正当な組合活動等に必要な労働者個人情報を伝える場合のように，判決が正当と考える情報の取扱いには，本人同意を擬制する手法により，実質的に個人情報保護法の規制を緩めるような解釈も示した。

(2−2) 診療目的で取得した医療情報を労務管理目的で利用することは個情法の目的外利用（第16条第1項）に該当し，本人の同意がない限りプライバシー侵害の不法行為が成立するとした例

社会医療法人A会事件福岡高判平成27年1月29日労働判例1112号5頁（原審：福岡地久留米支判平成26年8月8日労働判例1112号11頁[84]）

　被告病院に勤務する看護師が，受診していた被告病院の医師（担当医）から紹介を受けた別の病院で患者として受けた検査で判明したHIV感染情報を，やはり被告病院に勤務する紹介元の担当医らが入手した後，

　①当該医師らが，院内感染を防ぐ目的で，当該看護師の同意を得ずに被告病院の他の職員らに伝達したこと，

　②被告病院が，当該看護師のHIV罹患を理由として，その意思に反して病気欠勤を指示したことを受け，

　当該看護師が，①につきプライバシー権侵害，②につき働く権利の侵害であるとして損害賠償を請求した，

　という事案につき，

　原審は，

　　　　考えられる合理的かつ適切な方法によらなければならない」とされているので，やはり方法選択の正当性（合理性と妥当性）は問われることになろう。

(84)　事実の概要と原審判旨は，三柴前掲書（2018年）242-243頁を改編した。

①については，

1）本件情報共有は，同一事業者内における情報提供なので，情報の本人同意のない第三者提供を規制する個人情報保護法第23条第1項（＊今の第27条第1項：第三者提供に際しての本人同意）には反せず，

2）その利用は院内感染を防ぐという労務管理目的だったと認められるが，事前に本人同意を得られたのに得ずに情報共有したことは診療目的外の利用であり，個人情報保護法第16条第1項（＊今の第17条第1項：利用目的の特定）等に反し，プライバシー侵害に当たる，

②については，

3）被用者にとって労働契約に基づく労働は義務であると共に権利であり，当該看護師の就労による本人の日和見感染（：免疫力の低下を条件とする感染）の危険性があったとは認められず，本人から患者への感染の危険は全否定できないが，HIVに感染した医療従事者への対応として，本人の意向を確認した上で，配転を含め今後の業務を検討しなかったこと等から，就労の不当な制限に当たる，とした。

対して本判決は，

1）と3）につき，原審判断を概ね支持した上，2）についても，ほぼ同旨ながら，HIV感染情報は，別の病院で患者として受診した結果取得されたものであるからその収集目的は診療目的にあり，労務管理を目的（院内感染の防止のため原告の就労に関する方針を検討する目的）で利用することは目的外利用（個人情報保護法第16条第1項）に該当し，本人同意がなければ許されず，特段の事情のない限り不法行為が成立するとした。

ただし，高裁は，情報共有範囲が少数だったこと等も考慮して，賠償額を減額した。

（2−3）精神疾患に関する健康情報を異動先に引き継がなかったことが安全配慮義務違反になる可能性を示した例

さいたま市（環境局職員）事件東京高判平成29年10月26日労働判例1172号26頁（1審：さいたま地判平成27年11月18日労働判例1138号30頁）

→第69条〜第71条の関係判例3）アを参照されたい。

なお，本件からの示唆として，

具体的な事情にもよるが，メンタル不調で休業，休職していた従業員を復職させる場合は，復職支援のために心身の状態の情報を職場に提供することが求められる場合が少なくないので，医療職により適切に加工された情報を提供することも選択肢となる。

3　補論：両罰規定

　安衛法上，1事業体において，事業者（労働者を使用し，事業利益の帰属主体である法人か個人事業主）と労働者は，基本的に相互に重なることのない排他的概念だが，両罰規定との関係では，困難な問題が生じ得る。

　法第122条は，事業者（法人や個人事業主）の従業者が，事業者の業務に関して，所定の法違反を犯した場合に両者が罰せられる旨を定めており，
　ここで従業者には使用人＝労働者も含まれるので，
　事業者義務規定であっても，労働者が違反行為者であれば，処罰の対象となり得る。

　両罰規定については，
　本来的義務者説：本条は対象規定により本来的に従業者も処罰され得ることを確認的に規定したものに過ぎないとする。
　構成要件修正説：本条により対象規定の構成要件が修正されて処罰可能になったとする。

　最高裁は後者を採用（最3小決昭和30年10月18日刑集9巻11号2253頁〔古物営業法〕，最1小判昭和40年5月27日刑集19巻4号379頁〔火薬類取締法〕，最3小決昭和43年4月30日刑集22巻4号363頁〔商品取引所法〕）。
　ただし，事業者義務規定にかかる両罰規定の適用対象となる実行行為者は，事業の代表者から当該義務の履行を委任され，その遂行に必要な権限を授与された者に限られると解される。

　逆に，
　労働者に義務を課す規定に労働者が違反した場合に両罰規定に基づき事業者を処罰できるかについて，
　寺西輝泰は，事業者に保護具を労働者に「着用させる」義務，労働者には「着用する」義務を課すような裏腹関係にある規定は，両罰規定の適用を想定しておらず，事業者が自身に課された規定を果たしている場合，その適用はなく，労働者の不履行を見落としていた場合，事業者義務規定についても過失責任を問える旨述べていること（＊ただし，過失で刑事責任を問えるかは疑問であ

195

Ⅱ　運　　用

る〔三柴注記〕）。

　しかし，労働者義務規定違反につき両罰規定で事業者たる法人を送検した例がある。

　事業者に，

　・フォークリフト等の車両系荷役運搬機械等の運転者に安全措置を講じさせる（運転位置から離れる場合の荷役装置の最降下位置設置，確実なブレーキ等）義務（第1項），

　・当該運転者側には当該措置を講じる義務（第2項）

を課した安衛則第151条の11を例に挙げれば，

　ある労働者が雇用主の取引先等で単独でフォークリフトを操作し，ブレーキを確実にかけずに離れた場合，事業者には故意がないので，事業者義務規定である同条第1項違反は生じ得ないが，

　事業者が雇入れ時教育等で第1項所定事項等を伝えていた場合，運転者たる労働者に第2項違反が生じ得，

　なおかつ，両罰規定により，事業者の犯罪が成立し得る。

　この際，事業者が免責されるには，雇入れ教育後の然るべき指導監督が必要となる，

　すなわち，労働者の義務の発生要件と，両罰規定の免責要件は異なると解され，そのため，労働者に義務を課す本条違反への両罰規定の適用も可能と解され，現にそのような運用がなされた例もある。

　両罰規定の適用を広く解すると，事業者義務規定と労働者義務規定が実質的に同一化するのではないかとの疑問が生じ得るが，事業者義務規定につき労働者に義務が生じるのは，同人に安全衛生管理の義務と権限が付与された場合に限られること等による相違がある。[85]

---

(85)　厚生労働科学研究費補助金（労働安全衛生総合研究事業）『労働安全衛生法の改正に向けた法学的視点からの調査研究報告書（研究代表・三柴丈典）』（2022年）323頁（森山誠也執筆部分）。森山は，この部分の執筆にあたり，平岡雅紘（1982年）『法務研究報告書第68集第2号両罰規定に関する実証的研究』（法務総合研究所）90-96頁，169-170頁，173頁，寺西輝泰『改訂版 労働安全衛生法違反の刑事責任―総論―』（日労研）244-245頁等を参照した。

〈著者紹介〉

三柴丈典（みしば　たけのり）

1971年生まれ。1999年一橋大学大学院法学研究科博士後期課程修了，博士（法学）。2000年近畿大学法学部奉職，2012年より教授。専門は，労働法，産業保健法。2011年4月から2021年3月まで厚生労働省労働政策審議会安全衛生分科会公益代表委員。2014年7月衆議院厚生労働委員会参考人。産業保健・安全衛生法に関する著作を多数執筆。2020年8月にUKのRoutledgeから研究書Workplace Mental Health Law: Comparative Perspectives発刊。2020年11月に日本産業保健法学会を設立し，現在副代表理事。

〈協力者紹介〉

日本産業保健法学会

生きた安全衛生法の探究と教育を目的として，多くの方々の支援を頂きつつ，2020年に設立された。現代表理事は，東洋大学名誉教授，元厚生労働省労働政策審議会会長の鎌田耕一先生。現在の会員数は1100名を超え，年次学術大会には1100名以上が参加。分野をリードする国内誌『産業保健法学会誌』と国際誌Journal of Work Health and Safety Regulationを発行，WEBで公開され，万単位のアクセスを得ている。労使の健康に関わる試行錯誤と対話に基づく自己決定の支援を重視することを理念に，多くの方々の自律的な活動により運営されている（https://jaohl.jp/）。

Horitsu Bunka Sha

生きた労働安全衛生法
——成り立ちと運用実態

2025年5月5日　初版第1刷発行

著　者　三柴丈典
発行者　畑　光
発行所　株式会社　法律文化社

〒603-8053 京都市北区上賀茂岩ヶ垣内町71
電話 075(791)7131　FAX 075(721)8400
customer.h@hou-bun.co.jp
https://www.hou-bun.com/

印刷：共同印刷工業㈱／製本：新生製本㈱
装幀：白沢　正
ISBN978-4-589-04361-0
©2025 Takenori Mishiba Printed in Japan

乱丁など不良本がありましたら，ご連絡下さい。送料小社負担にてお取り替えいたします。
本書についてのご意見・ご感想は，小社ウェブサイト，トップページの「読者カード」にてお聞かせ下さい。

JCOPY　〈出版者著作権管理機構　委託出版物〉

本書の無断複写は著作権法上での例外を除き禁じられています。複写される場合は，そのつど事前に，出版者著作権管理機構（電話 03-5244-5088, FAX 03-5244-5089, e-mail: info@jcopy.or.jp）の許諾を得て下さい。

三柴丈典編／日本産業保健法学会協力

コンメンタール労働安全衛生法

B 5 判・1584頁・16500円

労働安全衛生法の体系書。各条文の趣旨のほか，制度史，適用の実際（関係判例，監督指導実務），関係規定にも言及。規制の趣旨と課題を深く理解し，法目的の実現に向けて努力するという理念が込められた大著。編者が独自に整理再編した概要を付した。

三柴丈典著

労働者のメンタルヘルス情報と法
―情報取扱い前提条件整備義務の構想―

A 5 判・302頁・6820円

労働者のメンタルヘルス情報の取扱いをめぐる諸問題について関係法規および法理・学説を整理し，諸問題を理論的に解明。メンタルヘルス情報の取扱い適正化のための法理論構築へ向け，論証を試みる。

三柴丈典著

職場のメンタルヘルスと法
―比較法的・学際的アプローチ―

A 5 判・246頁・6380円

不調の予防策，不調が生じた際の処置や法制度を 6 カ国の調査をもとに解明。予防策としての 1 次（問題の未然防止），2 次（早期発見・早期介入），3 次（事後的な介入と再発防止）という分類ごとの措置と問題への対応手段や法整備を実証的に考察。

道幸哲也・開本英幸・淺野高宏編

変 貌 す る 労 働 時 間 法 理
―《働くこと》を考える―

A 5 判・210頁・3080円

労働時間法理を判例・学説などの理論面および実務面から総合的に再検証し，その解明を試みる。実態および法理の新たな展開を踏まえ，その全体像を提示するとともに，《働くこと》とは何かを原理的に考察する。

淺野高宏・北岡大介編

労 働 契 約 論 の 再 構 成
―小宮文人先生古稀記念論文集―

A 5 判・350頁・7700円

労働環境の変動への対応から体系的に立法された労働契約法は，成立以降，その法理の妥当性が常に問われている。労働契約論に関する主な論点につき，理論的到達点を踏まえ，あらためて再定位を試みるとともに，今日的課題を探る。

―――法律文化社―――

表示価格は消費税10％を含んだ価格です